# 文旅产业供给侧结构性改革路径研究

明庆忠 等/著

文旅产业与全域发展文库

中国旅游出版社

# 总　　序

## 文旅产业与全域发展：融合赋能促进高质量发展

众所周知，文旅产业是非物质生产产业，但其与我们的精神生活“须臾也不能分离”。社会主义新时期新矛盾的转变使我们对文旅产业及其促进全域发展的方式有了新认识与再定位，文旅产业与全域发展的关键在于体制机制创新、动力在于全链改革创新、路径在于统筹发展。

文化与旅游从来就是“孪生”兄弟。沧海桑田，山河演化，人猿揖别，发展人类文明。古人依山为命，辗转山林，群居穴处；又或朝行暮止，风餐露宿，行道迟迟，载饥载渴，忽见山溪、宽敞山洞，睹日出而林霏开，云归而岩穴暝，野芳发而幽香，佳木秀而繁阴，山高日小，身心愉悦，渐生乐山乐水之倾向；“山林川谷丘陵能出云，为风雨，见怪物，皆为神”（《史记·祭法》），“万物有灵”的原始自然崇拜文化也即诞生。“智者乐水，仁者乐山；智者动，仁者静”，后人谓之“君子比德”说。秦始皇统一中国，确认祭祀名山；汉武帝祭山祭水，“五岳”遂出；仿自然山水园林始现，状景体物之汉赋繁荣；魏晋南北朝，游士游道适意自然，“以形媚道”“澄怀味象”，“山川之美，古来共谈”；山水诗、山水文、山水画等应运而生，“采菊东篱下，悠然见南山”，山水可游、可居、可赏析的适意游渐行成风；仙游、释游兴起，“南朝四百八十寺，多少楼台烟雨中”，人文景观与山水融洽，各类生态文旅地萌生。唐宋盛世，“触景生情，借题发挥，记为诗文，以激千古”，旅游文化繁荣，山水名胜、书院隐居、园林殿阁传世天下。《梦溪笔谈》《徐霞客游记》诠释了“一游胜读十年书”“行万里路，读万卷书”的要义。文旅融合共生至今，且愈益发达。

当今世界，旅游成为人们的重要生活方式，文化成为人们的生活底蕴，旅游业与文化业为我们当世生活的“幸福产业”“快乐产业”，着眼于业态，聚焦于民生。究于本质，文化和旅游本源就是追寻人生幸福快乐，也使之成为人民生活水平提高的重要指标。旅游彰显了文化的价值，赋予文化更大的动能，文化需求促进旅游活动产生，文化创意提升旅游产品质量。文旅既承继历史传统，又创新功能，“宜融则融，能融尽融，以文促旅，以旅彰文”。

文化与旅游及相关要素相互渗透、交叉会合或整合重组，突破原有的产业边界或要素领域，彼此交融形成新生共生体。要素禀赋融通，以文化内涵为魂，赋予文旅全新理念与价值，注入特色，对旅游品位、旅游业态、旅游吸引力、旅游发展空间等进行优化、丰富和拓展，提倡优质发展；渗透融合、转换共进、跨文化跨区域交流，“讲好中国故事”，彰显“软实力”，实现文化旅游性与旅游文化性的有机统一，赋能区域发展。

“一方水土养一方人”，文化、旅游的本质特征离不开本区域的发展土壤，文旅的“地方性”“空间生产性”等多存在于特定的空间地域中。文旅业具有资本密集、资源密集、文化密集、人力密集、创意密集、新技术应用密集等特点，多元、多层、多方位的交融，成为“双创”最活跃的领域、一项没有天花板的智慧产业，从而促进盘活文旅资源，拉动文旅消费增量，获得乘数级的放大效应，文化和旅游融合也使人们赢得物质和精神的双丰收。文旅业不仅相促共生，而且与其他产业协同发展。协调第二产业和第三产业的关系，推动传统产业结构转型，持续不断制造消费热点，促进就业，促进区域内多产业的多元发展，其绩功不可没。

当下旅游正从观光游向休闲游、体验游转变，从景区游向全域游转变，从传统的团队游向自助游、深度游和品质游转变，文旅消费体验场景化、生活化、智慧化与现代化已是大势所趋。旅游消费的升级变化倒逼文旅供给侧创造新产品，创新文旅消费新业态。新型旅游景区、旅游小镇、古城古镇古街、山水田园、田园综合体、美丽乡村及中医药旅游、研学旅游、文博文创等新兴融合业态成为释放潜在动能的主要载体，顺应创新、协调、绿色、开放、共享五大发展理念，让优质的土地、资源发挥其最大的价值，运用全域性整合思维、创新性目的地思维、融合性系统思维、优质化品质思维和参与性共享思维，推动区域协调化、资源系统化、公共服务便利化、产品供给品质化、产业发展融合化、旅游治理规范化、旅游参与社会化（全民化）、旅游效益综合化（最大化），引领文旅产业谱写促进全域发展、可持续发展的新篇章。

文旅产业作为国民经济战略性支柱产业，在调结构、稳增长、促消费、惠民生等方面发挥着越来越重要的作用，已经成为经济社会发展的“加速器”、生态文明建设的“催化剂”、对外合作交流的“压舱石”，因此，文旅产业要创新业态，构建新的发展载体，进行供应侧改革创新，要做全产业链融合，以涵盖文化产业和旅游产业整个产业链，构筑成文旅产业体系：文旅融合要做产业融合，从某种意义上讲，文旅融合重在产业经济，重点在于生产要素、市场主体、经营方式的融合，着力点是形成市场化开发模式；文旅融合要做全域融合，文旅融合也不仅限于产业融合，应为“全域融合”，即着力于文旅全方位跨域融合，重点在资源整合、管理方式、发展模式上形成“文旅合一”的路径，其“全领域”涵盖了经济社会发展的诸多方面，如跨产业领域上以旅游融合农业、工业、服务业共发展，跨行业领域上以旅游带动文化创意、技术应用、新兴业态发展；跨部门领域上以旅游促进生态建设、扶贫脱困、基础建设等。通过对区域内各种资源尤其是旅游资源、相关产业、生态环境、公共服务、体制机制、政策法规、文明素质等进行全方位、系统化的优化提升，实现区域资源有机整合、产业融合发展、共建共享，以文旅业促进经济社会协调发展，构建起以文旅产业为基础平台的复合型产业结构，推动文旅产业域由“纯文产”“小旅游”向“大文旅”转型，达到文旅产业促进空间地域的全域维度、产业的全域维度、社会的全域维度、时间的全域维度、消费的全域维度、管理的全域维度等的全资源重新配置、整合，提升配置效率，打造全域发展环境，全方位发展社会经济，促进全域民生水平的高质量提升。

有鉴如此，云南财经大学工商管理及其旅游管理重点学科研究团队、云南省文旅产业与全域旅游发展哲社创新团队、云南省旅游产业发展与促进高校创新团队、云南省旅游产业发展哲社研究基地、云南省旅游管理研究生导师团队、云南省国家旅游局省部共建旅游管理教学科研基地、云南省旅游管理重点学科研究团队、云岭学者科研团队等在组织相关研究的基础上，出版“文旅产业与全域发展文库”系列著作，期盼对文旅产业、全域旅游及区域社会经济发展贡献绵薄之力。感谢中国旅游出版社段向民主任的大力支持！感谢各位专家学者给予的关心和帮助！敬请一如既往地给予关怀和支持！

明庆忠

2020 年 5 月于昆明滇池畔

# 前　言

旅游供给侧改革是新时期社会发展主要矛盾亟待解决的重要现实问题，也是发展高品质旅游、发展全域旅游等的关键问题。自2015年首次提出供给侧结构性改革之后，习近平总书记对供给侧结构性改革是什么、供给侧结构性改革改什么、供给侧结构性改革如何改等关键问题做出系列指示，指出我国经济运行主要矛盾仍然是供给侧结构性的。文旅产业作为消解新时代我国文旅发展中的美好向往需求与供给不足矛盾的关键产业和国家确立的幸福产业，经过40余年的发展，实现了从供给匮乏到供给充足的重大转变。随着社会消费需求快速释放和新时代社会矛盾的变化，供需矛盾仍然是今后一段时间我国文旅产业面临的主要矛盾，旅游供给侧改革这一亟待解决的现实问题受到文旅界广泛关注。

文旅产业供给侧结构性改革是中国文旅产业发展的特有现象和新概念。以前多将文化或者旅游作为独立产业分别展开研究，在新形势下将文旅产业作为一个整体探究其供给侧改革路径问题成为关注热点。供给侧结构性改革研究在基础理论、路径、战略对策等多个方面取得了一些有价值的研究成果。总体上看，现有的对于旅游供给侧结构性改革学理基础、文旅供需状态评估及改革发展优化方案特别是文旅供给侧结构性改革研究等方面的研究依然不能令人满意。据此，本书尝试从文旅产业供给侧结构性改革的理论依据、现实条件与特征、现实矛盾与问题、改革主要任务、如何推进改革等关键问题展开探索，以期提供一种系统的文旅产业供给侧结构性改革、文旅产业发展的研究视角。

云南是我国传统旅游大省，为进一步实现“三个定位”、打好“三张王牌”，增强文旅产业有效供给能力，激活文旅产业要素合理流动，促进文旅强省建设，2018年云南省《政府工作报告》提出“坚持以供给侧结构性改革为主线”统筹推进各项工作，并出台《云南省人民政府关于加快推进旅游转型升级的若干意见》《云南省旅游市场秩序整治工作措施》《云南省文化厅“十三五”时期文化发展改革实施方案》，以及“一部手机游云南”等系列改革措施。随后，云南省政府出台了《关于稳增长开好局若干政策措施的意见》，2019 年，云南省文化旅游工作会议又将促进云南省文旅产业融合、推进文旅产业供给侧结构性改革作为当年工作的重点任务。可以说，云南省文旅产业供给侧结构性改革已经进入“深水区”和关键期，深化供给侧结构性改革是改善供给结构、提高经济发展质量和效益的治本之策。云南文旅产业发展不平衡不充分问题、文旅产业有效供给不足问题、文旅供给结构与市场需求结构不匹配问题、文旅管理体制机制改革问题既是云南省文旅产业持续、高质量发展的制约性条件，也是云南省文旅产业供给侧结构性改革的重要现实任务和挑战。云南省文旅产业供给侧结构性改革是实现云南文旅产业高质量发展的必由之路，是云南经济产业结构调整的重要一环，是实现“健康生活目的地”的关键所在，是深化旅游革命的具体实际。因此，云南省是文旅产业供给侧结构性改革的一个很好的研究案例区。

由此，我们申报了云南省社科联智库重大课题“云南文旅产业供给侧结构性改革路径研究”，以期以云南省为案例展开研究，为文旅产业供给侧结构性改革发展关键客观问题提供一种理论与实践视角，提出文旅产业供给侧结构性改革发展的新旧动能转换，传统优势动能提质、升级、增效，积极拓展新动能、激活生产要素，重视需求侧引导，实施相应改革发展等的战略建议。基于此，试图分析现状、发现问题、寻找症结。用“问题导向”回答为什么要进行文旅产业供给侧结构性改革；找理论与实践依据，树立基本发展理念，回答进行文旅产业供给侧结构性改革的根基在哪里。梳理国内外文旅产业供给侧结构性改革典型案例及主要经验，结合云南文旅产业供给侧结构性改革的典型案例调研，凝练云南经验或模式，促进推广应用，树立云南在全国的样板、示范形象，做示范推广，优化存量，加深加快文旅产业供给侧结构性改革；找方向，提方案，做构建，明任务，解决如何推进改革发展。提出文旅产业供给侧结构性改革方案：战略、目标、领域、内容、策略、对策等，新增优量，促进云南文旅转型与深化、全域旅游发展，促进民族文化大省和旅游强省、最美省份建设；提策略，找路径，解决如何落实推进文旅产业供给侧结构性改革问题。

本书首先分析了云南文旅产业改革发展现状，从供需平衡的视角，评估云南文旅产业供需匹配状态，总结云南文旅供给匹配特征，提出云南文旅产业供给侧结构性改革存在的问题及症结。其次，从产业融合理论、系统理论、协同理论、价值链理论、文化创意理论、旅游 IP 理念等理论提出云南文旅产业供给侧结构性改革的学理基础和理论依据，理出云南文旅产业改革发展的实践依据。通过对国内外文旅产业供给侧结构性改革典型案例的调研和资料梳理，总结可为云南文旅产业供给侧改革提供的经验借鉴。再次，明确云南文旅产业供给侧结构性改革的目标与主要任务，从文旅融合资源整合、产品提升、项目建设、基础服务设施共建、市场共营、品牌构建、体制机制改革等角度提出改革的主要领域及内容，构建云南文旅产业供给侧结构性改革的行动框架方案。最后，从激活文旅产业发展要素适应文旅产业需求升级要求（即增加有效供给）和文旅综合管理服务体系优化文旅产业供需平衡（即优化存量）两个方面提出云南文旅产业供给侧结构性改革的路径和对策建议。以期为云南文旅产业供给侧结构性改革提出系统性方案，为文旅产业供给侧结构性改革、云南文旅融合转型升级、全域旅游建设提供科学依据和决策参考。

本书还附录了关于文旅产业供给侧结构性改革讨论的部分文章。通过学校向云南省人民政府报送了《关于文旅业积极稳妥复工复产的几点建议》，通过云南省社科联智库上报了《面对新冠疫情，旅游业多层次高质量振兴的建议》等咨询报告，得到相关部门的重视。《新冠肺炎疫情背景下文旅企业恢复振兴的十点建议》得到了社会的较广泛认可，被媒体和一些公众号转载，有的公众号又转载其他公众号的转载，据不完全统计，有中国网、博雅方略、旅思马记、青蓝文旅、文旅小镇研究院、农业规划智库、康养文旅新智汇、文旅在线教育、建设田园乡村、曌财神、佳待文旅、瑞来森旅游会展、云文创、玉平旅游策划服务河北公司、甘肃赛亚国旅、河南省文化产业协会、新疆旅游景区协会、途秀智旅、慢客长泰、云南旅游规划研究院、中国旅游研究院昆明分院、云旅四季论坛、云南乡村旅游规划协会、大理旅游度假区等几十家转发（排名不分先后）。明庆忠教授承担了云南省旅游规划研究院推出的“游云南”学院文旅行业“大咖开小会”线上直播课程，以《新冠肺炎影响下文旅行业的应变与提振策略》为题进行直播和网络交流，观看直播的人数过万。在文旅创新领袖学院“去疫有道”公益直播中，明庆忠教授受邀为文旅企业应对开设讲座，之后又受邀到华中科技大学出版社、武汉战“疫”数字博物馆组织的“旅游云课堂”，通过案例和数据深层剖析文旅企业应变与提振策略。围绕新冠肺炎疫情背景下文旅业的振兴问题，明庆忠教授还专门为曾经工作过的丽江市录制了时长近四小时的课程“多维战‘疫’协同进　丽江文旅再提振”，为当地文旅管理部门和行业人员开展培训，并参与了中国旅游创新协会、云南省旅游景区协会等单位组织的咨询活动。此外，“学习强国”“云南财经大学宣教中心”对研究组的工作做了报道，取得了良好的社会效益。

本书是以云南财经大学为主的研究团队集体成果。本书主要贡献者有明庆忠、刘安乐、刘宏芳、韩剑磊、田瑾、尚前浪、李美婷、韦俊峰、韩璐、陆保一、史鹏飞、张红梅、郑伯铭、谈思、吴小同、骆登山、凌俊杰、邹函纾、张宣、尹钶莹、赵建平、李琴等。

明庆忠

2020 年 7 月 10 日于昆明

# 目　　录

# 第一章 云南省文旅产业供给侧结构性改革发展现状与问题诊断

文化产业与旅游产业具有强关联性和天然耦合性，文化是旅游的灵魂，能提升旅游产业的创意内涵与核心价值；旅游是文化的载体，能扩大文化产业的消费市场与传播效应。推动文化与旅游产业的融合，不仅有利于优化产业结构、转换增长动力，而且是提振旅游产业优质发展的现实路径。当前，我国各地区文旅产业的宏观发展还面临着有效供给不足、市场秩序不规范、体制机制不完善等诸多现实问题，文旅产业消费满足度、满意度不高。因此，从文旅产业供给侧发力，进行结构性改革是进行文旅产业融合发展的题中之意和关键之举，将有助于缓解中国特色社会主义新时代的社会主要矛盾，有助于满足人民对美好生活需要的“幸福产业”的现实要求。

而要进行文旅产业供给侧结构性改革，首先应对其发展现状具有清晰的把握，以便更合理地对文旅产业供给侧结构性改革“对症下药”。本部分以云南省文旅产业融合发展为研究对象，在对其文旅产业融合发展及供需两端匹配性分析的基础上，提出现阶段云南省文旅产业供给侧结构性改革发展的现实问题，以为后续目标任务的提出、路径优化的制订提供基础性研究分析。

## 第一节　文旅产业供给侧结构性改革调查分析

### 一、云南文旅产业供给侧结构性改革的背景

#### （一）我国文旅产业发展进入高质量发展新阶段

2019 年，我国文化旅游融合战略稳步推进，旅游者对于增长见识、修身养性的精神诉求要求越来越高，文旅产业进入高质量发展新阶段，文旅休闲日益成为人民生活的刚需，文化消费市场越加活跃。从 2019 年下半年全国城乡居民文化消费专项调查结果来看，历史文化街区、博物馆、人文旅游景点逐步成为居民首选的文化休闲场所，选择参观博物馆和文化古迹、文艺演出、观影赏剧、非遗活动占比均达到 35% 以上，选择以增加知识、提升素养及促进身心健康为核心诉求的占比达到了 50% ①。我国文化旅游市场份额不断上涨，但旅游产业供给整体上还相对滞后，因此为转变过去文旅产业资源依赖的发展方式，进一步释放“文化 + 旅游 + ”的产业发展后劲，云南省文化旅游业界秉持“宜融则融、能融尽融”的原则，以高质量发展为目标，以融合发展为主线，以改革创新为动力，以机构改革为契机，推进云南文旅产业重树新发展优势。为达到高质量发展目标，首要任务便是破除当前文旅产业供给侧结构障碍，构建符合文化和旅游两个产业有效、持续融合发展的供给侧结构。

#### （二）我国文旅产业供给侧面临市场需求新转变

供给侧结构性改革是我国经济运行进入新常态下党中央做出的重大战略部署，也是我国新时代社会主要矛盾转变的适应性任务。随着我国居民收入持续增长、财富不断积累，消费结构呈加速升级态势，人民群众多样化、多层次的精神需求快速增长，为文化消费和旅游消费提供了巨大的发展空间和市场潜力。自 2009 年《文化部、国家旅游局关于促进文化与旅游结合发展的指导意见》的发布至 2017 年《国家发改委“十三五”时期文化旅游提升工程实施方案》的制定，以文促旅、以旅

---

① 中国旅游研究院（文化和旅游部数据中心）. 2019 下半年全国文化消费数据报告.

彰文的文旅产业融合，已成为我国发展现代旅游业、促进文化传播的必然选择，但目前我国文旅融合还面临着体制机制不完善、有效供给不足、市场秩序不规范等供需不匹配或结构失衡等问题，为推进文旅产业转型升级、提质增效的进程，增强供给体系对需求变化的适应性和灵活性，文旅产业供给侧结构性改革成为眼下的第一要务。此外，随着新时代我国社会主要矛盾的转移，为缓解人民日益增长的美好生活需要和不平衡不充分的发展之间的矛盾，加强文旅供给侧结构性改革也成为破解中国特色社会主义新时代社会主要矛盾的基础性工程。

### （三）云南省优质旅游、全域旅游呈现发展新态势

云南省为加快推进旅游强省建设，紧抓“三个定位”、打好“三张牌”，全省各地义无反顾地深化旅游秩序整治、增强文旅产业有效供给能力、提升旅游智慧化水平、激活文旅产业要素合理流动。2018 年，云南省《政府工作报告》提出“坚持以供给侧结构性改革为主线”统筹推进各项工作，并出台《云南省人民政府关于加快推进旅游转型升级的若干意见》《云南省旅游市场秩序整治工作措施》《云南省文化厅“十三五”时期文化发展改革实施方案》及“一部手机游云南”等系列改革措施。可以说云南省文旅产业供给侧结构性改革已经进入“深水区”和关键期，深化供给侧结构性改革既是改善供需匹配、提高经济发展质量和效益的治本之策，也是推进云南全省优质旅游、全域旅游建设的基础性支撑。云南文旅产业发展不平衡不充分问题、文旅产业有效供给不足问题、文旅供给结构与市场需求结构不匹配问题、文旅管理体制机制改革问题既是云南省文旅产业持续、高效发展的制约性条件，也是云南省加快优质旅游发展、构建全域旅游发展体系、将云南建设成为世界一流旅游目的地的现实任务和挑战。

## 二、云南文化旅游资源类型分析

### （一）文化旅游资源分类

文化旅游资源是指能体现出人类文化内涵并吸引旅游者产生旅游动机，被旅游业或其相关产业所利用并开展各类文化旅游活动的各种有形或无形的自然、社会、文化等客体[1]。根据文化旅游资源的定义，结合中华人民共和国国家标准《旅游资源分类、调查与评价（GB/T 18972—2017）》的相

关标准，将文化旅游资源进行了以下分类（见表 1–1）。

**表 1–1 文化旅游资源分类**

| 大类 | 主类 | 亚类 |
|---|---|---|
| 山水文化旅游资源 | A 地文景观文化旅游资源 | AA 山岳文化 AB 奇石文化 AC 洞穴文化 |
| | B 水域文化旅游资源 | BA 海滨文化 BB 河流文化 BC 江湖文化 BD 矿泉文化 BE 温泉文化 |
| 社会人文旅游资源 | C 历史文化旅游资源 | CA 遗址 CB 博物馆 CC 名人名事 CD 神话传说 |
| | D 建筑文化旅游资源 | DA 名寺古塔 DB 陵园祠墓 DC 古镇 DD 古村 DE 古街 DF 古宅 |
| | E 演艺文化旅游资源 | EA 戏曲舞蹈 EB 影视剧 EC 影视基地 |
| | F 饮食文化旅游资源 | FA 湘菜 FB 粤菜 FC 闽菜 FD 鲁菜 FE 川菜 FF 浙菜 FG 苏菜 FH 徽菜 FI 地方特色菜 |
| | G 民俗文化旅游资源 | GA 节庆 GB 风俗 GC 少数民族文化 |
| | H 宗教文化旅游资源 | HA 佛教 HB 基督教 HC 伊斯兰教 HD 道教 HE 原始（本土）宗教 |
| | I 研学文化旅游资源 | IA 爱国主义教育基地 IB 科技园 IC 大学城 ID 动植物园 IE 地质公园 IF 森林公园 |

## （二）云南文化旅游资源分类

云南文化旅游资源十分丰富，数量多、类型全。根据上述文化旅游资源分类表并结合云南文化旅游资源的具体情况，对云南文化旅游资源进行了分析。

**1. 山水文化旅游资源**

山水文化旅游资源包括以山岳文化、奇石文化、洞穴文化等为基础的地文景观文化旅游资源，以及以海滨文化，河流、江湖文化，矿泉、温泉文化等为基础的水域文化旅游资源。云南属于青藏高原南延部分，以元江谷地和云岭山脉为界，把云南划分为东、西两大地区[2]。东部地区主要分布着连绵起伏的低山、丘陵，发育着各种形态的喀斯特地貌，其中较为著名的有云南石林、泸西阿庐古洞、宜良九乡溶洞、丘北普者黑等旅游区。西部地区主要为高山与深谷，地势雄奇险要，其中以“三江并流”景观最为壮观。云南省的山水文化旅游资源分类具体如表 1-2 所示。

**表 1-2　云南山水文化旅游资源**

| 主类 | 主要类型 | 主要代表名称 |
| --- | --- | --- |
| 地文景观文化旅游资源 | 名山 | 丽江玉龙雪山、丽江老君山、梅里雪山、轿子雪山、白马雪山、大理苍山、高黎贡山、云南无量山、云南哀牢山、腾冲火山、石林、昆明西山、通海秀山、巍宝山、丽江文笔山、剑川石宝山、宾川鸡足山、普达措、怒山、点苍山、昭通大山包等 |
| | 名洞 | 宜良九乡溶洞、泸西阿庐古洞、建水燕子洞、弥勒白龙洞、通海里山仙人洞、洱源清源洞、西游洞、水帘洞、观音洞等 |
| | 化石地 | 禄丰恐龙国家地质公园、澄江帽天山古生物国家地质公园等 |
| 水域景观文化旅游资源 | 河流 | 金沙江、澜沧江、怒江、独龙江、南盘江、元江、红河、独龙江、盘龙江、流沙河、瑞丽江、曲江、龙川江、牛栏江、以礼河等 |
| | 湖泊 | 滇池、洱海、泸沽湖、抚仙湖、碧塔海、属都湖、程海、阳宗海、星云湖、异龙湖、杞麓湖等 |
| | 泉水 | 滕冲热海、大理洱源温泉、玉溪华宁温泉、澄江抚仙湖温泉、瑞丽温泉、西部大峡谷温泉、昆明安宁温泉、红河温泉、香格里拉温泉、西双版纳温泉等 |
| | 瀑布 | 罗平九龙瀑布、莫里瀑布、叠水河瀑布、雌雄瀑布、五台山瀑布群、楚雄大姚三潭瀑布、雨崩神瀑等 |

**2. 社会人文旅游资源**

社会人文旅游资源的形成不仅受到自然地理环境各要素的影响，同时受到历史、经济、文化、民族等各种社会因素的影响，其形成过程远比山水文化旅游资源复杂。社会人文旅游资源包括了历史文化旅游资源、建筑文化旅游资源、演艺文化旅游资源、饮食文化旅游资源、民俗文化旅游资源、宗教文化旅游资源和研学文化旅游资源。云南省自古以来形成了复杂的多元文化，数千年的历史为云南留下了灿烂的文化瑰宝，也为云南文化旅游的发展提供了得天独厚的社会人文旅游资源。云南社会人文旅游资源如表 1–3 所示。

**表 1–3 云南社会人文旅游资源**

| 主类 | 主要类型 | 主要代表名称 |
|---|---|---|
| 历史文化旅游资源 | 遗址 | 元谋人遗址、云南峨山古人类洞穴遗址、宾川白羊村新石器遗址、禄丰县新石器遗址、通海县兴义遗址、大理剑川海门口遗址等 |
| | 博物馆 | 云南省博物馆、云南民族博物馆、昆明市博物馆、云南铁路博物馆、昆明动物博物馆、昆明德馨香水博物馆等 |
| | 名人 | 郑和、段思平、龙云、皮逻阁、唐继尧、熊庆来、李根源、聂耳、楚图南、方国瑜等 |
| 建筑文化旅游资源 | 名寺古塔 | 大理崇圣寺三塔、噶丹·松赞林寺、玉峰寺、昆明圆通寺、曼阁佛寺、鸡足山金顶寺、孟定洞景佛寺等 |
| | 陵园祠墓 | 李家山古墓群、晋宁石寨山古墓群、祥云大波那墓地、楚雄万家坝古墓群、兰茂墓、兰公祠、和顺尹氏宗祠等 |
| | 古街巷与古宅 | 丽江古镇、大理古镇、喜洲古镇、和顺古镇、沙溪古镇、束河古镇、官渡古镇、诺邓古镇、盐井古镇、黑井古镇等 |
| 演艺文化旅游资源 | 戏曲舞蹈 | 《牡丹亭》《玉玦记》《印象丽江》《云南印象》《丽水金沙》《丽江千古情》《哈尼梯田》《蝴蝶泉边》等 |
| | 影视作品 | 《五朵金花》《木府风云》《三生三世十里桃花》《西游记》《天龙八部》《神话》《无极》《三国演义》《倩女幽魂》《春光灿烂猪八戒》《千机变》等 |
| | 影视基地 | 昆明玉龙湾影视基地、元阳梯田影视基地、大理天龙八部影视基地、束河茶马古道影视基地、石林九乡影视基地 |

**续表**

| 主类 | 主要类型 | 主要代表名称 |
|---|---|---|
| 饮食文化旅游资源 | 经典菜系 | 滇菜等 |
| | 传统名吃 | 过桥米线、汽锅鸡、红三剁、虎掌菌炒鸡丝、宾川海稍鱼、宣威火腿、腾冲饵块、建水豆腐、宜良烤鸭、松茸等 |
| 民俗文化旅游资源 | 传统节庆 | 傣族泼水节、彝族火把节、白族三月街、回族开斋节、苗族花山节、傈僳族刀杆节、纳西族米拉会、藏族赛马节等 |
| | 庙会 | 白族天子节、佛会接佛（福）、本主节、浴佛节、鸡足山观音会、洱海海灯会、保山卧佛寺庙会等 |
| | 民间娱乐 | 《赶马调》、纳西族白水台赛歌会、平川狮灯、唢呐演奏、葫芦笙演奏、羊皮鼓舞、剑川石宝山歌会等 |
| 宗教文化旅游资源 | 佛教 | 噶丹·松赞林寺、鸡足山寺群、大理崇圣寺、西双版纳勐泐大佛寺、圆通寺、云南弥勒大佛等 |
| | 基督教 | 昆明三一国际礼拜堂、昆明锡安圣堂、大理古城基督教堂、怒江白汉洛教堂等 |
| | 伊斯兰教 | 云南沙甸大清真寺、昆明南城清真寺、昆明顺城清真寺、大理南门清真寺、西山永宁清真寺、保山清真寺等 |
| 研学文化旅游资源 | 爱国主义教育基地 | 云南陆军讲武堂、红军长征柯渡纪念馆、西南联合大学纪念碑、"一二·一"运动纪念馆、聂耳墓、周保中将军纪念馆等 |
| | 科技园 | 普洱国家农业科技园区、石林国家农业科技园区、红河国家农业科技园区、滇中国家农业科技园区等 |
| | 大学城 | 昆明呈贡大学城 |
| | 动植物园 | 昆明动物园、昆明世博园、西双版纳热带动物园、中科院西双版纳热带植物园、西双版纳野象谷、昆明融创文旅城、海洋世界等 |

## （三）云南文化旅游资源特征

### 1. 资源类型丰富且特色鲜明

云南省的文化旅游资源种类比较齐全、多样。按照国家标准《旅游资源分类调查与评价（GB/T 18972—2017）》，除了海域这一主类的旅游资源没有外，其他主类的文化旅游资源云南都有。全省所列216项旅游资源要素中，山水文化旅游资源要素项占37.50%，社会人文旅游资源要素项占62.50%。这表明云南社会人文旅游资源十分丰富，但山水文化旅游资源也不逊色。目前云南省的山水文化旅游资源、民俗文化旅游资源、历史文化旅游资源、宗教文化旅游资源已有一定程度的开发，形成了一定的品牌效应。另外，饮食文化旅游资源、演艺文化旅游资源和研学文化旅游资源等也都各有特色。

云南多高山、极高山，垂直高差较大，自西北向东南呈阶梯状倾斜[3]，且在岩性、地质构造、地壳运动强度等因素的控制下，加之不同的外力条件，形成冰川、火山、石林、溶洞、喀斯特等错综复杂的特色地貌形态。如滇西北玉龙雪山、梅里雪山，滇西腾冲火山群，滇中轿子雪山、宜良九乡溶洞、云南石林等。作为中国多元民族文化的缩影之地，云南生活着多个少数民族。其中，白族、哈尼族、傣族、拉祜族、基诺族、独龙族等15个少数民族更是云南特有的民族。傣族泼水节、摩梭人走婚、彝族火把节、大理白族三月街等吸引着海内外的游客前来游览体验，民俗风情构成了云南文化旅游一道独特亮丽的风景线。

**2. 山水人文共生，资源协调搭配**

云南省旅游产业“十三五”发展规划中指出，要优化发展滇西北、滇西、滇西南、滇东南和滇东北五大旅游片区。其中，滇中有国家旅游度假区滇池、云南民族村；滇西北有世界文化遗产丽江古城、香格里拉普达措国家公园；滇西南有西双版纳野象谷、西双版纳曼听公园、基诺山寨；滇西有腾冲火山地热国家地质公园、翁丁村佤族原始部落；滇东南有石林世界自然遗产、红河哈尼梯田世界文化、建水国家历史文化名城；滇东北有西部大峡谷温泉、会泽娜姑镇白雾传统村落等。云南省文化旅游具有双重市场指向性，既能满足大众观光旅游者回归自然山水的需求，也对高质量的深度旅游者具有很强的吸引力。

**3. 文旅资源四季可用**

云南省的文化旅游资源无论从季节更替还是从月份变换来看都可以合理利用。春天可以去元阳梯田观日出，也可以去罗平赏万亩油菜花海；夏天可以去大理洱海环湖游览，也可以去丽江玉龙雪山乘凉；秋天可以去腾冲看银杏飘落、也可以去泸沽湖体验摩梭人的民俗风情；冬天可以在昆明滇池国家旅游度假区喂海鸥，也可以去西双版纳避寒看热带动植物。在时间布局上，各州市的文化旅游资源既可以抓住假日的客流量，又能避免彼此之间的恶性竞争。云南省的各种节事活动多分布在国家法定的节假日，但是又分别有时间间隔。例如，德宏景颇族的目瑙纵歌，在农历正月十五；大理白族的三月街，在每年的农历三月十五至二十一；西双版纳傣族的泼水节主要活动在 4 月中旬；昆明石林彝族的火把节，在每年农历的六月二十四等。

**4. 储备资源多，开发潜力大**

云南省素有“动物王国”“植物王国”和“有色金属王国”的美誉。其几乎集中了从热带、亚热带至温带甚至寒带的植物品种，有滇金丝猴、绿孔雀、蟒、亚洲象、三七、望天树等特色物种。在已经发现的 150 多种矿产中，有 25 种产量位居全国前三，储备资源丰富。此外，云南地处青藏高原东南部，绝大部分地区是山地，交通不便，经济发展缓慢，但自然环境保护良好。同时作为我国少数民族最多的省份，许多山区民族村寨受外界影响较小，异域民俗风情得以保留下来，特别是西双版纳的基诺族、临沧翁丁村佤族、怒江独龙族等所具有的神秘而古老的民俗风情、传统村寨，具有广阔的开发前景。

## 三、云南文旅产业供给侧结构与特征

### （一）供给结构现状

**1. 制度供给**

（1）政策支持推动文旅融合高质量发展。云南省紧紧围绕建设旅游强省的目标，坚持以文塑旅、以旅彰文，出台相关政策保障文化产业与旅游产业高质量融合发展，将提升硬件和优化软件相结合，把提高服务品质和改善文化体验相结合，助推云南省文旅供给侧改革。

2016 年，在云南省旅游“十三五”规划纲要和文化“十三五”规划纲要中提出，加大对旅游产业与文化产业建设投入，依托独特文化资源，开展文化旅游。同年，云南省委、省政府又将文化旅游产业作为云南省近期着重发展的八大产业之一。2018 年，云南省重点旅游项目超过 780 个，年度实际完成投资超过 1100 亿元。随着这些项目的建成，全省旅游产品结构不断优化。

云南省认真贯彻落实中央和省委、省政府关于机构改革的决策部署，将组建省文化和旅游厅作为重要任务，成立厅机构改革工作组，加强顶层设计，推动任务落实。2018 年 10 月，云南省文化和旅游厅正式挂牌标志着云南省文旅融合迈出重要一步。

（2）整治市场乱象重塑旅游形象。云南省旅游市场中的乱象由来已久，严重损害了云南省旅游形象。云南省委、省政府主要采取了以下措施整治旅游市场乱象，旅游市场秩序整治工作取得明显成效。

①强化政策引导，助力市场整治。2016 年 11 月，云南省发布《云南省整治“不合理低价游”专项行动方案》，提出通过三大举措整治“不合理低价游”。2017 年 4 月，云南出台“史上最严”的“22 条”措施，从购物、旅行社、导游等 7 个方面入手，严厉打击“不合理低价游”“零负团费”，斩断“灰色利益链条”，彻底改变此前形成的“以购养游”违法经营模式。

②推进旅游执法队伍建设，加强市场监管。全省全面推行“1 + 3 + N + 1”旅游市场综合监管模式，16 个州（市）及重点旅游县（市、区）建立以政府一把手为指挥长的旅游综合监管调度指挥部，建立了 3 支执法队伍重点开展旅游市场整治工作、30 支旅游警察队伍，严厉打击旅游违法犯罪行为，加大旅游市场秩序整治力度，推动云南旅游转型升级取得新突破。

③制定旅游从业人员标准，提升服务质量。在 2017 年 4 月出台实施“22 条”旅游市场秩序整治措施的基础上，2019 年 4 月，云南省人民政府印发了《云南省旅游从业人员“八不准”规定》，针对云南省旅游从业人员提出相关规定，作为全省旅游业的“负面清单”，期望根除“不合理低价游”，打破“以购养游”经营模式，实现旅游市场秩序的根本好转。

（3）全域旅游和旅游扶贫稳步开展。云南省着力培育壮大旅游产业，紧紧抓住文化旅游帮扶机遇，大力发展乡村旅游、红色旅游等，实施乡村振兴，取得了明显的经济效益、社会效益和生态效益。

①全域旅游推进文旅产业高质量发展。2018 年，云南省编制完成了《云南省全域旅游创建重点任务》，指导推动州级、县级全域旅游示范区创建单位编制全域旅游发展规划和工作方案。2018 年，云南省以全域旅游理念为引领，采取强化景区景点、特色小镇和旅游综合体建设等多项措施，改善旅游吸引物的供给，共新增旅游景区建设项目 379 处，旅游

特色小镇或包含旅游项目的其他类型小镇共计划创建99处，加快建设和完善滇池国际会展中心、古镇文化旅游名城等20个旅游型城市综合体。

②旅游扶贫助力脱贫攻坚。云南省旅游发展委员会制定并印发《云南省旅游产业发展领导小组关于印发2018年云南省旅游扶贫重点任务分工方案的通知》，将任务分解到州、市和部门；启动《云南省“旅游千企千村帮扶专项行动”实施方案》，争取以文化和旅游部为平台，协调发达地区旅游企业参与旅游帮扶；制定《关于支持深度贫困地区旅游扶贫开发工作实施方案》。“十三五”期间，云南省实施文化旅游扶贫项目超过5700个，其中文化扶贫项目4000余个，乡村旅游项目1700个，完成乡村文化旅游投资1032.4亿元，全省有规模游客接待的贫困村达1000余个，全省乡村旅游接待游客9.25亿人次，实现乡村旅游总收入7300亿元，文化旅游累计带动贫困人口增收脱贫达到75万人，占全省脱贫人口的12.2%。云南省推进“123518精准旅游扶贫工程”［建设1个旅游扶贫示范州——怒江州、20个旅游扶贫示范县、30个旅游扶贫示范乡镇、500个旅游扶贫示范村（省级100个、州级150个、县级250个），培育1万户旅游扶贫示范户，文化旅游综合带动80万贫困人口增收脱贫］，全省旅游扶贫示范创建取得显著成效。目前，怒江州美丽公路建成通车，大滇西旅游环线启动建设，独龙江景区创建为国家3A级旅游景区，怒江30个旅游扶贫重点村加快推进建设。全省认定命名了20个旅游扶贫示范县、30个旅游扶贫示范乡村、100个省级旅游扶贫示范村，县（市、区）组织培育了1万余户文化和旅游扶贫示范户，稳步推进旅游扶贫及乡村振兴工作。云南省还将继续从精准旅游扶贫对象、精准帮扶主体、精准文化旅游扶贫方式三个方面引导推进精准扶贫精准脱贫。提出城镇依托型、景区带动型、民族特色型、历史文化型、产业融合型、生态环境型、易地搬迁型、交通拉动型、科技助推型9种典型旅游扶贫示范村，并将强化旅游扶贫经验推广，强化文化旅游扶贫带动脱贫。

（4）旅游转型升级持续推进。2017年，云南省发布《加快推进旅游产业转型升级重点任务》指出，云南省旅游产业结构不合理、质量不够高、带动效益不强、基础设施与配套设施建设相对滞后等问题和短板日益凸显，必须不断增加旅游产品和服务的有效供给，全面提升旅游产业发展质量和综合效益。

2018年，云南省发布《云南省人民政府关于加快推进旅游转型升级的若干意见》，提出必须重建良好市场秩序、重构旅游诚信体系、提升旅游供给能力、完善旅游管理机制，推动“旅游革命”，实现转型升级，力争将云南建设成为世界一流旅游目的地。省委、省政府印发了《云南省旅游产业转型升级重点任务》和《2018 年全省旅游工作要点》，协调推进各地各部门和全省旅游系统狠抓各项工作任务的落实，云南省旅游转型升级取得明显进展。

2019 年，云南省着力推进“一部手机游云南”完善提升工程、旅游厕所建设工程、智慧景区建设工程、旅游品质提升工程、自驾旅游推进工程、康养旅游建设工程、全域旅游发展工程、文旅品牌塑造工程、旅游市场持续严打严管工程，共九大工程，加快旅游产业转型升级进程（见表 1–4、表 1–5）。

**表 1–4　国家层面文旅产业供给侧改革相关文件**

| 文件名称 | 发布时间 | 发布机构 | 主要涉及内容 |
| --- | --- | --- | --- |
| 《“十三五”旅游业发展规划》 | 2016 年 12 月 7 日 | 国务院 | 以转型升级、提质增效为主题，以推动全域旅游发展为主线，加快推进供给侧结构性改革，努力建成全面小康型旅游大国 |
| 《关于促进交通运输与旅游融合发展的若干意见》 | 2017 年 3 月 1 日 | 国家旅游局 | 以深化供给侧结构性改革为主线，以转型升级、提质增效为中心，着力完善旅游交通网络设施，创新旅游交通产品 |
| 《文化部“十三五”时期文化产业发展规划》 | 2017 年 4 月 19 日 | 文化部 | 到 2020 年，文化与旅游双向深度融合，促进休闲娱乐消费的作用更加明显，推进区域文化旅游一体化发展，促进文化生态旅游融合 |
| 《国家旅游局关于深化导游体制改革加强导游队伍建设的意见》 | 2017 年 8 月 19 日 | 国家旅游局 | 推动旅游服务供给侧结构性改革，着力解决导游体制性障碍、结构性矛盾、政策性壁垒、封闭式管理，进一步促进导游队伍健康发展 |

续表

| 文件名称 | 发布时间 | 发布机构 | 主要涉及内容 |
| --- | --- | --- | --- |
| 《中共中央　国务院关于开展质量提升行动的指导意见》 | 2017 年 9 月 5 日 | 中共中央 国务院 | 提高供给质量是供给侧结构性改革的主攻方向，全面提高产品和服务质量是提升供给体系的中心任务。提出要实施旅游服务质量提升计划，显著改善旅游市场秩序 |
| 《国务院办公厅关于促进全域旅游发展的指导意见》 | 2018 年 3 月 22 日 | 国务院 | 加快旅游供给侧结构性改革，把促进全域旅游发展作为推动经济社会发展的重要抓手，大力推进“旅游 +”，促进产业融合、产城融合 |
| 《文化和旅游部　财政部关于在旅游领域推广政府和社会资本合作模式的指导意见》 | 2018 年 4 月 19 日 | 文化和旅游部　财政部 | 坚持以旅游供给侧结构性改革为主线，逐步加强旅游基础设施建设，持续提升旅游公共服务供给水平 |
| 《文化和旅游部关于实施旅游服务质量提升计划的指导意见》 | 2019 年 1 月 16 日 | 文化和旅游部 | 提出七大任务、四大保障，提高旅游管理服务水平，提升旅游品质，推动旅游业高质量发展 |
| 《关于促进森林康养产业发展的意见》 | 2019 年 3 月 8 日 | 国家林业和草原局等四部门 | 要丰富森林康养产品，充分发挥中医药特色优势，开发中医药与森林康养服务相结合的产品，繁荣森林康养文化，推进建设森林康养基地 |
| 《关于促进旅游演艺发展的指导意见》 | 2019 年 3 月 14 日 | 文化和旅游部 | 着力推进旅游演艺转型升级、提质增效，充分发挥旅游演艺作为文化和旅游融合发展重要载体的作用 |
| 《关于以 2022 年北京冬奥会为契机大力发展冰雪运动的意见》 | 2019 年 3 月 31 日 | 国务院 | 提出为做好北京冬奥会、冬残奥会备战工作，大力发展冰雪运动，创新体制机制，普及冰雪运动，发展冰雪产业，落实条件保障，努力实现我国冰雪运动跨越式发展 |

续表

| 文件名称 | 发布时间 | 发布机构 | 主要涉及内容 |
|---|---|---|---|
| 《文化产业促进法（草案征求意见稿）》 | 2019 年 6 月 28 日 | 文化和旅游部 | 促进文化产业发展纳入国民经济和社会发展规划，并制定促进文化产业发展的专项规划，促进文化产业结构调整和布局优化。促进文化产业区域协调发展，支持文化企业在西部地区投资文化产业 |
| 《国务院办公厅关于进一步激发文化和旅游消费潜力的意见》 | 2019 年 8 月 23 日 | 国务院 | 深化文化和旅游领域供给侧结构性改革，从供需两端发力，不断激发文化和旅游消费潜力 |
| 《关于促进文化和科技深度融合的指导意见》 | 2019 年 8 月 26 日 | 科技部、文旅部等六部门 | 明确了加强文化共性关键技术研发、完善文化科技创新体系建设等 8 项重点任务，充分释放科技对文化建设支撑的创新力 |
| 《国务院办公厅关于加快发展流通促进商业消费的意见》 | 2019 年 8 月 27 日 | 国务院 | 顺应商业变革和消费升级趋势，促进商旅文体等跨界融合；改善提升乡村旅游商品和服务供给，鼓励有条件的地区培育特色农村休闲、旅游、观光等消费市场 |
| 《关于促进全民健身和体育消费推动体育产业高质量发展的意见》 | 2019 年 9 月 17 日 | 国务院 | 鼓励体旅融合发展，探索将体育旅游纳入旅游度假区等国家和行业标准，实施体育旅游精品工程，规范引导体育旅游示范区建设。将登山、徒步、越野跑等体育运动项目作为发展森林旅游的重要方向 |
| 《关于新时代服务业高质量发展的指导意见》 | 2019 年 10 月 2 日 | 国家发改委、国家市场监督管理总局 | 支持利用农村自然生态、历史遗产、地域人文、乡村美食等资源，发展乡村旅游、健康养老、科普教育、文化创意等业态 |
| 《文化和旅游部关于进一步加强演出市场管理的通知（征求意见稿）》 | 2019 年 12 月 5 日 | 文化和旅游部 | 支持地方通过音乐、戏剧、杂技、舞蹈等演出节庆活动，推动文化和旅游融合发展。支持具备条件的 A 级旅游景区、全域旅游示范区、特色小镇发展具有地方文化特色的旅游演出项目，促进夜间演出消费 |

**续表**

| 文件名称 | 发布时间 | 发布机构 | 主要涉及内容 |
| --- | --- | --- | --- |
| 《关于促进消费扩容提质 加快形成强大国内市场的实施意见》 | 2020 年 2 月 28 日 | 国家发改委等 23 部门 | 明确提出重点推进文旅休闲消费提质升级，丰富特色文化旅游产品，构建文旅多产业多领域融合互通的休闲消费体系，改善入境旅游与购物环境，创新文化旅游宣传推广模式 |

**表 1–5　云南省层面文旅产业供给侧改革相关文件**

| 文件名称 | 发布时间 | 发布机构 | 主要涉及内容 |
| --- | --- | --- | --- |
| 《云南省旅游产业“十三五”发展规划》 | 2016 年 10 月 28 日 | 云南省人民政府 | 以旅游市场需求为导向、满足旅游消费供给为准绳、转型升级为主线、深化改革开放为动力、聚集和融合发展为重心，实现从旅游大省向旅游强省的新跨越 |
| 《云南省整治“不合理低价游”专项行动方案》 | 2016 年 11 月 4 日 | 云南省旅游发展委员会 | 提出通过三大举措整治“不合理低价游” |
| 《云南省全域旅游创建实施方案的通知》 | 2016 年 12 月 31 日 | 云南省人民政府 | 推进全域旅游示范区创建工作，打造一批具有云南特色的全域旅游目的地 |
| 《云南省人民政府办公厅关于加快乡村旅游扶贫开发的意见》 | 2017 年 1 月 6 日 | 云南省人民政府 | 以提升乡村旅游为目标，以旅游扶贫开发为抓手，实施全域旅游富民工程；大力发展乡村旅游新业态，推动一、二、三产业融合发展，增强乡村旅游发展的内生动力 |
| 《云南省旅游市场秩序整治工作措施》 | 2017 年 3 月 24 日 | 云南省人民政府 | 依据现有的法律法规，结合云南实际，研究制定了涵盖经营主体管理、从业人员管理、行业协会改革、管理机制和责任落实等方面的 22 条措施 |

续表

| 文件名称 | 发布时间 | 发布机构 | 主要涉及内容 |
| --- | --- | --- | --- |
| 《关于印发云南省加快推进旅游产业转型升级重点任务的通知》 | 2017年6月30日 | 云南省人民政府 | 加快旅游产业供给侧结构性改革，在继续保持旅游接待规模稳步增长的同时，不断优化产品结构，扩大有效供给，改善供给环境，提高供给能力 |
| 《云南省旅游产业发展领导小组关于印发2018年云南省旅游扶贫重点任务分工方案的通知》 | 2017年10月16日 | 云南省旅游发展委员会 | 紧紧围绕扶贫攻坚这条主线，按照“产业化发展、多元化推动、特色化建设、规范化管理”的原则，切实推进“123518”旅游扶贫工程 |
| 《云南省人民政府办公厅关于加快发展健身休闲产业的实施意见》 | 2018年7月5日 | 云南省人民政府 | 推进全民健身体育旅游，打造“自驾友好型旅游目的地”和户外运动旅游胜地；推进健身休闲、康体养生业态融合发展；发展民族特色建设休闲项目，建设健身休闲服务综合体 |
| 《关于加快推进旅游转型升级的若干意见》 | 2018年7月24日 | 云南省人民政府 | 必须重建良好市场秩序、重构旅游诚信体系、提升旅游供给能力、完善旅游管理机制，推动“旅游革命”，实现转型升级 |
| 《云南省人民政府关于加快推进旅游转型升级的若干意见》 | 2018年8月15日 | 云南省人民政府 | 按照全域旅游理念，通过重建良好市场秩序、重构旅游诚信体系、提升旅游供给能力、完善旅游管理机制、推动“旅游革命”，实现转型升级 |
| 《中共云南省委 云南省人民政府关于开展质量提升行动的实施意见》 | 2018年8月26日 | 中共云南省委 云南省人民政府 | 在旅游、文化、餐饮、养老、家政等重点行业，先行启动服务质量提升行动，不断提升标准化、特色化、便利化、品牌化水平 |
| 《云南省旅游从业人员“八不准”规定》 | 2019年4月17日 | 云南省人民政府 | 对旅游购物、不合理低价游、旅游消费、旅游合同监管、旅游景区管理等方面做出具体规定，严格规范旅游从业人员行为 |

续表

| 文件名称 | 发布时间 | 发布机构 | 主要涉及内容 |
|---|---|---|---|
| 《云南省旅游业质量提升行动方案》 | 2019 年 6 月 27 日 | 云南省人民政府 | 打造世界一流“三张牌”和建设国际一流旅游目的地，推动文化旅游产业转型升级，丰富演艺产品有效供给，加强旅游标准化建设，提升旅游服务质量，深化旅游市场秩序整治 |
| 《云南省人民政府办公厅关于加快发展流通促进商业消费的实施意见》 | 2020 年 1 月 23 日 | 云南省人民政府 | 鼓励夜间经济业态向多元化发展，以餐饮为基础、以文化为灵魂、以项目为支撑、以政策为保障、以旅游为带动，培育夜经济发展载体，完善夜经济保障体系，建立夜经济工作促进机制 |
| 《关于以 2022 年北京冬奥会为契机大力发展冰雪运动若干措施的通知》 | 2020 年 3 月 9 日 | 云南省人民政府 | 加快发展冰雪产业规模；提升冰雪项目竞技水平，大力发展群众性冰雪运动，广泛开展青少年冰雪运动 |

**2. 产业、业态与产品供给现状**

（1）产业供给现状。

①旅游景区。旅游景区是旅游业的重要组成部分。2019 年，云南省继续加快旅游景区景点建设。据统计，截至 2019 年年底，云南省共有 A 级旅游景区 244 家，其中 5A 级 8 家、4A 级 74 家、3A 级 99 家、2A 级 60 家、1A 级 3 家。目前，全省特色旅游城市、旅游强县、旅游名镇、旅游名村、旅游生态农庄、旅游度假区、全域旅游示范区等项目建设百花齐放，为海内外游客提供了满足休闲度假、健康养生、观光旅游等不同需求的旅游目的地。

②旅行社业。截至 2019 年年底，云南全省共有旅行社企业 1464 家。面对负面事件频发的市场乱象，云南省加大市场整治力度，加强旅游团队的管理，坚持“零容忍”的态度，严厉打击涉旅违法行为，坚决打掉黑导、黑社、黑车、黑店及黑恶势力背后的“保护伞”，旅游市场整治取得显著成果。

③酒店业。为助推文化旅游产业转型升级，酒店业发展成为供给侧

改革的先锋。供给侧改革客观上推进了精品酒店（民宿、客栈）的建设。2018 年，云南新增精品酒店 50 家，新增精品客栈、民宿 600 家。编制了全省精品酒店（民宿、客栈）指导目录，指导全省精品酒店（民宿、客栈）建设。同时，推动酒店等涉旅企业的诚信建设，不断完善由政府评价、专业评价、游客评价构成的酒店等涉旅企业的诚信评价体系建设。

④餐饮业。2019 年，全省旅游饭店行业全力以赴推进“旅游革命”，响应国家供给侧改革号召，践行“文旅融合促进高质量发展”的战略部署，积极投入到云南省旅游发展“加大工程”建设中，提升服务供给质量，助推全域旅游发展，促进旅游转型升级。

（2）业态供给现状。云南省供给侧结构性改革不断推进，旅游全要素生产率不断提高，旅游多元化业态应运而生，工业旅游、研学旅游、康养旅游、特色小镇等业态蓬勃发展。

①工业遗产游。近年来，云南省工业旅游受到越来越多的关注，逐渐成为文旅产业重点培育的新业态类型。云南省着力创新工业遗产保护、开发与再利用模式，活化工业遗产，实现从思想解放到规范管理、从规划研究到项目实施、从文物保护到文化开发的工业遗产再利用之路。2018 年，云南滇越铁路（建有云南铁路博物馆）、石龙坝水电站入选首批中国工业遗产保护名录。

②研学知识游。2014 年 8 月，国务院《关于促进旅游业改革发展的若干意见》首次明确“研学旅行”要纳入中小学生日常教育范畴。云南省具有丰富多彩的历史文化和自然资源，为研学旅游发展提供必备的基础条件。近年来，云南省着力推进研学旅游发展，在研学实践组织管理、基（营）地建设标准化、师资质量等方面日渐完善。2019 年，云南省共有 14 家研学基（营）地获授牌。

③康养旅游。2017 年，云南省发布《“健康云南 2030”规划纲要》（以下简称《纲要》）和《云南省“十三五”卫生与健康规划》，《纲要》明确提出发展中医药健康旅游，依托丰富的自然资源、旅游资源和民族文化资源，打造具有云南特点、优势突出、具有国际竞争力的康体文化养生品牌和健康医疗旅游目的地。随着云南省基础设施完善、交通圈缩短、医疗水平提高等，云南康养旅游逐渐形成生态环境养生、医疗保健养生、运动健身养生、膳食健康养生等为主题的康养产业链，实现康养、养生、文化、旅游等的多方面融合。

④体育旅游。“体育 + 旅游”发展势头强劲，在云南旅游业发展中展现蓬勃气象，为云南文化旅游注入新活力。2019 年中国体育文化博览会、中国体育旅游博览会，云南省有 12 个项目入选国家级体育旅游精品项目。到 2020 年，云南省力争建成 5 个以上国家级体育旅游基地，30 个山地运动、水上运动和洞穴探险体育旅游基地，打造 10 个以上国内知名体育旅游品牌。

⑤红色旅游。云南省拥有诸多价值较高的红色旅游资源，依托云南省的“长征”核心红色文化资源和一批红色旅游经典景区，云南省文化和旅游厅发布了 6 条云南红色旅游经典线路。支持红色旅游的发展不仅能够激发游客的爱国热情，也有助于推动旅游扶贫工作的开展。

⑥露营地与自驾游。云南具有发展自驾游、房车露营产业的环境优势、区位优势和资源优势，云南省多措并举推动自驾车、房车旅游发展。据《云南省露营地与自驾游专项规划（2016—2030）》，云南省将建成中国首个自驾友好型旅游目的地省，把露营地与自驾游培育成推动云南旅游产业转型升级的重要抓手，将建成 500 个露营地的发展目标，强化云南省文旅产业供给侧改革。

⑦特色小镇。文旅小镇的商业设施除了承担基本的吃饭、购物、住宿功能，还承担文化展示、文化体验、互动交流、游览体验等复合功能，这是更高一个层次的文旅商业业态。在云南省委、省政府高位推动下，云南特色小镇建设取得明显进展。2018 年，《中国特色小（城）镇 2018 年发展指数报告》发布，云南五地入选中国“50 个最美特色小镇”。2019 年，21 个小镇被云南省政府命名为“云南省特色小镇”并授牌，助推了云南省新型城镇化建设和全域旅游发展。同年，昆明融创文旅城盛大开城，打造独特的小镇体验模式，成为文旅融合新范本。

（3）产品供给现状。

①旅游线路。文旅产业正在经历深刻变革，从文旅供给端来看，资源为王让位于产品为王，云南省以“出特色、善竞争”为理念，围绕客源市场消费需求，将云南的文化和旅游优势结合在一起，陆续打造、呈现一系列本土的文化旅游产品，着力营销传统精品线路、新兴专项产品、文旅融合产品、乡村旅游产品及重点旅游景区，实现云南文化旅游产品与市场有效对接。

②旅游演艺。在文化产业与旅游产业的融合中，旅游演艺是融合的典型之一。近年来，云南相继推出了《云南映象》《梦幻腾冲》《印象丽

江》《希夷之大理》等大型文艺演出，以丰富旅游环节，打造文化旅游品牌，在全国掀起云南文化旅游热潮。云南旅游演艺产品以其深厚的文化内涵和地方特色，逐渐发展成我国旅游演艺的知名品牌。随着科学技术的发展，以 AR/VR 为代表的新兴技术带来的沉浸式体验，在不少传统景区和主题公园，打造出真实与虚拟的场景，让游客在虚实结合的场景中获得更好的体验感。

③旅游 IP。云南省通过活态化的保护方式将少数民族文化与旅游结合在一起，打造旅游 IP。2019 年 5 月，云南省与腾讯共同发布“云南新文旅 IP 战略合作计划”，利用“新文创”打造新型数字文旅模式、释放文旅新动能，这是全国首次省一级的文旅 IP 融合尝试。同年 9 月，云南省文化旅游形象大使——“云南云”正式发布，以历史为根，以人文为脉，再造新文旅 IP，不断释放文化旅游基因，输出省级文化符号（见表 1–6）。

**表 1–6　云南省旅游产品种类**

| 旅游产品种类 | 相关内容 |
| --- | --- |
| 旅游线路 | 1. 2019 年 12 月，西双版纳推出 8 条红色旅游精品线路<br>2. 携程推出 73 条云南扶贫旅游线路，辐射红河、怒江、文山、曲靖、临沧等州市<br>3. 2019 年 7 月，昆明开展红色旅游系列活动，推介 10 条经典红色旅游线路<br>4. “福地弥勒”休闲农业乡村游线路上榜 2019 年全国美丽乡村休闲旅游行精品线路<br>5. 2018 年，文山打造“中国三七健康养生之旅”“中国老山理想信念之旅”“中国祖母绿探秘寻宝之旅”“中国坡芽民族妙音之旅”4 条精品旅游线路<br>6. 2017 年 2 月，以“楚雄为重点、赛装节为亮点”的滇中旅游产品和节庆品牌推广活动，重点推出四条滇中旅游线路<br>7. 2016 年 6 月，云南推出 16 条“丝绸之路”特色旅游线路，打造云南旅游新名片<br>8. 保山市着力打造界头、明光镇的乡村旅游精品线路，推动旅游扶贫工程取得新进展<br>9. “中国远征军之路”，以体育和旅游多样结合为形式，获得“2015 中国体育旅游精品线路”奖项 |
| 旅游演艺 | 《云南映象》《梦幻腾冲》《印象丽江》《希夷之大理》《丽水金沙》《吴哥的微笑》《丽江千古情》《傣秀》《勐巴拉娜西》等 |

**续表**

| 旅游产品种类 | 相关内容 |
| --- | --- |
| 旅游 IP | 古滇文化、徐霞客、普洱马拉松、大理石门关酒店、东风韵、丽江萌蛙、《狂虫日记》、阳宗海、九色玫瑰小镇、大理《英雄联盟》电竞文创村、云南云等 |

### 3. 保障性供给现状

（1）文旅公共服务体系建设稳步推进。近年来，云南省委、省政府持续深入推进文旅公共服务体系建设，提高文旅公共服务供给质量，助推文旅供给侧改革。文化公共服务、旅游厕所、交通等基础设施不断完善。

①公共文化服务建设日益完善。为配合国家公共文化服务体系建设的战略部署，结合云南多民族地区公共文化建设和发展的需要，云南省委、省政府先后出台了《关于加强农村公共文化服务体系建设的意见》《关于贯彻落实党的十七届六中全会精神加快建设民族文化强省的意见》及《云南省人民政府关于加强公共文化惠民服务体系建设的意见》等重要文件，统筹云南城乡公共文化的建设和发展，为全省公共文化服务发展做出了制度安排，提供了政策保障。到 2018 年年底，云南省共建有文化站 1445 个、文化馆 149 个、图书馆 151 个、博物馆 143 个。

②厕所革命取得阶段性成效。在深入开展城乡“厕所革命”方面，云南省研究制定《云南省“厕所革命”三年行动计划（2018—2020）》，截至 2019 年年底，经过全省各地各部门的共同努力，已新建、改建旅游厕所 1200 座，预计到 2020 年全省城乡公厕和旅游厕所将达到 3. 4 万座，改造建设农村无害化卫生户厕 250 万座。

③综合交通运输体系建设全力推进。“十三五”期间，云南省着力推动“八出省、五出境”铁路骨架网、“七出省、五出境”高速公路主骨架网、广覆盖的航空网、“两出省、三出境”水运通道建设，构建辐射南亚东南亚的综合交通运输体系。航空系统方面，2018 年，昆明长水国际机场年旅客年吞吐量达 4708. 81 万人次，旅客吞吐量跃居全球第 35 位。近年来，配合“一带一路”建设，进一步推进面向南亚东南亚“辐射中心”的发展，形成以长水机场为核心，丽江、西双版纳区域性旅游枢纽机场为次中心，干支线机场为支撑，通用机场为补充的机场体系。

铁路系统方面，2018 年，全省铁路运营里程增加到 3848 公里。预计到 2020 年，铁路营运里程达到 5000 公里。公路系统方面，截至 2018 年年底，全省公路通车总里程达 24.88 万公里，高速公路里程达 5184 公里。2019 年，云南省全力推进高速公路“能通全通”工程，确保 2020 年实现 125 个县市区通高速公路，通车里程达到 1 万公里的目标。

（2）非物质文化遗产保护机制不断健全。文化遗产作为中华优秀传统文化的重要组成部分，是重要的旅游资源。文旅融合为文化遗产活化提供可行途径。近年来，云南把加强民族文物和非遗项目保护作为建设民族文化强省的着力点，通过立法保护、加强收集整理、加强人才培养、重视产品开发等多项措施，为保护利用好丰富灿烂的民族文物和非遗项目提供了良好条件。

目前，云南共有四级非物质文化遗产保护名录 7808 项（其中：国家级 122 项、省级 610 项、州市级 2103 项、县级 4973 项），“傣族剪纸”“藏族史诗格萨尔”2 个项目入选联合国教科文组织认定的人类非物质文化遗产代表作名录。评审认定非物质文化遗产项目代表性传承人 11055 人（其中，国家级 125 人、省级 960 人、州市级 2649 人、县级 7321 人）。

迪庆州、大理州列为国家级文化生态保护实验区；85 个少数民族聚居村寨列为省级民族传统文化生态保护区，涵盖 21 个民族，数量居全国之首；4 个项目入选国家级非物质文化遗产生产性保护示范基地，14 项传统工艺入选第一批国家传统工艺振兴项目；建有省级保护传承基地 28 个、州（市）级传习中心 11 个、各级传习馆（所）257 个、传承点 358 个、展示室 923 个。

（3）培养高素质人才保障文旅发展。云南省加强人才队伍与专家智库建设，制定下发《2018 年全省旅游人才工作要点及旅游培训工作计划》；开展旅游专家服务团帮扶，受益人数达 1000 多人次；做好旅游援藏工作，派遣德语、英语导游参加文化和旅游部导游援藏行动。

2018 年，云南省举办首届旅游行业青年精英人才选拔大赛，大赛选拔一批优秀的旅游行业人才，并建立云南省旅游人才储备库，助力云南旅游转型升级。同年，对万名旅游英才计划培养项目的入选人才进行验收，包括研究型英才培养项目 100 个、实践服务型英才培养项目 198 个、“双师型”教师培养项目 100 个、旅游数据与旅游统计人才培养项目 56 个和“金牌导游”人才项目 218 个举办全域旅游培训班，对全省 77 个省级全域旅游示范县旅游委（局）分管领导、各市（州）旅游委分管领导、旅游部门负责人等近200人进行培训，通过理论联系实际，不断开拓学员的视野，提高人才素养。

（4）智慧旅游助推文旅供给侧改革。云南在全国是较早开展旅游信息化建设的省份之一，在推进云南旅游数字化转型升级，推进智慧旅游建设中有许多可圈可点的举措。早在1999年，由云南省旅游局主持建设的云南旅游门户网站"云南旅游信息网"及"99世博会旅游调度系统"上线运行，为云南旅游产业的发展做出了积极的贡献。自2010年云南省旅游产业发展大会上云南省委、省政府领导首次提出了云南旅游信息化建设要实现"旅游资讯一览无遗，旅游交易一键敲定"的目标以来，云南省各级党委政府对旅游信息化的重要性和紧迫性的认识进一步提高，全省旅游信息化建设力度明显加强，分别于2011年年底和2014年年初编制了《云南旅游信息化十二五规划》《云南智慧旅游顶层设计》及其《实施方案》，提出了全面推进云南智慧旅游建设的总体思路。

近年来，云南省以"一部手机游云南"建设为抓手，进一步深化云计算、大数据、物联网、移动互联网、人工智能等新一代信息技术与旅游的深度融合，大力发展智慧旅游城市、智慧旅游景区、智慧旅游特色小镇、智慧旅游企业。

## （二）云南文旅产业供给侧发展格局

### 1. 文旅产业供给侧整体格局

根据云南省旅游产业"十三五"发展规划总体布局，结合全省各州（市）地区相关旅游发展规划，在强化品牌引领，推进文旅产业集群发展的思路下，云南省文旅产业供给侧空间格局同云南旅游产业发展格局一脉相承，整体格局呈现为"一圈四带五区"的发展态势。

（1）一圈：滇中文旅供给圈。依托于滇中城市一体化，推进昆明市、曲靖市、玉溪市、楚雄州滇中城市旅游圈的建设，着力建设昆明古滇文化旅游圈、昆明大观园主题游乐园、澄江帽天山古生物化石游乐园、元谋人古人类历史文化旅游区、楚雄彝族文化旅游基地等共20余项文旅产业重点发展项目。高密度的文旅产业项目在滇中地区的集聚不仅有力地带动了文旅供给侧要素的再度汇聚，也使滇中文旅供给在云南省文旅产业供给侧格局中形成了"一圈"的重要地位。

（2）四带：经济文化供给带。重点建设沿边跨境旅游经济带、金沙江沿江旅游经济带、昆玉红文化旅游产业经济带和澜沧江旅游经济带，依托边境文化、历史文化、民族风情等旅游资源，打造集文化休闲度假、山水文化体验等为一体的文旅产业发展集群，围绕四条经济带的文旅产业体系而构建的供给侧结构，形成了云南文旅产业供给侧“一圈”之外骨架性的“四带”。

（3）五区：生态文化供给区。优化滇西北、滇西、滇西南、滇东南和滇东北五大旅游片区的建设。滇西北香格里拉生态文化旅游区加快推进丽江古城世界文化遗产旅游地、三江并流世界遗产文化品牌的建设，打造国内外著名的生态文化旅游区；滇西南大湄公河国际旅游区持续推进普洱生态文化旅游区等文旅项目建设；滇西跨境国际旅游区以少数民族特色村、民族节庆、跨境旅游合作区等为文旅产业发展的关键带动；滇东南着力做响喀斯特风光跨境旅游区；滇东北加快向家坝、金沙江峡谷和沿江旅游特色村镇等开发建设。五大旅游区聚焦内在的生态文化资源特色和市场需求，建构完成了一批批文旅供给项目，供给要素结构不断完善，也正由于五大旅游区文旅项目基本能将整个云南文旅项目串联在一起，使其成为云南文旅产业供给侧整体格局的灵魂性支撑。

**2. 文旅产业供给侧区域空间格局特色亮点**

云南省文旅产业供给侧区域性空间配置具有不同于整体空间布局的突出特色与亮点，各地区结合自身优势，谋求跨地区协作，实现区域性合作共赢。具体体现为：其一，大旅游圈供给侧整合。云南省人民政府办公厅发布成立了关于大滇西旅游环线建设工作领导小组，统筹协调推进道路交通基础设施、旅游新产品和景区景点提升及文旅综合服务设施建设。其二，精品旅游线供给侧合作。“滇中经济圈”合作一体化有序推进，昆明市和楚雄彝族自治州签署了《一体化发展合作框架协议》，旨在联合打造昆明—禄丰—楚雄线、昆明—武定—元谋—永仁线、昆明—武定—元谋—攀枝花跨省精品线路，协同整合沿线旅游公共服务设施供给体系。其三，旅游区域联盟飞地共建。2019 年，石林、弥勒、丘北三地达成文化旅游区域联盟，秉承“平台共建、资源共享、品牌共创”的理念，协同提升滇东南旅游区及其供给侧结构在云南省旅游中的核心竞争力。可见，云南省文旅产业供给侧在“一圈八带五区”的基础上，形成了区域性内部“划圈层、多组团”的旅游供给侧空间配置特色。

### （三）供给现状特征分析

**1. 文旅供给侧改革具有时代性**

在市场转型、消费升级大背景下，人们的旅游消费需求日益多样化、个性化，而传统旅游产品同质化、低端化等问题日渐凸显，已无法满足游客日趋多元的高质量旅游需求，亟须通过供给侧结构性改革，创新产品研发机制，顺应时代发展需求，打造一批高端化、主题化、特色化、有内涵的旅游新产品。云南省紧随旅游市场需求变化，更新发展理念，构建文旅产业新格局，实景娱乐、沉浸式体验、旅游演艺、文旅 IP、文创衍生品等诸多新技术、新业态不断涌现。同时，随着科技不断进步驱动文旅产业发生变革，人工智能、虚拟现实、社交网络、云计算、大数据等科技手段改变了现有文旅产业的呈现方式和体验模式。

**2. 文旅供给侧改革具有创新性**

文旅供给侧改革有两大关注点，即制度创新与产品创新。在制度创新方面，云南省勇于突破传统模式，推出旅游市场整治新机制，出台“22 条”旅游市场整治措施，保障旅游市场秩序；实施“旅游革命”九大工程新举措，推进文旅产业转型升级；开创云南省文旅融合新途径，坚持“宜融则融、能融尽融”原则，做到理念融合、职能融合、产业融合、市场融合、服务融合，创造云南省文旅供给侧改革“云南模式”。在产品创新方面，云南省迎合大众旅游需求的转变，鼓励文化创意、休闲养生等产品研发，打造文化软实力。另外，抓住自驾游市场，推进自驾游服务体系建设，打造优良的自驾游产品。此外，借助“一部手机游云南”推出“云南云”旅游 IP，实行云南新文旅 IP 战略合作计划，实现文化赋能，推进文旅供给侧改革。

**3. 文旅供给侧改革具有联动性**

“全域旅游”的发展是推动文旅供给侧结构性改革的重要推动力量，用“全域旅游”新理念引领供给侧改革，一方面，以“共建共享”的理念，提高政府、市场、社会、群众的参与率，全社会、全民参与旅游共建共享，提高全民积极性；另一方面，以“旅游 + ”全产业链的发展理念，发挥旅游业联动性强、涉及范围广等本质特性，加快区域资源整合，构建新型文旅体系，满足各种消费需求，进而促进全省的转型升级，实现旅游空间拓展、设施与服务等提质增效。

**4. 文旅供给侧改革具有可持续性**

旅游业的发展依赖良好的生态环境，生态环境保护是旅游业可持续发展的重要基础。《“十三五”旅游业发展规划》中全面提出旅游业发展如何“既保护好绿水青山，同时将绿水青山变成金山银山”的理念、行为与机制，促进生态环境保护与旅游业正循环发展。文化遗产更需要保护，而这种保护是可持续性的，既要兼顾保护，又要活化传承。文旅供给侧改革要在保护生态环境，保护中华优秀传统文化的前提下进行，促进文化与旅游的深度融合，推动文旅产业的转型升级。

## 四、云南文旅产业供给侧结构发展的模式

模式指的是由多种要素通过不同方式连接一起而构成的系统，是一种得到认同并因而相对固化的结构。云南文旅产业发展经历了从大型节事举办到古遗址遗迹旅游，再到公共艺术领域的转变。历经 30 余年，旅游市场新需求、旅游产业新业态的结构化涌现，使云南省文旅产业迎来了新的发展周期，新一轮文旅产业转型升级汇聚了多方发展动力，多元要素之间通过关系连接和功能释放，形成“一股绳”的发力，推动文旅产业的结构完善，形成供给侧结构的适应性模式。文旅产业供给侧模式同文旅产业融合深度、发展高度及可持续性息息相关，因此为实现云南文旅产业朝着优质化、高质量的方向发展，需厘清其供给侧结构的模式体系，主要包括时间逻辑的模式，侧重以史为鉴谋发展、立足当下放眼未来；空间逻辑的供给模式，因地制宜，可谓各有千秋。

### （一）供给主体的历时演变模式

从时间维度和供给主体来看，云南文旅产业供给侧结构发展模式经历了政府补给模式、自给自足模式、PPP 模式（公共私营合作制）三种供给侧模式转变。

**1. 政府补给模式**

政府补给模式指的是政府在文旅产业供给主体中处于主导地位，发挥着对供给要素进行计划、管理、组织、支付、监管及推广等职能。云南文旅产业最早以节事庆典旅游为主，且以少数民族节事较为典型，20 世纪 80 年代末 90 年代初，白族三月街、纳西族三朵节、彝族火把节、傣族泼水节、傈僳族阔时节、阿昌族的阿露窝罗节、景颇族的目瑙纵歌

节等少数民族节事，率先成为云南文旅融合的先行典范，这些节事的主办及旅游供给主要由政府部门发起和承担，包括1999年昆明世界园艺博览会的举办，也主要由外交部、建设部、农业部、促贸会和国家旅游局协同操办，政府补给模式成为云南文旅产业早期供给侧的典型模式。同时期，以古物古迹、遗址遗迹等为核心载体的文化旅游景区也作为云南省文旅产业的典型产品，该类景区旅游供给基本全权由政府部门负责，包括景区设施维护、接待讲解等，也属于典型的政府补给模式。

**2. 自给自足模式**

自给自足模式指的是文旅产业供给主体主要是旅游企业，通过自主经营、自负盈亏的方式向市场提供旅游供给要素。进入21世纪后，以温泉养身综合体、休闲综合体、文化综合体等为代表的文旅综合体、文旅小镇和文旅产业园区新兴崛起，作为有序的经济系统，该类文旅融合类型以企业为经营主体，置身于市场经济理性之中，以经济效益最大化为导向，完善文化旅游供给侧结构，进而改善供需结构失调、提升游客综合满意度，实现旅游供给自产自销、自主运营的商业模式，也正因为其旅游产品、旅游基础设施、公共服务等旅游供给侧结构主要由企业自行谋划构建，其供给系统的布局设置具有明显的地理空间边界，企业发展的“圈地”意识占据主导，所以文旅供给侧结构往往缺乏跨区域联动，内外衔接性能较差，不利于同外部旅游环境实现供给侧结构的有效共享，属于“自给自足”供给模式。

**3. PPP 模式**

PPP模式即Public-Private-Partnership，译为“公共私营合作制”，是指公共政府部门与民营企业之间共同提供文旅产业供给要素，签署合同明确双方的权利和义务以确保供给要素的有效建设和运营。2018年，为助力深化文化旅游产业供给侧结构性改革，创新文化旅游产业供给机制，引导社会资本积极参与文化旅游产业，文化和旅游部、财政部联合印发《关于在文化领域推广政府和社会资本合作模式的指导意见》，指出鼓励社会需求稳定、具有可经营性、能够实现按效付费、公共属性较强的文化项目采取PPP模式。云南文旅产业发展背景下，由企业和政府合作开发、建设、运营文旅项目已成为当下旅游投资主体重点关注的投资模式，并在云南文旅投资热土崭露头角。目前腾冲市江东银杏村、东方园林腾冲市全域旅游PPP项目、红河“东风韵”庄园文化旅游综合体项目均采取 PPP 旅游供给模式，此类模式有利于盘活庞大的社会闲置资金、缓解地方政府债务压力、提高“公私”投资效率，从而实现多元主体合作共赢。从长远来看，云南省包括特色小镇、村庄在内的一系列文旅项目也将成为 PPP 项目的实践领域。

### （二）供给要素的空间整合模式

从空间维度和供给要素组合来看，云南省各地区采取的文化旅游产业供给模式多在要素供给组合存在局部差异，依据供给要素在供给结构中的组成结构及各自比重，可将供给模式分为梯度供给模式、空间辐射模式、地方性供给模式和传统产业依托模式。

**1. 梯度供给模式**

云南省不同地区依据自身条件对文旅产业供给要素进行建设阶段排序，形成了有先有后、有主有次的供给模式。云南省各旅游区文化旅游产业具有不同的区域性发展背景，产业发展结构具有典型的类型差异和空间差异，因此与之相配的文旅供给侧模式也有所分异，主要体现为供给要素的优先排序，如滇西火山热海边境国际旅游区的文化旅游产业供给大力度聚焦于产业、产品和服务供给，而对于制度和保障层面的供给侧结构改革相对弱势，而从《云南旅游产业发展年度报告（2018—2019）》旅游供给侧建设情况来看，滇西的德宏州 2016—2019 年旅游公共服务设施和机制体制改革在整体旅游供给侧建设中占比仅有 30%，相当大比例的招商引资项目集中于中小型景区景点的规划建设；而滇东北红土高原生态文化旅游区文化旅游产业的供给结构主要侧重于基础设施的保障性供给层面，滇西南澜沧江—湄公河国家旅游区也将文旅供给侧建设集中于产品供给层面[4]。各旅游区充分结合自身旅游产业发展结构和发展阶段等现实情况，制订要素供给计划，不断调整文旅供给侧结构，循着独特的供给梯度和路径稳步发展。

**2. 空间辐射模式**

我国学者陆大道 1984 年首次提出点—轴发展理论，点是指沿着轴线布局的各级中心城镇，轴线是实体的线状基础设施，点—轴理论强调中心城镇与轴线的统一整合。空间辐射的文旅供给模式意指在点—轴基础上，形成核心增长极带动轴线沿线地区文旅产业供给侧结构的发展。目前云南省文旅产业供给侧结构以各地区旅游发展规划为指导，选择重点与核心项目布放的空间为供给侧结构的重点打造区，通过制度、市场和保障等供给层面的集中提升，释放核心旅游区的辐射效应以同周边旅游目的地实现供给共享，这也是云南省各旅游区、旅游目的地发展初期普遍采取的发展模式。通过借势旅游资源的吸引辐射作用来汇聚旅游流，在确保旅游流的基础上完善相关旅游供给，进而实现旅游投资的有的放矢，如云南省楚雄州、怒江州等州（市）地区便多将旅游供给配置集中于核心景区，以核心景区为增长极，辐射带动相关区域的供给优化。

**3. 地方性供给模式**

地方旅游发展等背景差异决定了各有所异的文旅供给安排，形成了具有强烈地区关联的供给模式。以地方社会、经济和文化等为基础形成的地方性旅游供给模式既同地方资源禀赋存在逻辑匹配，也在一定程度上同其所处地区的社会经济发展条件直接相关，如滇中大昆明国际旅游区作为云南省文化旅游发展的核心承载地，借势于其省会城市的经济发展领先条件和交通枢纽性优势，形成了良好的制度供给、保障供给和产品供给结构，也使该区域文化旅游供给在省域内具有典型示范的地位，形成云南省域空间内具有典型地方性特征的“昆明模式”和“玉溪模式”；滇西北香格里拉生态文化旅游区大理州、丽江市、迪庆州拥有卓越的山水文化和社会人文旅游资源系统，形成了粗具雏形的文化旅游产业供给框架，其供给模式除自给自足外，跨州市的地方联建也较为典型，各州市、地区间借助政府搭建的平台，助推旅游市场主体的相互交流和经济合作，推进旅游产品跨越行政边界以有效组合，这种跨地联合供给模式也可称为“区域协同供给模式”。

**4. 传统产业依托模式**

最后是传统产业依托模式，不同地区的文旅产业供给结构都具有明显的对传统文化或旅游产业原有供给体系的惯性依赖。文旅融合发展既是文化产业市场化、产业化发展的需要，也是旅游产业内涵化、体验化发展的必然，但两大产业在供给侧结构发展历史上具有不同的配置形式，如传统行政管理体制的分割惯习、产品组合形式、发展空间布局差异等都是文旅产业融合需攻克的传统供给侧结构性障碍。新时代旅游市场体验对文旅产业供给结构更是提出了跨越式提质增效的要求，既要满足精神文化体验和增长见识的需要，又要满足旅游者娱乐、沉浸式体验需求，还要促进相关企业的创收，但目前云南省文化旅游产业供给侧结构还主要依托于传统的产业供给模式，两大产业各自的传统路径依赖还相对显著，文旅产业发展的专属供给模式尚未系统性构建，这也在一定程度上制约了云南省文旅融合发展的进度和高质量优质旅游发展目标的早日实现。

云南省文旅产业供给侧结构性改革着重创新内容、改革模式，因此，立足于现有供给模式，寻找发展差距、补足短板，狠抓供给矛盾整改落实，不断推进专属于文旅产业供给侧结构的改革发展，既是文旅产业优质发展的需要，更是云南省打造世界一流旅游目的地的关键引擎。

## 第二节　文旅产业供给感知评价分析

为了进一步探知云南省文旅产业发展中存在的问题并为文旅产业供给侧改革提供切实指导，本部分拟在云南省文化旅游资源类型、文旅产业供给侧结构与特征、文旅产业供给侧结构发展模式等系统分析的基础上，通过相关统计方法，从需求侧角度出发，探索云南省文旅产业供给感知评价状况，以更多元的角度探索云南省文旅产业发展和供给侧改革中存在的问题。

### 一、研究方法与数据处理

#### （一）Fuzzy-IPA 模型阐释

Fuzzy-IPA 分析是基于三角模糊评价理论，以三角模糊化的评语变量为基础，运用模糊化法则，定量化满意度影响因素的模糊综合评价，依据去模糊化法则，把感知表现的三角模糊数转化为逻辑数值，结合相应测量指标的重要性，运用象限分析，刻画感知表现与其重要性的二维分布[5]，其分析过程分为以下 6 个步骤。

步骤 1：游客对满意度影响因素感知的指标初选；

步骤 2：游客对满意度影响因素感知的数据收集；

步骤 3：游客对满意度影响因素感知的指标筛选及权重确定；

步骤 4：进行评语变量赋分，定量化各评语变量的模糊综合评价；

步骤 5：以模糊化的评语变量为基础，定量化影响因素和整体满意度的综合评价；

步骤 6：结合影响因素定量化的模糊综合评价及相应的重要性，运用象限分析，探索感知影响因素的关键性因素。

## （二）问卷设计与样本处理

### 1. 问卷设计

本研究主要采用问卷调查方法作为云南省文旅产业供给感知一手数据来源，在此基础上通过描述性分析、因子分析、Fuzzy-IPA评价等方法将感知评价进行量化处理和多维解构，进而有针对性地对云南文旅产业供给侧方面存在问题进行分析与对策研究。

调查问卷是实证分析的基础和依据，其设计合理与否会直接影响调查数据的客观性与真实性，并最终会影响到实证分析结果的准确性和代表性。本问卷主体主要包括两部分：一是云南省文旅产业供给侧现状感知，设有33个题项；二是人口统计学特征调查，设有5个题项。问卷题型主要涉及单项选择题、多项选择题及五维量表题。问卷从文旅产品供给、资源特征、要素构成、基础设施与服务、文旅市场运行与管理、品牌形象等多维度了解游客对云南文旅产业供给侧的现状感知，进而进行全面调查分析。

根据2003年9月文化部下发的《关于支持和促进文化产业发展的若干意见》，将文化产业界定为：从事文化产品生产和提供文化服务的经营性行业。2004年，国家统计局对“文化及相关产业”做出的界定是：为社会公众提供文化娱乐产品和服务的活动，以及与这些活动有关联的活动的集合。包括新闻服务、出版发行和版权服务、广播电视电影服务、文化艺术服务、网络文化服务、文化休闲娱乐服务、文化用品设备及相关文化产品的生产及销售等具体行业门类。2009年国务院《文化产业振兴规划》提出了“文化创意、影视制作、出版发行、印刷复制、广告、演艺业、娱乐业、文化会展业、数字内容和动漫产业”九大重点发展的文化产业门类，这些也将是今后相当长一段时间内，国内要重点发展的文化产业门类。而2012年发布的《文化部“十二五”时期文化产业倍增计划》则将文化部管理和与文化部职能相关的演艺、娱乐、动漫、游戏、文化旅游、艺术品、工艺美术、文化会展、创意设计、网络文化、数字文化服务11个行业列为重点行业。

在文化、旅游产业及相关要素之间相互渗透、交叉汇合或整合重组，逐步突破原有的产业边界或要素领域，彼此交融而形成新共生体的文旅融合背景下[6]，本问卷针对文旅产品特征，主要选取历史、建筑、宗教、园林、民俗、饮食、演艺、数字科技等主要文化旅游产品作为文旅产品供给研究对象；对基于旅游六要素“食、住、行、游、购、娱”的供给状况及服务态度，问卷设计了文旅资源供给的数量和质量、省际和省内交通便利性、餐饮设施和服务情况、住宿供给和接待服务、购物设施及服务、娱乐设施和服务态度等题项；基础设施指城市可利用的各种设施及质量是文旅产业发展的基础条件，发达的旅游产业需要高水平基础设施与之协调[7]。为了解云南文旅产业基础设施情况，选取“文旅标识导引”“省内公共环境”“网络电讯通畅”“电子支付覆盖”为指标，同时设计“文旅行业”“文旅企业”“市场秩序治理”“文旅市场诚信”等题项以期探察云南文旅产业管理情况，并对云南文旅品牌形象满意度进行了解。

**2. 样本处理**

课题组于2019年10月22日—2019年11月9日采取线上网络问卷的形式进行发放，共回收问卷1282份，其中无效问卷413份，有效问卷占比67.79%。分析发现被调查游客以文化水平相对较高的中青年为主，男女比例分别为39.62%、60.38%，18~25岁的游客占比达39.52%，78.19%的游客为18~45岁，拥有本科及以上学历的游客占80.09%；职业类型方面，学生、公务员及事业单位员工占比超过65%；收入水平方面，游客在各个收入水平段分布较为均匀，其中2000元以下群体占27.61%，稍高于其他收入水平段游客占比；样本的地域分布上，以云南省内游客为主（41.34%），国外（16.61%）和贵州省（8.11%）分列二三位。

## 二、云南省文旅产业供给感知描述性分析

### （一）云南文旅产品供需状况

问卷对云南文旅产业的影响力做了初步探究，受访者里来过云南的人占比81%，而了解过云南文旅产业的受访者占比74%，说明云南的文旅产业知名度很高。这种情况出现的原因有二：一是云南旅游资源的丰富性、优质性。截至2019年年底，云南省共有244个A级旅游景区，在“2019南亚东南亚品牌文化旅游商品国际大赛暨云品100创新创意大

赛”中，云南省78个文旅商品脱颖而出斩获各类奖项，展现了云南的文旅特色，这些都反映出云南省文旅产品的丰富和高品质特点。二是云南省及各市州政府近年来在文旅工作中的大力投入，在项目招商引资、市场秩序整治、交通设施完善等方面重拳出击，取得丰硕成果。因此，云南省文旅产业在全国以及整个东南亚地区都愈发享有盛誉。

目前，旅游学界对旅游产品概念的理解尚不统一，罗浩认为旅游产品是由旅游吸引物、设施（硬件）、人员（软件）的组合所营造出的一种综合性服务，是景观服务、设施服务、人员服务的有机组合，并且认定旅游景区和旅游产品存在本质上的不同[8]。而史晓玲则对景区和景区产品没有加以严格划分，认为“凡是能够纳入旅游业发展规划中的景区，统称为景区产品”[9]。本研究结合后者观点认为，旅游产品是指一切具有旅游吸引力的且具备经济性质的天然或人造的吸引物。以《旅游资源分类、调查与评价（GB/T 18972—2017）》为参考依据，结合云南资源特征，对云南的文旅产品进行初步分类探索，发现：最受欢迎的文旅产品是民俗文化类，其次是历史文化类和饮食文化类，其中科技文化类旅游产品在受访者意愿里最不受青睐（见图1-1）。对云南现有的主要8种类型资源，受访者表示对民俗文化类旅游产品最满意，低于平均满意度的分别为科技文化类、宗教文化类和园林文化类（见图1-2）。

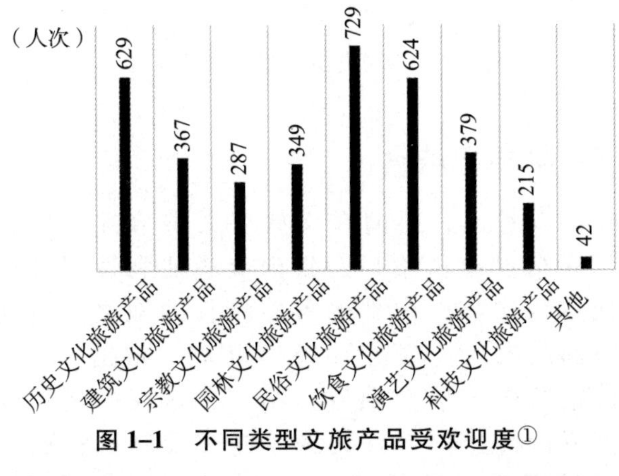


**图1-1 不同类型文旅产品受欢迎度①**

由于云南是少数民族最多的省份，其民族文化非常丰富，加上近年

① 该题项为多项选择题。

来的旅游开发，民俗文化类旅游产品数量和质量都呈现上升趋势。而少数民族多有宗教信仰，但从受访者反馈来看，云南的宗教文化类旅游产品未得到广大游客的认可，除了多数游客缺乏宗教信仰的原因之外，地方的开发和宣传也存在力度不够、方法不对等现象。另外，由于云南大部分地区经济无法与中东部地区相比，在科技文化类旅游产品的投入上无法达到令人满意的水平。而园林资源在数量和质量上无法比及江苏、安徽、浙江等地，地方在园林保护和开发上经验不足，导致满意度略低。

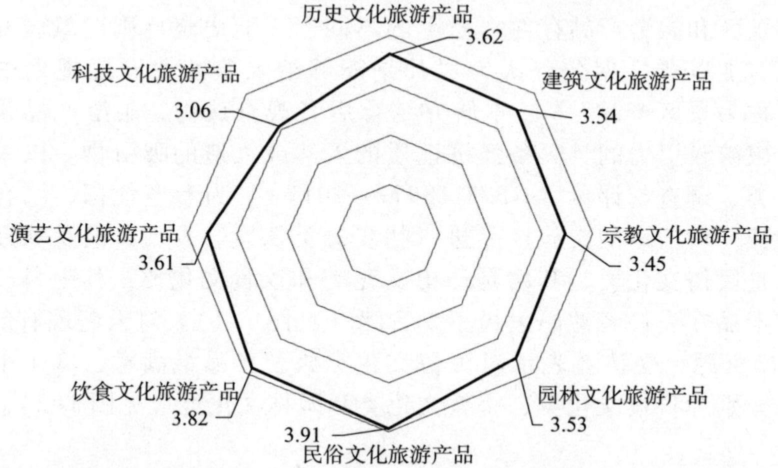


**图 1–2　不同类型文旅产品满意度**

### （二）云南文旅要素供给

从图 1–3 中可以看出，云南在文旅要素供给方面得分最高的是省际交通，其次是住宿设施供给，而省内交通便利性得分则较低，说明云南与外部的通达性很高，内部的各旅游目的地之间可达性较低，需要继续加强这方面的投入。截至 2018 年年底，根据“去哪儿网”数据显示，云南的民宿数量位居全国省份第一，这在一定程度上说明住宿供给和服务态度方面得分较高有其深厚的发展基础；购物供给和购物服务态度两项反馈很差，说明云南目前依然存在不合理购物等现象，所以各级政府在吸取教训后，应持续、稳步地推进购物市场的整顿和治理。

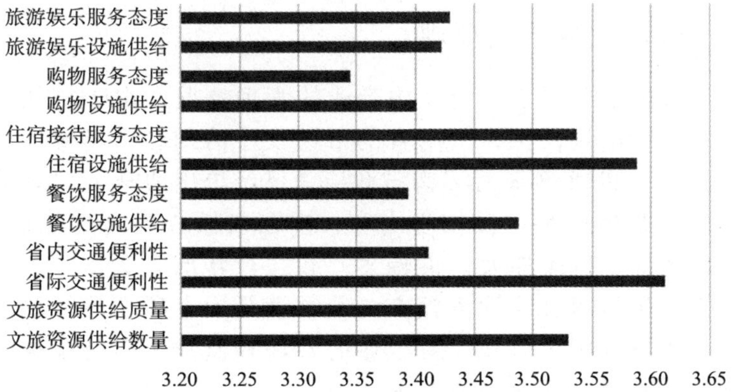


**图 1-3 要素供给满意度**

## （三）云南文旅基础设施供给

在文旅基础设施供给层面出现了较大的差异对比，从图 1-4 中可以看出，电子支付这一指标得分明显高于其他三项，这有赖于近年来微信支付和支付宝支付的普及，也与云南省各级政府大力推进智慧旅游，完善智慧服务设施密切相关；“文旅标识导引”“省内公共环境”“网络电讯通畅度”三方面都略显不足，特别是省内公共环境在反馈中饱受诟病，政府应联合社会各界，加强环境治理、社风整顿，促进该方面口碑的提升。由于云南的高原地形，部分景区地理位置不佳，移动网络覆盖率很低，这与当下市场需求不符，存在改进提升的空间。文旅标识的设计、重要路口路段的布点及景区内部导引的全民性等都是游客体验的重要组成部分，需要加强这方面的工作。

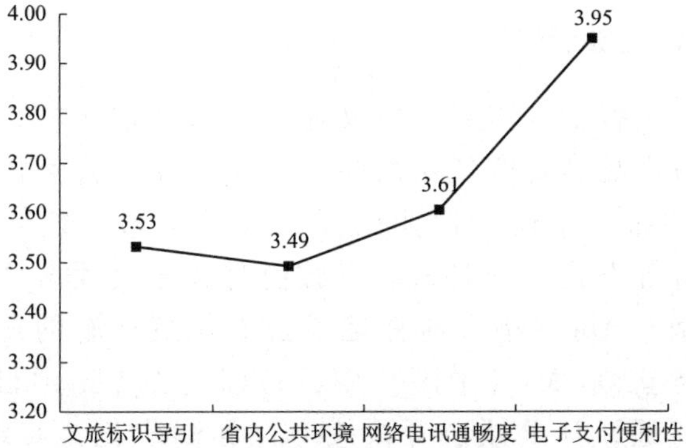


**图 1-4 基础设施满意度**

### （四）云南文旅产业管理

图 1-5 直观地反映了云南文旅产业的管理情况。由于早几年的一些负面事件影响和市场惯性，云南省的市场秩序治理和市场诚信度表现欠佳。在此方面，2018 年 8 月云南省政府就已经提出要开展“旅游革命”，其中市场秩序整治就是一项核心内容，旨在根除“不合理低价游”，严格查处涉旅案件，持续加大“诉转案”和“行转刑”力度，加强旅游团队运行监管，执行综合监管考核方法及继续开展专项整治行动。云南文旅产业的总体得分相对可观，对企业的管理和监督仍需持续推进，使企业在盈利的同时最大化地服务市场。

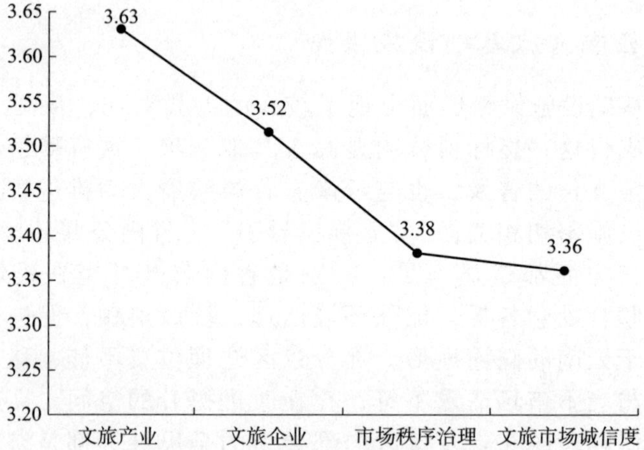


**图 1-5　文旅产业管理满意度**

### （五）云南文旅形象

图 1-6 反映出智慧旅游是云南文旅行业最大的短板，与前文发现的科技文化类旅游产品满意度低相映照，除此之外，云南各大 A 级景区显然在智慧旅游的布局不够。但业已开始改进，部分景区已设置电子导游、二维码讲解等方式，同时云南省政府与腾讯公司合作，由腾讯公司推出的“游云南”App，极大地补足了云南智慧旅游的短板，且该项目在 2019 年 10 月获得 PMI（中国）项目管理大奖杰出项目奖。通过与景区门票系统的打通，让购票、开票线上化和同步化，实现业务全闭环，为使用游客彻底解决了智慧旅游的“最后一公里”。未来，腾讯将结合

“一部手机游云南”建设，积极推动区块链技术的应用和推广，先行试点开具区块链旅游电子发票，逐步覆盖食、住、行、游、购、娱各个环节，实现区块链应用的落地。由此，提升云南整体的智慧旅游水平，提高游客的旅游体验。

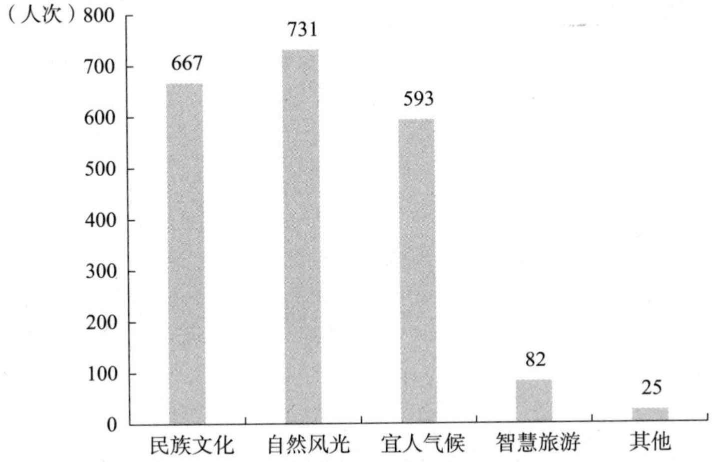


**图 1-6　云南文旅印象①**

## （六）云南文旅行业横向对比情况

从图 1-7 可以看出，受访者对云南最满意的是基础设施供给方面，而在要素供给方面最不满意，产业管理得分仅比要素供给高出 0.01 分，故云南在接下来的文旅工作中，必须强抓要素供给和产业管理工作，争取补全不足，赢得市场口碑。对文旅产品的开发和再提升工作也要持续推进，在文旅融合的大背景下争取市场份额，紧抓形象打造宣传工作，使云南口碑颜值相配。从《云南旅游产业发展报告（2018—2019）》来看，云南在文旅产业要素供给、产品供给和产业管理等方面已经做出布局。文化设施方面，新建和改扩建了一批图书馆、文化馆、博物馆及基层综合性文化服务中心，完成了 301 个景区名片制作、近 1400 场直播展演、690 座智慧厕所及 155 个景区智慧停车场建设工作。在旅游发展方面，规划建设了 10 条徒步旅游线路，举办了 11 个体育旅游赛事活动，打造了 6 个温泉养生示范项目，主动服务云南“健康生活目的地”品牌

① 该题项为多项选择题。

打造。此外，云南业已推动20个重点县（市、区）积极创建省级全域旅游示范区，鼓励省内34个景区积极创建国家5A级和4A级旅游景区，推进全省650家精品酒店（客栈、民宿）和50个重大旅游项目建设。接下来应在大量工作基础上结合后期调研反馈，紧抓实干，促使云南文旅行业各项指标达到理想状态。

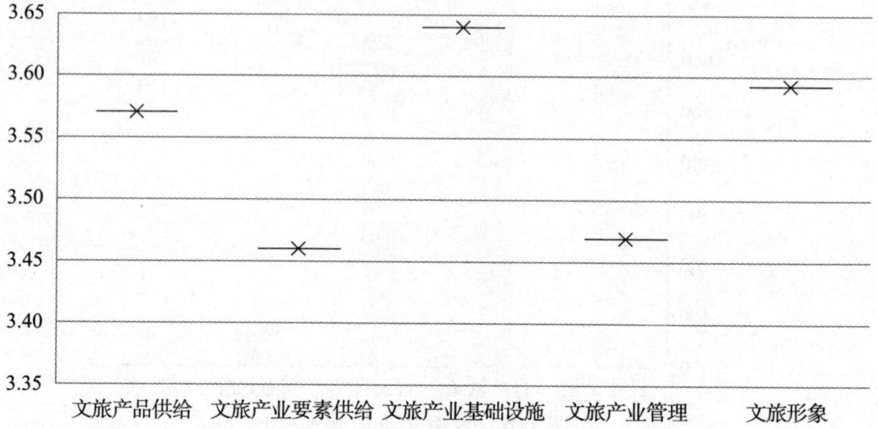


**图1-7 文旅行业横向比较**

## 三、云南省文旅产业供给感知 Fuzzy-IPA 评价

### （一）云南省文旅产业供给感知评价指标体系构建

为确保数据的可靠性，主要采用统计分析软件SPSS26.0进行因子分析。首先对问卷涉及满意度评价的指标数据进行可靠性检验，数据Cronbach's alpha信度值为0.968，表明数据具有较高的可靠性。采用KMO和Bartlett球形检验来确定数据是否适合进行因子分析，检验结果KMO值为0.963，且Bartlett的Sig.为0.000，表示拒绝球形检验的零假设，相关系数矩阵具有显著差异，指标适合进行因子分析[10]。因子分析时选取0.4为因子载荷的临界值，对任何因子载荷低于0.4的题项进行删除，共形成29个测量指标题项。采用主成分分析和方差最大化正交旋转法，得到旋转后的因子载荷矩阵（见表1-7），从方差贡献率来看，所提取的前四个因子累计贡献率为67.068%（>60%），说明所提取的4个因子是可以接受的。对4个因子分别命名为“文旅资源与产品供给”“文旅

设施与服务”“文旅产业环境”“旅游体验便利化”，构建起基于上述4个维度的云南文旅产业供给感知评价指标体系。

**表1-7　旋转后的因子载荷矩阵、方差贡献率和累计贡献率[a]**

| 评价指标 | 成分 | | | |
|---|---|---|---|---|
| | 因子1 | 因子2 | 因子3 | 因子4 |
| （U11）对建筑文化旅游产品的满意程度 | 0.788 | | | |
| （U12）对历史文化旅游产品的满意程度 | 0.761 | | | |
| （U13）对民俗文化旅游产品的满意程度 | 0.710 | | | |
| （U14）对宗教文化旅游产品的满意程度 | 0.698 | | | |
| （U15）对园林文化旅游产品的满意程度 | 0.695 | | | |
| （U16）对科技文化旅游产品的满意程度 | 0.657 | | | |
| （U17）对演艺文化旅游产品的满意程度 | 0.622 | | | |
| （U18）对饮食文化旅游产品的满意程度 | 0.603 | | | |
| （U19）对文旅资源供给质量的满意程度 | 0.593 | | | |
| （U110）对文旅资源供给数量的满意程度 | 0.579 | | | |
| （U21）对餐饮服务态度的满意程度 | | 0.767 | | |
| （U22）对餐饮设施供给的满意程度 | | 0.718 | | |
| （U23）对购物服务态度的满意程度 | | 0.675 | | |
| （U24）对住宿接待服务态度的满意程度 | | 0.651 | | |
| （U25）对住宿设施供给的满意程度 | | 0.639 | | |
| （U26）对购物设施供给的满意程度 | | 0.585 | | |
| （U27）对旅游娱乐服务态度的满意程度 | | 0.575 | | |
| （U28）对旅游娱乐设施供给的满意程度 | | 0.473 | | |

续表

| 评价指标 | 成分 | | | |
|---|---|---|---|---|
| | 因子 1 | 因子 2 | 因子 3 | 因子 4 |
| （U31）对云南市场秩序治理的满意程度 | | | 0.779 | |
| （U32）对云南文旅市场诚信的满意程度 | | | 0.745 | |
| （U33）对云南文旅企业的满意程度 | | | 0.681 | |
| （U34）对云南文旅形象的满意程度 | | | 0.666 | |
| （U35）对云南文旅行业整体的满意程度 | | | 0.650 | |
| （U36）对省内公共环境的满意程度 | | | 0.495 | |
| （U41）对抵达云南旅游交通便利的满意程度 | | | | 0.738 |
| （U42）对云南省内旅游交通便利的满意程度 | | | | 0.656 |
| （U43）对网络电讯通畅的满意程度 | | | | 0.616 |
| （U44）对电子支付覆盖的满意程度 | | | | 0.615 |
| （U45）对文旅标识导引的满意程度 | | | | 0.439 |
| 方差贡献率（%） | 21.488 | 17.411 | 16.234 | 11.934 |
| 累计方差贡献率（%） | 21.488 | 38.900 | 55.134 | 67.068 |

注：提取方法为主成分分析法。旋转方法为凯撒（Kaiser）正态化最大方差法。a. 旋转在 6 次迭代后已收敛。

### （二）云南省文旅产业供给感知评价指标权重确定

为避免传统专家打分法可能存在的主观误差，在相关研究成果的基础上，通过主成分分析法并配合 SPSS26.0 和 Excel2019 辅助软件来获得项目评价因子和项目层的权重。首先，用主成分因子载荷矩阵中各个指标所对应成分的数据除以该主成分相应的特征根开平方得到 4 个主成分中每个指标所对应的系数[11]；其次，分别将 4 个主成分每个指标所对应系数与该主成分相应方差贡献率的乘积累加，并除以 4 个主成分的累计方差贡献率得到各项指标综合得分模型系数[12]；最后，对综合得分模型系数进行归一化处理，确定各项指标权重（见表 1-8）[13]。

**表 1-8　指标权重及游客感知评价**

| 评价指标及权重 | | | | 评价值隶属度 | | | | | 综合得分 |
|---|---|---|---|---|---|---|---|---|---|
| 项目层 Ui | 权重 Wi | 评价要素层 Uij | 权重 Wij | 很不满意 | 不满意 | 一般 | 满意 | 很满意 | E |
| U1 | 0. 384 | U11 | 0. 040 | 0. 035 | 0. 068 | 0. 368 | 0. 350 | 0. 179 | 3. 570 |
| | | U12 | 0. 039 | 0. 033 | 0. 047 | 0. 368 | 0. 355 | 0. 197 | 3. 636 |
| | | U13 | 0. 040 | 0. 017 | 0. 037 | 0. 235 | 0. 431 | 0. 280 | 3. 920 |
| | | U14 | 0. 037 | 0. 040 | 0. 094 | 0. 399 | 0. 297 | 0. 170 | 3. 463 |
| | | U15 | 0. 038 | 0. 029 | 0. 076 | 0. 390 | 0. 325 | 0. 180 | 3. 551 |
| | | U16 | 0. 039 | 0. 074 | 0. 193 | 0. 420 | 0. 192 | 0. 121 | 3. 093 |
| | | U17 | 0. 040 | 0. 026 | 0. 064 | 0. 368 | 0. 344 | 0. 198 | 3. 624 |
| | | U18 | 0. 034 | 0. 023 | 0. 043 | 0. 273 | 0. 399 | 0. 262 | 3. 834 |
| | | U19 | 0. 037 | 0. 036 | 0. 097 | 0. 413 | 0. 313 | 0. 141 | 3. 426 |
| | | U110 | 0. 040 | 0. 026 | 0. 082 | 0. 375 | 0. 350 | 0. 167 | 3. 550 |
| U2 | 0. 266 | U21 | 0. 032 | 0. 034 | 0. 094 | 0. 440 | 0. 301 | 0. 131 | 3. 401 |
| | | U22 | 0. 034 | 0. 025 | 0. 085 | 0. 399 | 0. 350 | 0. 141 | 3. 497 |
| | | U23 | 0. 031 | 0. 037 | 0. 107 | 0. 448 | 0. 288 | 0. 120 | 3. 347 |
| | | U24 | 0. 031 | 0. 021 | 0. 057 | 0. 425 | 0. 361 | 0. 136 | 3. 534 |
| | | U25 | 0. 033 | 0. 019 | 0. 047 | 0. 406 | 0. 389 | 0. 139 | 3. 582 |
| | | U26 | 0. 034 | 0. 028 | 0. 092 | 0. 444 | 0. 313 | 0. 123 | 3. 411 |
| | | U27 | 0. 034 | 0. 029 | 0. 073 | 0. 464 | 0. 303 | 0. 131 | 3. 434 |
| | | U28 | 0. 037 | 0. 025 | 0. 078 | 0. 455 | 0. 319 | 0. 123 | 3. 437 |
| U3 | 0. 181 | U31 | 0. 026 | 0. 034 | 0. 107 | 0. 430 | 0. 292 | 0. 137 | 3. 391 |
| | | U32 | 0. 027 | 0. 041 | 0. 090 | 0. 447 | 0. 304 | 0. 118 | 3. 368 |
| | | U33 | 0. 032 | 0. 022 | 0. 056 | 0. 431 | 0. 352 | 0. 139 | 3. 530 |
| | | U34 | 0. 031 | 0. 025 | 0. 055 | 0. 370 | 0. 400 | 0. 150 | 3. 595 |
| | | U35 | 0. 033 | 0. 022 | 0. 036 | 0. 365 | 0. 436 | 0. 141 | 3. 638 |
| | | U36 | 0. 032 | 0. 026 | 0. 065 | 0. 427 | 0. 344 | 0. 138 | 3. 503 |

续表

| 评价指标及权重 | | | | 评价值隶属度 | | | | | 综合得分 |
|---|---|---|---|---|---|---|---|---|---|
| 项目层 Ui | 权重 Wi | 评价要素层 Uij | 权重 Wij | 很不满意 | 不满意 | 一般 | 满意 | 很满意 | E |
| U4 | 0.169 | U41 | 0.037 | 0.032 | 0.067 | 0.334 | 0.385 | 0.182 | 3.618 |
| | | U42 | 0.038 | 0.038 | 0.098 | 0.406 | 0.318 | 0.140 | 3.424 |
| | | U43 | 0.030 | 0.018 | 0.059 | 0.371 | 0.400 | 0.152 | 3.609 |
| | | U44 | 0.027 | 0.006 | 0.025 | 0.248 | 0.463 | 0.258 | 3.942 |
| | | U45 | 0.037 | 0.025 | 0.073 | 0.375 | 0.385 | 0.142 | 3.546 |

### （三）云南省文旅产业供给感知模糊综合评判

在进行模糊综合分析法时，需要构建评价集和评价因素集。评价集：V=1（很不满意）、2（不满意）、3（一般）、4（满意）、5（很满意）。评价因素集为评价对象指标的集合，根据上述指标体系已得到。一级评价因素集包含4个因素，即U=(U1,U2,U3,U4)，为项目层指标的集合。对$Ui$（其中，$i=1$，2，3，4）中指标进行细分形成评价因素层指标集合，即$Ui=(\mathrm{Ui1},\mathrm{Ui2},\cdots,\mathrm{Uin})$，其中$Uin$表示$Ui$中第$n$项指标。本研究以云南省文旅产业供给侧感知评价为研究对象构建4个项目层指标和29个评价因素层指标构成评价因素集。对回收问卷进行统计分析后获取到评价因素集对各评语的隶属度，计算出模糊综合判断矩阵$R$。

$$R=\begin{bmatrix}0.034 & 0.080 & 0.361 & 0.335 & 0.190\\ 0.027 & 0.080 & 0.435 & 0.328 & 0.130\\ 0.028 & 0.066 & 0.410 & 0.358 & 0.138\\ 0.026 & 0.067 & 0.352 & 0.385 & 0.170\end{bmatrix}$$

### （四）云南省文旅产业供给感知评价

#### 1. 云南省文旅产业供给感知综合评分

通过综合评价决策矩阵和项目层指标的权重系数的合成运算，得到游客感知总体价值模糊综合评价结果，进行去模糊化处理得到模糊综合评价值$E$（见表1-9），$E$值的大小决定游客感知评价程度的高低，若$E$值越大，说明游客感知评价越高，越小则越低。

**表 1-9　游客感知评价结果**

| 游客满意度 | 模糊聚集（*Cij*） | | | | | 去模糊 |
|---|---|---|---|---|---|---|
| | 很不满意 | 不满意 | 一般 | 满意 | 很满意 | *E* |
| 文旅资源与产品供给 | 0.034 | 0.080 | 0.361 | 0.335 | 0.190 | 3.567 |
| 文旅设施与服务 | 0.027 | 0.080 | 0.435 | 0.328 | 0.130 | 3.454 |
| 文旅产业环境 | 0.028 | 0.066 | 0.410 | 0.358 | 0.138 | 3.512 |
| 旅游体验便利化 | 0.026 | 0.067 | 0.352 | 0.385 | 0.170 | 3.606 |
| 综合满意度 | 0.029 | 0.075 | 0.390 | 0.346 | 0.160 | 3.533 |

$$E1 = C11 + 2C12 + 3C13 + 4C14 + 5C15 = 3.567$$
$$E2 = C21 + 2C22 + 3C23 + 4C24 + 5C25 = 3.454$$
$$E3 = C31 + 2C32 + 3C33 + 4C34 + 5C35 = 3.512$$
$$E4 = C41 + 2C42 + 3C43 + 4C44 + 5C45 = 3.606$$

由表 1-9 可知，云南省文旅产业供给满意度感知评价的综合得分为 3.533，位于一般和满意之间，满意度较低。其中，“文旅资源与产品供给”（3.567）、“旅游体验便利化”（3.606）两项指标的综合得分高于游客供给满意度整体感知评价综合得分（3.533），表明游客对其感知价值相对较高。这一方面得益于云南省独特的文旅资源禀赋，民族、历史、宗教、建筑、饮食、科技等众多特色鲜明的文旅资源具有转化为优质文旅产品的潜力；另一方面，云南省具有较为成熟的旅游发展经验，在旅游产业转型升级快速推进过程中，诸项措施促进了旅游体验的便利化。

“文旅设施与服务”（3.454）、“文旅产业环境”（3.512）两项指标的综合得分低于游客供给满意度整体感知评价综合得分（3.533），表明游客对其感知价值相对较低。这说明云南省文旅产业相关设施与服务以及文旅产业环境等还难以使游客满意，这一方面可能源于政府、企业及社会组织在相关领域尚未形成文旅产业健康发展的合力，诸如市场秩序、企业形象、基础设施等还需进一步优化；另一方面也在一定程度上反映出文旅产业供给与游客需求可能存在脱节，文旅产业所营造的产业环境和公共服务设施是否满足了游客对文旅产业的期待和需要，也会影响游客对其的满意度。

总体而言，游客对云南省文旅产业供给满意度感知的评价较低，文旅资源与产品供给、旅游体验便利化方面游客满意度相对较高，但文旅设施与服务和文旅产业环境方面游客满意度低于综合评价得分，需要统筹各种资源力量，着力优化相关领域，促进文旅产业健康持续运行，有效提升游客满意度。

**2. 云南省文旅产业供给感知要素评价**

在对四类因子与云南省文旅产业满意度感知评价进行综合评价后，有必要深入分析因子内部各要素满意度感知评价得分，以便为文旅产业优化提升提供实践指导。由表1-8可知，四类因子内部各要素与云南省文旅产业满意度感知评价均值（3.534）的大小关系存在显著差异。第一类因子“文旅资源与产品供给”中，游客对建筑文化旅游产品、历史文化旅游产品、民俗文化旅游产品、园林文化旅游产品、演艺文化旅游产品、饮食文化旅游产品及文旅资源供给数量的满意程度高于云南省文旅产业满意度感知评价均值（3.534），而宗教文化旅游产品、科技文化旅游产品、文旅资源供给质量低于云南省文旅产业满意度感知评价均值（3.534）。这说明，相对而言游客对云南省大部分文化旅游产品较为满意，对丰富的旅游产品类型和文旅资源数量感知较为积极，但宗教、科技文化旅游产品和文旅资源供给质量方面满意度较低，有必要进一步提升两类产品的体验性，尤其需要重点提升各类文旅资源的开发质量，促进相关文旅资源提质增效。

第二类因子“文旅设施与服务”中，游客除对住宿设施供给及住宿接待服务态度两要素满意度略高于云南省文旅产业满意度感知评价均值（3.534）外，对餐饮设施供给、餐饮服务态度、购物设施供给、购物服务态度、娱乐设施供给、娱乐服务态度6项要素的满意度均低于云南省文旅产业满意度感知评价均值（3.534），这说明云南省文旅产业的公共服务设施各要素都需进行提升，在食、住、行、游、购、娱等方面满足游客对文旅体验的需求。

第三类因子“文旅产业环境”中，游客对云南省文旅形象及文旅行业的满意度略高于云南省文旅产业满意度感知评价均值（3.534），而对市场秩序治理、文旅市场诚信、文旅企业、公共环境的满意度低于云南省文旅产业满意度感知评价均值（3.534）。在接下来的发展中，需要进行针对性的优化。

第四类因子“旅游体验便利化”中，游客对各要素的满意度整体较高，对抵达云南交通便利程度、电子支付覆盖、网络电讯通畅和文旅标识导引 4 项要素的满意度高于云南省文旅产业满意度感知评价均值（3.534），仅有云南省内旅游交通便利程度的满意度低于云南省文旅产业满意度感知评价均值（3.534）。这在一定程度上说明，能否有效提升云南省内部旅游交通的通达便利性已经成为影响游客旅游体验的重要因素。从现实情况来看，云南省地形以高原山地为主，道路通达性较差，在很大程度上影响着游客的旅游体验，必须进行统筹规划，建立更为完善的旅游交通网络，提升游客对云南文旅产业的整体满意度。

**3. 云南省文旅产业供给感知 IPA 评价**

采用 IPA 分析图（重要性—绩效感知）对游客感知评价进行深入的分析。分别以游客满意度评价要素综合得分的平均值（3.534）和 29 个评价要素重要性的平均值（0.0345）为横纵坐标轴分界线参考点，绘制云南省文旅产业供给满意度感知评价要素因子的二维散点分布图（见图 1–8）。

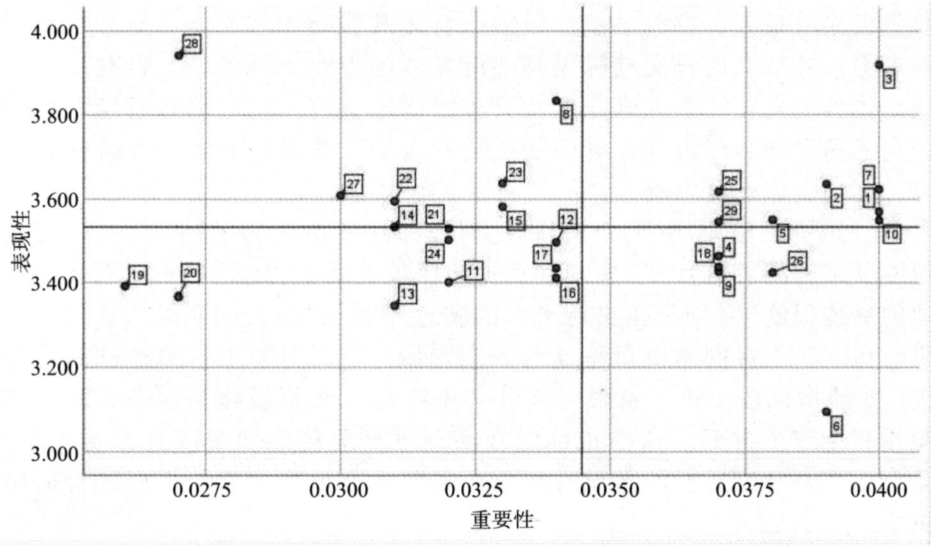


**图 1–8　游客感知评价的 IPA 分析**

由图 1–8 可知，满意度评价要素指标在各个象限中均有分布，其中，第一象限涉及 8 个指标、第二象限涉及 8 个指标、第三象限涉及 8 个指标、第四象限涉及 5 个指标。说明在云南省文旅产业供给侧存在诸多供给效果得不到响应、有效供给难以充分挖掘等与需求侧不相匹配的发展矛盾。

（1）第一象限指标。具体而言，“对建筑文化旅游产品的满意程度”“对历史文化旅游产品的满意程度”“对民俗文化旅游产品的满意程度”“对园林文化旅游产品的满意程度”“对演艺文化旅游产品的满意程度”“对文旅资源供给数量的满意程度”“对抵达云南旅游交通便利的满意程度”“对文旅标识导引的满意程度”8项指标位于第一象限，涉及文旅产品和旅游体验便利化2个方面。表明这些指标是游客认为相对重要且比较满意的，也是文旅产业发展的关键性指标。

其中，建筑、历史、民俗、园林、演艺等文化旅游产品在云南省文化旅游市场中具有重要地位，产生了较为良好的经济文化效益，成功塑造了鲜明的文旅形象。在接下来的发展中理当巩固此四类产品的市场优势，有效建立游客形象口碑和忠诚度，扩大云南省文旅产业的市场影响力；文旅资源供给数量是文旅产品开发和产业发展的基础，在今后的发展中应当加快资源存量扩容和创新产品研发步伐，以资源为基础，衔接各等级旅游景区、特色小镇、旅游综合体及各类旅游商品，充分挖掘资源潜力；外部交通及文旅标识是文旅发展的重要支撑条件，将有效促进旅游体验便利化和游客满意度提升，云南省应当密切与周边省份、航空公司等的合作，促进标识导引智能化、人性化建设，有效培育游客忠诚度，促进文旅产业发展。

（2）第二象限指标。“对饮食文化旅游产品的满意程度”“对住宿接待服务态度的满意程度”“对住宿设施供给的满意程度”“对云南文旅企业的满意程度”“对云南文旅形象的满意程度”“对云南文旅行业整体的满意程度”“对网络电讯畅通的满意程度”“对电子支付覆盖的满意程度”8项指标位于第二象限，涉及文旅产品、文旅设施与服务、旅游体验便利化三个方面。这些指标感知满意度相对较高而重要性相对较低，是文旅产业健康运行的基础性因素，需要在文旅产业供给方面进行适当调整。

首先，饮食文化旅游产品的感知重要性相对较低，反映了在现有发展状态下，游客对其的期待值不高，尚未构成云南省文旅产品体系的核心。与此同时，作为一个多民族聚居、文化底蕴深厚的旅游大省，云南省在饮食文化旅游产品方面具有良好的资源禀赋和发展潜力。因此，有必要通过产品的研发设计和创意营销等，激发游客消费需求，提升其消费期待值，促进云南省多元文化旅游产品体系的形成；住宿设施在休闲度假的大众旅游新时代具有重要作用，对文旅产业发展亦是如此。从游客的角度而言，住宿设施是能否在目的地感受文化魅力、深度沉浸体验的基础。从目的地的角度而言，健全、特色、个性化、人性化的住宿设施将有效延长游客在目的地的综合消费时间，有效提升目的地文旅产业的综合效益，需要进一步提升完善；良好的文旅形象、文旅企业和行业满意度将在一定程度上对文旅产业发展起到关键性影响，需要多方力量参与、引导、支持、养护，在政府、企业及有关社会力量精诚合作下，维护文旅产业发展格局，培育新兴市场主体，形成文旅产业发展的核心引擎；对网络电讯畅通的满意程度、对电子支付覆盖的满意程度等两项指标游客感知重要性相对较低，这与此类指标所具备的特征有关。此类表征旅游体验便利化的指标并非直接指向旅游消费和体验，但间接地扮演着旅游消费体验的润滑剂与压舱石角色，在深入推进智慧旅游和文旅融合发展过程中具有重要意义，因此其满意度高低对文旅产业发展仍具有重要参考价值，需要在发展中重点关注。

（3）第三象限指标。“对餐饮服务态度的满意程度”“对餐饮设施供给的满意程度”“对购物服务态度的满意程度”“对购物设施供给的满意程度”“对旅游娱乐服务态度的满意程度”“对云南文旅市场秩序治理的满意程度”“对云南文旅市场诚信的满意程度”“对省内公共环境的满意程度”8 项指标位于第三象限，涉及文旅设施与服务、文旅产业环境两个方面，游客感知满意度与重要性都比较低。

其中，餐饮、购物、娱乐等设施与服务尚未发挥应有的市场效应和品牌优势，游客满意度亦比较低，一定程度上反映出在云南恩率产业发展过程中，深度体验性的业态产品发展不足，从业人员服务态度与意识有待提升，应进一步挖掘产品的文化性与体验性内涵，加强专业化人才队伍建设；市场秩序治理、市场诚信、公共环境等毫无疑问是文旅产业发展的基础性因素，这些指标的重要性感知方面可能不及其他指标，但满意度感知较低仍需引起重视，云南省需要在市场有序治理、诚信机制完善、公共环境优化提升等诸多方面进行努力，营造良好的产业发展环境。

（4）第四象限指标。“对宗教文化旅游产品的满意程度”“对科技文化旅游产品的满意程度”“对文旅资源供给质量的满意程度”“对旅游娱乐设施供给的满意程度”“对云南省内旅游交通便利的满意程度”5 项指标位于第四象限，涉及文旅产品、文旅设施、旅游体验便利化三个方面，游客感知重要性较高而满意度较低，是破解云南省文旅产业发展难题应当重点关注的战略改进区。

首先，宗教、科技文化旅游产品，文旅资源供给质量在丰富文旅业态、加快文旅融合等方面具有重要意义，在这些方面游客感知较为重要与人们对旅游美好生活不断增长和升级的需求有关，符合优质旅游的发展理念。文化发力、科技助力、资源内力的发挥对文旅产业发展格局具有战略意义，如何在文旅资源供给质量方面进行提升，丰富产品体系和文化内涵，有效对接好游客消费需求偏好，将是云南省文旅产业发展面临的关键问题。其次，旅游娱乐设施供给在丰富游客目的地体验，融入目的地生活等方面具有独特价值，在全域旅游理念深入推进阶段，文旅产业应在大力挖掘传统优秀文化的同时，对休闲广场、KTV、电影院等现代娱乐设施进行完善，促进多元文化融合，完善文旅产业旅游设施。最后，内部交通是区域文旅产业接待能力的关键因素，目前云南省内交通便利性游客感知满意度较低，必须加快相关设施供给与服务优化的转型升级，完善内部交通网络，植入多元业态，有效促进云南省文旅产业持续发展。

## 第三节　文旅产业供给侧问题梳理

在云南省文旅产业供给侧结构性改革综合调查和感知评价分析的基础上，本部分试图对前述分析进行总结提炼，从文旅融合过程存在的基本问题和文旅产业发展供需匹配现状所突显出的供给侧问题两个方面系统梳理云南省文旅产业供给侧改革所需面对和亟待解决的难题，为云南省文旅产业改革目标、战略思路及路径与对策建议等提供依据。

### 一、文旅融合过程存在的基本问题

尽管当前“宜融则融、能融尽融、以文塑旅、以旅彰文”的文旅融合发展理念已经成功营造了空前的舆论氛围，从国家到地方的机构改革也为文旅融合发展创造了制度和管理政策红利，但在云南省文旅产业发展中，文旅如何融合、融合效果如何检验、融合环境如何保障等问题依然存在。

### （一）意识融合空前，技术融合滞后

文旅融合已经成为云南省旅游发展的共识。从相关政府部门有关文旅融合的政策文件发文量到旅游企业以文旅为卖点进行的宣传营销都表明文旅融合的发展思维成为云南旅游业发展的重要理念。然而在技术层面，文化资源要素如何转化为旅游产品，旅游产品的文化内涵如何彰显，产品文化性和娱乐性的关系如何平衡，文旅资源、产品、项目、设施等如何衔接等问题还没有有效解决，相关实践探索不足，将会限制云南省文旅融合的广度和深度。

例如，在建水古城文物保护和旅游开发、文化内涵凸显和旅游功能完善方面还有很大提升空间。尽管特色名吃、紫陶工艺、民俗节庆等方面的文化旅游及相关产业发展较具生命力，但古建筑与古民居的文化旅游开发呈现出不充分、质量较低的特点。传统的古建筑参观对游客吸引力不强，游客停留时间短，既没能获得较好的开发效益，又增加了古建筑保护的压力[14]。

### （二）产业融合加速，内容融合薄弱

在新的消费趋势和发展思路下，云南省文化与旅游产业的边界正在逐渐模糊，多种业态产品融入文旅融合发展中，以云南特色民族文化、建筑艺术、历史传统及现代科技为核心的文化资源为相关产业提供了新的发展思路，产业融合步伐正不断加速。在产业融合的背景下，文化和旅游二者之间核心内容的嫁接、融合、火花的碰撞与新内容的集成都较为薄弱，高质量的文化和旅游融合型产品或精品还不够多，市场供给存在结构性缺失。

目前，云南省“旅游 + 农业”“旅游 + 工业”“旅游 + 康养”等在昆明、红河、大理等市（州）开发较好，但从全省范围来看，旅游产品文化内涵彰显不足，诸如土掌房、竹楼等建筑文化、滇剧、傣剧等曲艺文化以及滇西抗战文化等挖掘力度不够，开发层次较低，相关文旅产品特色并不突出。

### （三）制度融合形成，治理融合有限

目前，云南省各级政府已经完成了文旅部门的调整重构，部门职能业已有比较明确的界定和赋予，诸如“史上最严 22 条”等相关的管理

制度和规定陆续出台，文旅融合系统的制度保障正在形成。但在市场监管和秩序治理的过程中，文旅之间的边界和“鸿沟”依然存在，文化执法和旅游执法各行其是，整治形势依然严峻。

2014 年西双版纳“10. 20”事件、2015 年导游辱骂游客事件等不仅严重损害了云南旅游的整体形象，也直接反映出云南旅游市场的治理不力。据相关舆情系统监测数据显示，2018 年云南旅游购物和导游的游客投诉率较高，不规范的经营行为影响着云南文旅市场的健康发展。与此同时，与文旅产业发展密切相关的知识产权保护、旅游研发能力考核、文化旅游产品价值评价等问题，文化与旅游尚未形成合力，文旅市场的治理能力有待提高，治理体系有待优化。

## 二、文旅产业发展的供给侧问题

在云南省文旅产业发展过程中，供需匹配矛盾的长期存在不利于文旅产业的健康持续发展。本部分从基础条件、产业运行、支撑保障三个方面出发，对文旅资源、文旅要素、文旅消费、文旅企业、文旅市场、文旅产业、文旅发展目标、文旅品牌、文旅资本、文旅人才等维度在供给侧改革背景下的现实要求和发展趋势与当前云南省发展现状相对比，系统梳理由供需匹配引发的文旅产业供给侧问题，以期为云南省文旅产业供给侧改革的深入实践提供指导。

### （一）基础条件方面

#### 1. 机制体制条块分割、统筹乏力的现实状况难以适应文旅资源统筹化、融合化开发理念

能否形成文旅产业发展合力对云南省旅游产业转型升级的重要性不言而喻，而其中文旅资源的合理统筹，重点布局、融合开发是文旅产业持续健康运行的前提。一方面，由于文旅资源空间分布相对分散，存在区域性资源存量不平衡的问题，而前期发展基础不同又导致相关区域文旅产业发展的不平衡。因此，必须制定目前任务、重视规划引领、强化组织保障、夯实工作措施。与此同时，文旅相关职能部门虽已实现合并重构，但部门内部依然存在条块分割的问题，这必将制约文旅资源融合发展的实际，从政府引导到企业主导的发展模式中，文旅“一盘棋”、全省“一盘棋”的观念依然淡薄，许多重大重点项目落地较难，建设进

程较慢，低水平重复建设现象还较为普遍。另一方面，资源分布和发展基础的不平衡加之缺乏科学的规划引领与集中谋划，呈现出热点过热，冷点愈冷的发展局面。例如，大理州部分县区的温泉资源富集，但既缺乏文化注入和多元业态植入，也缺乏科学的规划引导，文旅产品开发内涵不足的同时也造成了生态环境的严重破坏；边境跨境旅游发展受政策影响，还未形成边境地区协同发展的态势和格局。

**2. 服务配套形式落后、业态单一的现实状况难以适应文旅要素高端化、全方位转型升级**

为了适应文化旅游体验需要，高端化、全方位的文旅要素升级势在必行，不能局限于传统的“食、住、行、游、购、娱”服务形态。但目前，云南省大部分旅游基础设施未能满足文旅产业建设发展，总体滞后于游客体验和产业发展需求；智慧旅游设施推进速度较慢，“一部手机游云南”旅游项目智能化应用水平有待提升，“沉浸式”“参与感”“互联网+”的旅游体验尚有欠缺；部分景区景点之间受制于地理位置、发展基础等因素，Wi-Fi网络普及率较低，大数据平台建设迟缓，难以聚点成面。例如，文山、临沧、怒江等市（州）尽管存在一些特色的乡村旅游点和文化遗存，但由于交通通达性较差，相关配套设施非常薄弱，不管是文化产品的深度开发，还是自驾、康养、亲子、研学等新兴业态的引入，都受到了客观设施设备条件的局限，难以形成文旅发展的规模效应，需要更加重视要素配套提升。

**3. 项目产品内涵肤浅、创意单薄的现实状况难以适应文旅消费个性化、体验化需求变革**

在从单一观光向休闲度假等综合发展转变的旅游消费时代，游客对项目产品的个性化、体验化要求不断增多。据相关统计资料显示，2018年上半年，云南省接待游客中，团队游客仅占4.1%，其余均为自助出行，其中自驾游客更是超过六成，个性化正成为云南文旅市场的主调。云南省作为我国重要的少数民族聚居地，多元文化融合发展形成了多种鲜明的文化形态，具备创意化、个性化文旅产品的开发潜力，但真正得以开发的项目产品较为有限。整个文旅产业收益链条中，“门票经济”依然是重要一环，具有文化生命力和创造力的文旅产品还需要加快研发步伐，满足游客个性化、体验化消费需求。例如，云南省现有四级非物质文化遗产保护名录共计7808项，却未能很好地利用挖掘其中的文化内涵。云南省文山州富宁县的“坡芽歌书”在世界上具有较高的知名度，但开发层次很低，有特色的文旅项目产品很少，未能在富宁县产业转型发展过程中发挥应有的作用。

与此同时，云南省存在一些旅游项目从规划之初便冠以“文创”“文旅”的名头，但真正落地的项目同质化严重、商业化气息过浓、文化要素太少，项目没有文化灵魂作为支撑，在项目产品创新创意方面，相应的研发能力亦存在诸多短板。这样的文化和旅游“假融合”“浅融合”，不仅文化内涵得不到有效挖掘，也不利于云南省文旅市场的维护和拓展。

### （二）产业运行方面

#### 1. 企业之间各自为战、壁垒高筑的现实状况难以适应文旅企业集成化、多元化发展趋势

当前文旅机构改革已在云南省各地方层级全面落地，“十三五”以来，旅游投资规模保持年均 6.82% 的增速，吸引了包括政府投融资平台、民营企业、非旅企业等的多元资本进入，市场竞争日趋严峻。企业可通过支持性产业、相关性产业的集成，或把原来免费提供的有关服务发展成有盈利能力的产业，产业集合的经济学原理就是在核心产品之外，面对市场新需求，打造新的盈利产品。同时，通过多家联合，建立内部集成系统，达到技术、信息等资源共享，发挥规模效应，提高云南文旅市场竞争力，以应对外部市场的威胁。

从《2019 中国旅游业发展报告》来看，云南并没有进入省域旅游综合竞争力第一梯队，省内各大企业之间竞争激烈，不愿意联手开发文旅产品。彼此之间存在恶性竞争，导致市场乱象频生、口碑较差。云南省内各大旅行社公司曾为争夺客源，早年推出风靡一时的“零团费”“低价游”等产品，为了盈利又强制游客购物等，闹出诸多舆情事件，诸如此类事件都是企业之间激烈竞争的表现。在浙江省就有浙江建设国际旅行社、浙江开元海外旅行社有限公司等 15 家旅游企业组成的浙江“万里行”，丰富各自产品内容，提高对游客的吸引力，依靠差异化、优质服务揽获客源，但云南省文旅企业尚未出现规模化的联动合作，各自为战依然是经营发展的主要手段。

**2. 市场乱象持续发生、监管困难的现实状况难以适应文旅市场有序化、法制化运行需要**

由于法律制度不健全，旅游市场秩序混乱，出现了许多问题。企业之间利用不正当手段窃取商业秘密、推销假冒伪劣产品、“黑导”“黑车”“黑摄影”等现象在全国各地频频出现。法制是实行市场有序化的根本手段，这是因为“国家调节市场，市场引导企业”，其核心是对市场的调控，而法制是维护市场经济秩序的一个主要手段。

然而根据人民网旅游“3·15”投诉平台2019年上半年旅游投诉数据，平台共收到有效投诉462条，云南排名居第三，表明云南文旅市场依然存在监管不到位的问题。在2019年7月人民网“地方领导留言板”给陈豪书记的留言里，就有一条关于“阿凯导游变相强迫购物”的投诉，投诉者也是在听闻云南各级部门在大力整治旅游乱象，才欣然决定前来旅游，然而现实却很“残酷”。无独有偶，同一时间段，有人投诉云南科技国际旅行社的许姓导游私募游客、私收团费，后因证据不足，投诉无果。此等乱象屡禁不止，说明云南在文旅市场法制监管方面依然存在很多问题，一些企业恶性竞争的“陈年旧病”，一些部门的互相推责行为长期制约着文旅市场有序化、法制化发展进程。

**3. 区域发展基础各异、水平不一的现实状况难以适应文旅产业协同化、规模化发展格局**

产业协同发展，是推动云南文旅市场一体化发展的重要内容，也是云南文旅市场未来优势和主要竞争力所在。大力推动产业发展联动，打造国家级景区和旅游联盟，推动战略性新兴旅游业态集聚发展，共建全域旅游示范区，成为全国各大省份推动旅游综合竞争力的生动实践。云南需要形成文旅产业协同化、规模化发展格局，推动文旅资源布局合理，区域均衡发展，发挥文旅产业乘数效应。

由于近年来旅游资源深度开发、交通及接待服务设施条件改善、政府政策推动等因素影响，云南旅游经济欠发达区旅游收入持续增长，缩小了与旅游经济发达区的差距，但就总体而言，以昆明、大理、丽江、西双版纳为核心的旅游经济发达区对一般区所产生的“阴影区”现象及“屏蔽效应”显著，各州市国内旅游经济发展差距仍然较大[15]。以昆明、大理、丽江、西双版纳、迪庆、腾冲等为代表的旅游“热点”地区，已有旅游景区日趋老化，新产品新业态开发不足，休闲度假和专项旅游设施发展薄弱，供需矛盾日益突出，旅游高峰期往往形成游客拥挤的状况。其他旅游“温点”地区，旅游开发建设缓慢，旅游景区点少、配套设施不够完善，旅游公共服务设施建设滞后，导致旅游供给能力不足，市场吸引力不强、游客较少，旅游发展相对滞后，产业综合带动效应不高。

同时，发展不均衡还体现在城乡发展差距大上。云南属于高原地形，是一个集山区、边境、民族等为一体的省份，山地占全省总面积的96%，因此在城市高速发展的同时，由于道路建设困难，导致山区资源要素得不到有效开发，文旅产业基础设施配套严重落后。而许多风景名胜、民族区域就位于交通十分不便的区域，基础要素供给不足，增加了文旅产业协同发展的难度。

**4. 存量资源闲置浪费、粗放管理的现实状况难以适应文旅发展持续化、深层次目标导向**

当前我国旅游经济正由高速增长转向高质量增长，创新正是驱动旅游经济高质量增长、产业转型升级的重要引擎。创新驱动就是以创新带动要素与投资，是推动经济增长的动力来源。文化资源在旅游开发层次上需要更深入，创新发展文旅产品，构建地方文化资源特色，成为新的旅游吸引物，打造地方文旅产品品牌代表，像“熊本熊”的形象设计，不仅深入挖掘了地方文化且创造了新的文化，也为熊本县带来更多的旅游观光及其他附加收入。在云南诸如此类资源甚多，如“野生菌”等元素，却存在缺少深入挖掘、随意开发等问题，加之缺乏科学有序的规划和持续的监督引导，导致大量优质资源未能实现应有的综合效益。

从数据上看，至2018年年底，云南省共建有1445个文化站，如果这些文化站发挥其效用，将成为文旅持续化、深层次发展最大的助力。但课题组实地调研过程中发现，大量文化站存在闲置、无人问津的现象。类似地，云南还有149个文化馆、151个图书馆、143个博物馆亟须创新开发模式，摆脱粗放管理现状。

**5. 口碑形象固态僵化、特色缺失的现实状况难以适应文旅品牌生动化、独特性培育要求**

当下，品牌已经成为企业或者区域竞争的一种无形资产和资源，甚至成为某个发展时期的核心竞争力。生动化、特色化培育地方文旅品牌已经成为文旅产业走向成熟发展的必然要求。然而，从市场反馈来看，云南的文旅形象依然停留在自然风光优美、民族文化丰富的浅层感知层面，从近几十年旅游发展历程来看，这个由资源特征决定的固化形象仍没有新内容补充。在科技高速发展、经济良性发展的背景下，云南部分地区的文旅品牌皆存在口碑形象固态僵化、特色缺失的现象，云南省诸多市（州）在旅游口号的选择上仍以“美丽”“魅力”等词汇居多，生动性和感染力在文旅融合发展的时代背景下显得较为薄弱。

在文旅品牌培育方式上也缺乏独特性，对于新媒体的运用远不如其他地区。陕西西安利用抖音、快手打造了一个网红地“大唐不夜城”，更是通过灯光技术，盘活存量资源，重新塑造了大雁塔等景点，赋予其新的观赏内容，成为新的吸引点。全媒体时代的到来，突破传统的城市形象传播定位尤为重要。重庆就采取了“晒文化·晒风景”大型文旅推介活动，以期运用好新媒体讲好城市故事，同网友的自发转播形成共振效应，吸引游客眼球，实现文旅品牌的海量传播。相比之下，云南省在运用新兴融媒体助力文旅产业发展方面，存在很大的改进提升空间。

### （三）支撑保障方面

#### 1. 专项资金划拨困难、投资有限的现实状况难以适应文旅资本快速化、高效率配置特征

在文旅市场竞争日趋激烈、高精尖文旅产品需求日益强烈的背景下，文旅资本的配置效率应有所提高，快速地注入和消化以应对当前文旅市场的发展。然而目前云南省专项资金来源单一、数量有限，尽管各地已陆续设立旅游专项资金，但主要依靠政府财政支撑其开发、建设和发展，这对于前期投入要求较高的文旅项目而言，造成了难以落地、运营紧张等窘迫境况。例如，云南省内德宏、楚雄、红河、文山、西双版纳等市（州）面临有资源无开发、有项目无资金的发展困境。

与此同时，受制于招商引资的激励机制和优惠政策不明确、招商引资形式单一，以及项目盈利方式和盈利前景缺乏科学策划与预测等问题，社会资本的投入有限，民间资本创新创意的活力未能有效激活，导致资金缺口问题无法解决、项目运作滞后，产业链条单一、集群效应十分有限。土地、人才、技术等资本亦面临着类似的问题，这与资本快速化、高效率的配置特征极不相符。

**2. 职业保障机制脆弱、激励不足的现实状况难以适应文旅人才专业化、职业化队伍建设**

截至2017年，云南省各类旅游院校数量达到165所，旅游从业人数超过10万①，更为专业化、职业化的旅游人才队伍正在形成，这是文旅产业发展的重要支撑。但是近年来，云南省部分市（州）出现的导游强制购物，导游骂人、伤人等事件暴露出云南省部分文旅从业人员在法律意识及个人素质等方面存在一些问题，严重影响着云南省文旅发展形象。除部分岗位和领域之外，文旅产业总体上是劳动密集型产业，在带动就业方面具有重要意义，然而人员素质得不到根本提升，必将制约整个文旅产业的发展。这固然与职业教育有密切关联，但更为重要的是对底层文旅从业人员职业保障不足，使其无法感受到应有的职业尊严、幸福感和获得感，还需要政府、企业、社会组织各方的协同努力。此外，由于激励机制不足，难以吸引一些具有高端研发能力的文旅人才，也难以形成创新研发的合力；缺乏全省协同一体的分类人才培训体系和人才柔性流动引导机制等也不利于文旅人才队伍建设，最终会影响整个文旅产业的发展。

① 数据来源：《中国旅游统计年鉴》。

# 第二章 云南省文旅产业供给侧结构性改革的理论与实践依据

文旅融合是文旅产业发展的关键，文旅产业是文旅融合的结果和表现。文旅产业是指文化、旅游产业突破原有的产业边界，整合重组，交叉汇合成新的产业业态、产业体系，是主要以旅游业、娱乐业、服务业和文化产业为龙头形成的经济形态和产业系统。本部分通过总结整理供给侧结构性改革的提出背景、供给侧结构性改革的理论依据，引申到对文旅产业供给侧结构性改革的实践依据、文旅产业供给侧结构性改革的理论依据的探索，为云南省文旅产业供给侧结构性改革的研究奠定了研究依据与理论基础。同时，通过对文旅产业供给侧结构性改革的环境分析、国内外文化旅游融合典型案例与经验借鉴研究，以确保改革措施行之有效，顺应全国文旅行业发展大环境及发展趋势，推进云南文旅产业供给质量提升、旅游业发展提质增效与转型升级。

## 第一节 供给侧结构性改革的提出背景与理论依据

改革开放四十多年来，中国经济持续高速增长，成功步入中等收入国家行列，已成为名副其实的经济大国。但随着人口红利衰减、“中等收入陷阱”风险累积、国际经济格局深刻调整等一系列内因与外因的作用，经济发展正进入结构性分化正趋于明显的“新常态”。为适应这种变化，在正视传统的需求管理还有一定优化提升空间的同时，迫切需要改善供给侧环境、优化供给侧机制，通过改革制度供给，大力激发微观经济主体活力，增强我国经济长期稳定发展的新动力。基于“中国特色社会主义政治经济学”理论和对宏观经济调控实践的理性反思和理论总结[16]，供给侧结构性改革被提出。

## 一、供给侧结构性改革的提出背景

### （一）环境背景

2008年美国发生次贷危机后，全球经济都受到重创，中国经济也无疑受到了巨大打击：大量海外投资贬值、房市泡沫破裂严重、大批工人下岗返乡、出口呈现负增长等，我国的GDP增长开始持续变缓，经济停滞不前。危机过后，当时的美国经济开始逐步复苏，而中国经济却仍然处于低谷，美元加息、热钱①外逃使中国经济的新一轮改革刻不容缓。

改革开放以来，我国经济发展一直遵循着“高投入、高回报”的粗放型[17]发展方式。进入2010年以后，生产要素的高投入已经不可持续，粗放型经济发展方式已经不再适用，我国经济面临着前所未有的挑战。

（1）刘易斯拐点②：改革开放以来，我国的工业迅速发展一直依靠农业部门向工业部门大批量输送劳动力得以实现。但如今这种劳动力的转移已经开始短缺，我国的经济面临着“下拐”的风险。

（2）资源环境压力：中国拥有着14亿人口的庞大经济体，但94%的人口主要集中在占国土面积40%左右的东南部地区。这就导致存在着极为紧张的资源环境压力，亟须从供给侧入手，调整结构、优化配给、释放增长空间。

（3）中等收入陷阱：随着我国进入中等收入国家行列，工资成本不断上升，我国在低端的劳动密集型产品上竞争优势逐渐弱化，大量的低端劳动密集型产业被淘汰或被转移海外。而我国在许多中高端技术密集型产品生产上又竞争不过发达国家，从而造成国际市场的相对萎缩。

（4）分配失衡：中国是世界上最大的发展中国家和最大的二元经济体，收入分配差距、城乡区域差距等分配问题被我国庞大的人口基数而放大。国内市场需求没有相应增长，国际和国内市场的相对萎缩造成了

---

① 热钱又称游资，是投机性短期资金，只为追求高回报而在市场上迅速流动。商业词典（*Business Dictionary*）将其定义为：“迅速移向能提供更好回报的任何国家的流动性极高的短期资本。”

② 由经济学家威廉·阿瑟·刘易斯（W. Arthur Lewis）提出，指劳动力过剩向短缺的转折点，是指在工业化进程中，随着农村富余劳动力向非农产业的逐步转移，农村富余劳动力逐渐减少，最终达到瓶颈状态。

我国经济增长的相对停滞。

（5）人口红利消失：人口老龄化致使国家的劳动年龄人口占总人口比重小，抚养率高，整个国家的经济呈低储蓄、低投资和低增长的局面。

### （二）研究历程

经济发展方式不可持续的原因在于供给侧，即使我国政府利用财政、货币政策等需求管理手段去刺激总需求，但只能短时间维系而不能转变这种经济发展方式。要推动我国经济发展方式的转变，只能从供给侧着手进行结构性改革。

2015 年 11 月 10 日，中央财经领导小组第十一次会议在研究经济结构性改革和城市工作时提出，推进经济结构性改革，是贯彻落实中国共产党的十八届五中全会精神的一个重要举措。

2016 年 1 月 26 日，中央财经领导小组第十二次会议，习近平总书记强调，供给侧结构性改革的根本目的是提高社会生产力水平，落实好以人民为中心的发展思想。

2016 年 1 月 27 日，习近平主持召开中央财经领导小组第十二次会议，研究供给侧结构性改革方案。

2017 年 10 月 18 日，习近平同志在十九大报告中指出，深化供给侧结构性改革。建设现代化经济体系，必须把发展经济的着力点放在实体经济上，把提高供给体系质量作为主攻方向，显著增强我国经济质量优势。

2018 年 12 月 21 日闭幕的中央经济工作会议认为，我国经济运行主要矛盾仍然是供给侧结构性的，必须坚持以供给侧结构性改革为主线不动摇，更多采取改革的办法，更多运用市场化、法治化手段，在“巩固、增强、提升、畅通”八个字上下功夫。

## 二、供给侧结构性改革的理论依据

### （一）供给经济体系的理论源泉

供给侧改革的相关理论与经济学历史一样源远流长，但追溯经济学史来看，其绝非始于供给学派，只是供给学派提出了较为鲜明的供给经济体系管理政策。亚当·斯密的《国富论》系统地抨击了重商主义的需求管理政策，强调“供给侧”因素在经济发展中的作用，强调了提高劳动生产率的作用，强调市场这只“看不见的手”的关键作用。而受亚当·斯密思想的启发和影响，萨伊在其《政治经济学概论》（1803）一书中提出了著名的“萨伊定律”——“生产给产品创造需求”[18]，供给侧（supply—side）由此开始作为经济概念和理论进入人们的视野。当今经济学的供给学派所强调的“劳动分工会促进劳动生产率的提高”也是直接来源于古典经济学派的观点。随后，以传统供给经济学为内核的新供给经济学；以发展经济学为核心的各类结构主义；以保守主义、货币主义及供给主义为核心的里根经济学和撒切尔主义；以华盛顿共识为核心的新自由主义结构性改革理论；以产权理论和制度创新理论为核心的新制度主义等，都极大地完善和丰富了供给经济学的理论体系，加强了人们对供给经济体系的认知。

### （二）中国供给侧结构性改革的理论基础

中国的供给侧结构性改革的理论也强调供给的重要作用，但“供给侧”并不等同于供给经济学，“结构性”并不等同于结构主义，“改革”并不等同于制度主义[19]。中国的供给侧结构性改革强调供给侧结构改革是从问题导向出发，不是简单的减税、私有化市场或者简单的政府管制或计划，而是更注重需求与供给的平衡，是对现有供给经济体系理论依据的升华，是基于“中国特色社会主义政治经济学”这一理论依据与我国多年对宏观经济调控实践的理性反思和理论总结这一实践依据综合性集成创新的“中国办法”。

供给侧结构性改革的内核是“用改革的办法推进结构调整，减少无效与低端供给，扩大有效和中高端供给，增强供给结构对需求变化的适应性和灵活性，提高全要素生产率”[20]。主要内容包括：调整产能结构，提高有效需求，以“去产能、去库存、去杠杆、降成本、补短板”作为短期战术；以克服各类市场失灵和政府失灵、防止经济增速过快下滑作为中期核心内容；以“创新、协调、绿色、开放、共享”的五大发展理念作为长远目标（见图2-1）。

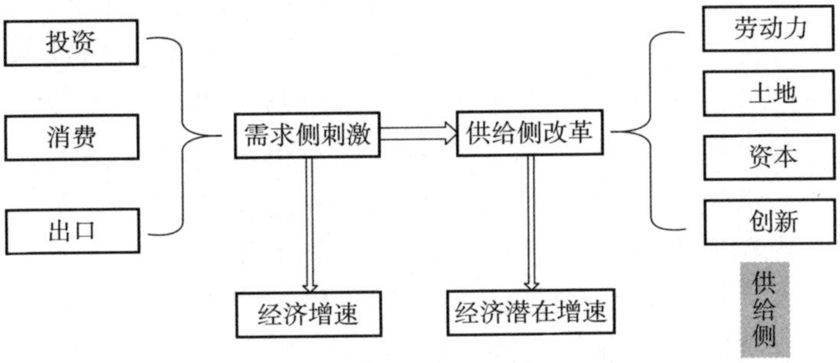


**图 2–1　需求侧三驾马车与供给侧四大要素协同关系①**

将政治经济学原理与中国发展新阶段的实际相结合，不断加强对我国经济发展实践的规律性认识、借鉴现代经济学最新成果，从而丰富了中国特色社会主义政治经济学的范畴与内涵，将成为持续为中国供给侧结构性改革提供的理论指导和思想依据。

## 三、文旅产业供给侧结构性改革的实践依据

文化是旅游的灵魂，有利于拓展旅游经济发展空间；旅游是文化实现资本化、产品化、走向大众化的重要载体，有利于彰显文化的价值，赋予文化更大的动能，提升文化服务效能。文化产业和旅游产业都是满足人民群众精神需求、实现人民美好生活需要、提升幸福指数的产业，二者在本质上的天然联系决定了文化和旅游必定要走“宜融则融，能融尽融，以文促旅，以旅彰文”的深度融合之路。文旅融合是指文化、旅游产业及相关要素之间相互渗透、交叉汇合或整合重组，逐步突破原有的产业边界和领域，彼此交融而形成新的共生体的现象与过程。文旅产业供给侧结构性改革的实践依据实际上包括两个维度：一是供给侧结构性改革中的文旅产业，二是文旅产业中供给侧结构性改革的必要性。

### （一）供给侧结构性改革中的文旅产业

供给侧结构性改革是“从提高供给质量出发，用改革的办法推进结构调整，矫正要素配置扭曲，扩大有效供给，提高供给结构对需求变化的适应性和灵活性，提高全要素生产率，更好满足广大人民群众的需

① 资料来源：海通证券研究所。

要，促进经济社会持续健康发展”，主要通过五大重点任务，即去产能、去库存、去杠杆、降成本、补短板得以实现。供给侧结构性改革涉及经济学中的两组重要概念：生产与消费、供给与需求。生产与消费在市场上的表现即为供给与需求，通过解决市场中供给与需求之间的关系，便可解决生产与消费的问题，即供给侧结构性改革依据的是生产与消费相互影响，供给和需求协同促进经济发展。但根据政治经济学市场运行理论，市场供求失衡不仅意味着需求不足或供给过剩，而且表明生产、分配、流通、消费四大环节都出现了问题，是多环节的市场失灵[21]。

从表面上看，文旅产业主要涉及消费、投资和出口，属于需求侧的问题，然而如果“跳出旅游看旅游”，将旅游发展放在社会经济发展的大环境下去看，文旅产业发展的基本态势是符合供给侧结构性改革的基本方向的。中国社科院旅游研究中心主任宋瑞[22]认为，从供给侧结构性改革的五大重点任务来看，制造业淘汰的产能必然要向服务业转移，而服务业中关联度高、带动性强的旅游业可能会成为很多地方政府的首选；去库存的房地产项目也可能会加速向旅游功能转化，但在制造业去产能、房地产去库存的过程中，还应该客观判断其转移、转化到旅游业的现实性和潜在风险。北京交通大学教授张辉①认为，旅游业的发展可以实现我国过剩产能的有效转移，在去产能方面扮演重要职能；通过旅游消费可以使我国原先以出口为导向的制造业产能得以充分利用；旅游发展将会推动居民异地居所的发展，在去库存方面扮演重要角色；旅游业发展可以改变我国经济结构，在补短板方面扮演重要角色。也就是说，生产领域的过剩产能可以通过文旅产业实现某种程度的转移，流通领域的多余库存可以通过文旅产业实现得到某种程度的消化，国民经济的结构性短板可以通过文旅产业发展得到一定补齐。

### （二）文旅产业中的供给侧结构性改革

党的十九大报告指出，中国特色社会主义进入新时代，我国社会主要矛盾已经转化为人民日益增长的美好生活需要和不平衡不充分的发展之间的矛盾[23]。具体到旅游领域，则体现为人民日益增长的旅游美好生活需要和不平衡不充分的旅游发展之间的矛盾，这一论断既是文旅产业

① 引自张辉发表于微信公众号“旅游圈”的文章：《如何认识旅游领域的供给侧结构性改革（上）》。

供给侧结构性改革的时代背景，也构成了文旅产业供给侧结构性改革适应新时代的必然要求和根本任务，即解决文旅领域有效供给不足与供需错配同时并存的问题。具体来说，包括降成本、补短板，优化存量资源配置，扩大优质增量供给，实现质量变革、效率变革与动力变革，实现供需动态平衡，不断增强创新力和竞争力，提升文旅产业发展质量与效益。

文旅产业的供给侧结构性改革：①有利于通过促进文化产业和旅游产业进一步突破产业边界，整合重组，交叉汇合成新的产业体系而真正实现文旅深度融合。②有利于通过促进解决旅游产业结构、产品结构与旅游需求结构不匹配的问题而实现产业升级。③有利于通过促进文化资源的市场化、资本化、产品化、品牌化、大众化而实现传统文化产业的创造性转化和创新性发展。④有利于通过促进解决文旅产业主要依靠要素投入实现增长的问题而促进提质增效。⑤有利于促进解决文化和旅游公共产品与服务供给不足的问题而补齐发展短板。

## 四、文旅产业供给侧结构性改革的理论依据

文旅产业的供给侧结构性改革，存在着“产业转型升级——发挥正外部性——实现个人幸福与社会幸福”的理论逻辑。

### （一）产业转型升级理论

供给侧结构性改革是适应和引领我国经济发展新常态的重大创新，是促进产业转型升级的主线、突破口和着力点[24]。产业转型升级是一种动态的经济结构一体化过程，其本质是对各种生产要素进行重新配置[25]，与经济增长间关系密切。经济增长不仅是总量不断增加的过程，也是高生产率产业对低生产率产业次序更替的过程，即产业持续转型升级，体现在结构角度就是产业结构的逐步优化，因此产业转型升级的关键是产业结构[26]优化，即产业结构或比例的调整和产业在价值链上的位置提升。而从产业发展包括纵向与横向的提升来看，也可将转型升级拆解为“转型”和“升级”两方面。其中以纵向产业结构调整为主的被称为“转型”，而在保持纵向产业结构基本稳定的前提下，某个具体产业链上的局部技术提升被称为“升级”，由此会形成四种典型移动路径：产业间转型（1m→2m→3m）、产业内转型（2m→2M）、产业内升级（2m→2r 或 2s）、产业间升级（2m→3r 或 3s）[27]。

2008 年国家旅游局从官方角度界定了旅游产业转型升级，提出了旅游产业的“三个转变”：转变产业发展方式、发展模式、发展形态[28]。此后，转型升级日益成为我国旅游产业改革与发展的主旋律。围绕着旅游产业“转型升级”这个合成词，理论界主要存在两种看法：一是认为转型与升级不同，转型是彻底改变原有的发展方式与模式，升级是在基本保持原有发展方式与模式的基础上，实现其结构的优化与要素的提升[29]；二是认为转型与升级相同，如“只有转型才能升级，转型是本质，升级是表现”[30]；“产业转型的实质就是产业升级”[31]。考虑到旅游产业是一个包括了众多产业、价值链型的综合性产业，在综合前两种看法的基础上，也有观点认为旅游产业转型升级既包括转型问题又包括升级问题，同时还包括既转型又升级的问题：(1) 转型与升级不同。升级意味着量变，即由 A 到 A +；转型意味着质变，即由 A 到 B。(2) 转型与升级具有内在统一性。无论转型或升级，其目的都在于获得产业的又好又快发展[32]。

### （二）外部性理论

外部性是经济学中一个非常重要的概念。美国经济学家萨缪尔森和诺德豪斯认为“外部性是指那些生产或消费对其他团体强征了不可补偿的成本或给予了无须补偿的收益的情形[33]”，即经济主体的经济活动对他人和社会产生有利或者不利的影响，但不需要他人对此支付报酬或进行补偿的活动。从经济活动的不同环节出发，外部性可分为生产的外部性和消费的外部性；按时空，外部性分为代内外部性和代际外部性（或称时间的外部性，指外部性产生的“时滞”较长时，其效应就表现为不同代际享受资源机会的不平等[34]）；按照稳定性，外部性分为稳定的外部性和不稳定的外部性；按照作用方向，外部性分为单向的外部性和交互的外部性；按作用性质，外部性包括正外部性（外部经济）和负外部性（外部不经济）[35]。正外部性是某个经济行为使他人或社会受益，而受益者无须花费代价，即某个经济行为的私人收益小于社会收益；负外部性是某个经济行为使他人或社会受损，而造成外部不经济的人却没有为此承担成本，即某个经济行为的私人成本小于社会成本。不论是正的外部性还是负的外部性，对经济个体（厂商或者个人）而言，消除外部性的基本思路是使外部性内部化。但是对一个产业而言，没有必要也不可能使其外部性内部化[36]。

文旅产业的供给结构与一般产业的供给结构相比，具有以下特点：①产品不可转移性；②不可储存性；③无形性；④供给综合性（对供给的综合性要求高）；⑤生产与消费的同步性；⑥外部依赖性（易波动性、脆弱性）；⑦经济与社会、文化、政治（外交）、生态功能叠加，产业与事业属性叠加，旅游与文化属性叠加的多重性。从以上特点来看，无论生产外部性还是消费外部性，抑或是代内外部性还是代际外部性，文旅产业都是一个正外部性很强的产业，且与其他产业和领域明显的交互外部性，这直接体现为文旅产业在响应和实践生态文明战略、国土空间战略、新型城镇化战略、扶贫开发战略、文化强国战略、乡村振兴战略、"一带一路"倡议、健康中国战略等方面的潜力和作用。

综上，文旅产业具有很强的正外部性，但与人民对文化和旅游美好生活的期待相比、与国家对文旅产业的战略定位相比，这种正外部性的发挥多建立在高要素投入、总量积累、粗放同质经营、低效治理的基础上，仍是不稳定的、不充分的。而通过产业转型升级解决文旅产业结构、产品结构与文旅需求结构不匹配的问题，通过提质增效解决文旅产业主要依靠要素投入增加实现增长的问题，通过补齐短板解决文旅公共产品与服务供给不足的问题，文旅产业供给侧结构性改革将有效解决文旅领域有效供给不足与供需错配同时并存的问题，这势必会促进文旅产业正外部性的进一步发挥，如此，提高有效供给，发挥其正向外部性便构成了文旅产业供给侧结构性改革的应有之义。

### （三）幸福理论

习近平总书记在致"纪念《世界人权宣言》发表70周年座谈会"的贺信中指出，人民幸福生活是最大的人权。旅游和文化都是人的基本权利，都是人类实现自我精神解放的重要途径，都是实现"让人民生活得更加幸福、更有尊严"的产业。李克强在2016年夏季达沃斯论坛上，提出了五大幸福产业（旅游、文化、体育、健康、养老）的概念，其中，第一是旅游，第二是文化。在关于六次产业的观点中，旅游产业被看作位于种植（第一产业，保障生存）、制造（第二产业，缓解短缺）、服务（第三产业，提供便利）、信息（第四产业，提高效率）、文化（第五产业，引领发展）之后的幸福产业（第六产业，追求根本）[36]。可见，文化产业和旅游产业是关乎广大人民群众生活质量和幸福指数的幸福产业，二者根本的交集在民生领域，追求幸福是文化和旅游关系的本源。

文旅融合是文旅产业供给侧结构性改革的应有之义。从文化和旅游关系的视角来看，一方面，文化和旅游互促发展，以及在此基础上对所形成的文旅产业的供给侧结构性改革显然是实现人的幸福的途径之一。另一方面，人们对幸福生活的追求，推动了文化和旅游的关系，从增加文旅供给到提高文旅品质的变迁，从关注经济幸福到注重体验文化幸福，解决旅游“好不好”的问题。从历史上看，人的幸福指向两个方面：一方面指向个人幸福，追问何为美好人生；另一方面指向社会幸福，追问何为生活美好[37]。徐金海[38]从追求幸福的终极目标来审视文化和旅游关系，回答了旅游何以实现人的幸福、文化在实现旅游幸福中的作用，以及文化和旅游实现社会幸福的问题，结合文旅产业供给侧结构性改革来看：（1）以文旅融合为基本要义的文旅产业供给侧结构性改革有利于促进人的幸福。旅游的本质是人为了追求幸福体验的一种活动，文化在实现旅游的幸福中具有重要作用，具有文化体验和文化内涵的旅游，是推动旅游的幸福走向幸福的旅游的钥匙，是将旅游的幸福本质转化为幸福现实的关键；而游客只有置身于独特的文化模式中，体悟到异域的文化体验，才可能实现人的幸福。（2）文旅产业供给侧结构性改革是实现从经济幸福到文化幸福转变的关键举措。无论是文化，还是旅游（经历了从增加旅游供给到提升旅游品质的变迁），乃至文旅产业，都是关注经济幸福转变到体验文化幸福。（3）文旅产业供给侧结构性改革的归途是实现社会幸福。无论是从我国经济社会发展的实践来看，还是从文化和旅游的功能演进来看，文化和旅游的归途都是立足于实现社会幸福，满足人民对美好生活的向往。

## 第二节　文旅产业供给侧结构性改革环境与案例借鉴

### 一、文旅产业供给侧结构性改革环境分析

文旅产业是一个涉及多方面、多领域的产业，需要对政治、经济、社会方方面面进行考量。此外，供给侧结构性改革回应的是文旅市场供需不平衡的问题，因此文旅市场供给与需求也是应当分析的重要内容。而文旅产品的供给受制于当地的资源条件，文化旅游资源也应是分析的重点。基于此，拟采取 PEST（Politics，Economy，Society，Technology）

分析方法对政策环境、经济环境、社会环境、技术条件四个方面进行分析，再从市场供需两个大的方面分析文旅产业供给侧结构性改革环境。

PEST分析是一种宏观环境战略分析方法，宏观环境又称一般环境，是指影响一切行业和企业的各种宏观力量。对宏观环境因素做分析一般对政治、经济、社会和技术这四大类主要外部环境因素进行分析。PEST分析运用领域较为广泛，它可从宏观角度全面地分析外部环境，利用不同的角度，从变动的因素上探求行业发展潜能，整体上把握发展前景，同时，对于各方面的变动可以及时地做出反应，并制定相应的改变策略。云南省文旅产业的供给侧结构性改革也应当结合产业发展实际情况和云南省文旅行业具体发展改革阶段对宏观外部环境进行分析，以确保改革措施行之有效，顺应全国文旅行业发展大环境及发展趋势，推进云南文旅产业供给质量提升、旅游业发展提质增效和转型升级。

### （一）PEST分析

#### 1. 国家及地方政策利好为文旅产业供给侧结构性改革提供支持

文化旅游产业是绿色产业、朝阳产业、幸福产业。推动文旅融合发展，文旅产业供给侧结构性改革，是推动文旅产业高质量发展、提升文旅业供给与需求匹配度的重要举措。从中央到地方都为文旅产业提升发展提供了政策支持，国家对文旅产业供给侧结构性改革的政策支持力度比较大，尤其是自2018年3月十三届全国人大一次会议表决通过了国务院机构改革方案，批准文化部、国家旅游局合并为文化和旅游部，文化和旅游开始了融合发展之后，国务院及相关国家部委先后出台了很多政策深化文旅产业供给侧改革和促进文旅产业转型升级发展。

2020年3月13日，国家发改委等23部门《关于促进消费扩容提质加快形成强大国内市场的实施意见》中明确提出重点推进文旅休闲消费提质升级，丰富特色文化旅游产品，构建文旅多产业多领域融合互通的休闲消费体系，改善入境旅游与购物环境，创新文化旅游宣传推广模式。仅2019年一年国务院及国家部委就出台了一系列政策刺激文旅消费，推进文旅产业融合发展，继而深化文旅产业供给侧结构性改革。文旅部《文化和旅游部关于进一步加强演出市场管理的通知（征求意见稿）》（2019年12月5日）、国家发改委及国家市场监督管理总局《关于新时代服务于高质量发展的指导意见》（2019年10月2日）、国务院《关于促进全民健身和体育消费推动体育产业高质量发展的意见》（2019

年9月17日)、国务院《关于以2022年北京冬奥会为契机大力发展冰雪运动的意见》(2019年3月31日)、文旅部《关于促进旅游演艺发展的指导意见》(2019年3月14日)、国家林草局等四部门《关于促进森林康养产业发展的意见》(2019年3月8日)等文件都有指出促进乡村旅游、研学旅游、森林康养旅游、健身休闲旅游等文旅新业态的发展。同时,国务院办公厅《关于进一步激发文化和旅游消费潜力的意见》(2019年8月23日)、文旅部《关于实施旅游服务质量提升计划的指导意见》(2019年1月16日)等文件对整治文旅消费市场,进一步刺激文旅消费,提高文旅消费质量提出了明确要求。此外,2019年8月26日,科技部、文旅部等六部门《关于促进文化和科技深度融合的指导意见》明确了加强文化共性关键技术研发、完善文化科技创新体系建设等8项重点任务,充分释放科技对文化建设支撑的创新力。2019年6月28日,文旅部出台《文化产业促进法(草案征求意见稿)》,提出促进文化产业发展纳入国民经济和社会发展规划,并制定促进文化产业发展的专项规划,促进文化产业结构调整和布局优化。促进文化产业区域协调发展,支持文化企业在西部地区投资文化产业。

云南省政府近年来也相应出台了一系列政策推进文旅产业供给侧结构性改革,着力增加和丰富文化旅游产品有效供给,加快实现旅游业转型发展。例如,《关于以2022年北京冬奥会为契机大力发展冰雪运动若干措施的通知》(2020年3月9日)、《云南省旅游业质量提升行动方案》(2019年6月27日)、《云南省人民政府办公厅关于加快发展健身休闲产业的实施意见》(2018年7月5日)等文件,加快推进文旅新业态的布局和发展,增强云南文旅产业供给能力。同时,为深入实施文旅市场秩序整治,净化文旅消费环境,推进旅游业转型升级出台了政策文件,如《云南省人民政府办公厅关于印发云南省旅游从业人员"八不准"规定的通知》(2019年4月18日)、《云南省人民政府关于加快推进旅游转型升级的若干意见》(2018年8月2日)等。与此同时,云南省开展"旅游革命"一系列措施卓有成效,很大程度上提升了云南文化和旅游供给质量和文旅业服务质量,为云南文旅产业供给侧结构性改革提供了政策机遇。相关政策的实施有利于文化旅游新业态的发展及文旅产业与其他产业的融合,有利于深化云南省文旅产业供给侧改革,实现文旅产业高质量发展。

### 2. 经济形势整体向好为文旅产业供给侧结构性改革提供动力

随着我国经济持续发展和社会的进步，城乡居民的生活水平不断提高，2019 年全国居民人均可支配收入达到 30733 元，比上年增长 8.9%，扣除价格因素，实际增长 5.8%①。当前，旅游已成为人们的一种常态化需求和生活方式，全国人民的可支配收入增加意味着人们将在享受型消费上增加更多投入，休闲娱乐和文化旅游消费支出也在逐步增长，文化和旅游市场也因此不断发展壮大。2019 年全年，国内旅游人数达 60.06 亿人次，全年旅游总收入 6.63 万亿元，旅游业对 GDP 的综合贡献为 10.94 万亿元，占 GDP 总量的 11.05%②。国民经济的稳定增长和居民可支配收入的持续增加为文旅产业发展奠定了坚实的物质基础。

从云南经济发展情况来看，2014—2019 年云南生产总值从 12883.16 亿元增长到 23223.75 亿元，居民人均可支配收入从 13772 元增加至 20082 元③，年均增速在 9.5% 以上。2018 年，云南接待国内游客 6.81 亿人次，实现旅游业总收入 8991.44 亿元，增长 29.9%④，云南旅游业总体增长速度超过全国平均水平，接待游客数量和旅游总收入的增加为云南旅游业进一步提升发展打下了良好的基础，也为云南旅游消费升级和文旅产业供给侧结构性改革提供了良好的经济支撑。同时，随着国内文化休闲基础设施日益完善，居民和游客文化消费持续升级，文化、旅游相辅相成，带动周边经济增长，居民参观免费场馆或观看演出或电影时，对购物、餐饮、交通消费的拉动作用显著。调查显示，有超过八成游客参加和体验了文化活动，10%~30% 的游客进行了文化消费。中国旅游研究院的一份报告提出，八成游客对本地和异地文化消费表示满意，人文旅游景点、历史文化街区、博物馆等满意度较高，其中文化消费拉动作用显著，文艺演出为主要消费支出。人们对公益文化活动关注度最高，时尚、科技类文化项目及红色文化发展趋势明显⑤。

---

① 数据来源：国家统计局《中华人民共和国 2019 年国民经济和社会发展统计公报》。

② 数据来源：中国旅游研究院（文化和旅游部数据中心）《2019 年旅游市场基本情况》。

③ 数据来源：云南省统计局《2015 年至 2019 年国民经济和社会发展统计公报》，昆明市统计局《2019 年云南经济运行情况》。

④ 数据来源：云南省统计局《2019 年国民经济和社会发展统计公报》。

⑤ 资料及数据来源：中国旅游研究院《2019 上半年全国文化消费数据报告》和《2019 年下半年全国文化消费数据报告》。

**3. 社会环境友好为文旅产业供给侧结构性改革提供支撑**

近年来，随着云南经济社会的不断发展，人们生活水平不断的提高，加上带薪休假制度及分时度假、灵活假期制度的落实，可自由支配的时间和可支配收入的增加，人们的生活理念也产生了新变化，旅游不再是社会部分群体的奢侈消费，已转变为一种常态化的生活方式。现代都市化生活给人带来各种压力，随着交通基础设施的改善和居民收入、闲暇时间的增加，人们更愿意通过旅游的方式来缓解压力，旅游意愿普遍增强，旅游需求也越来越强烈，旅游已成为我国居民消费中的重要部分[39]。如今，旅游已进入大众旅游时代、成为大众消费，伴随着旅游消费升级的大背景，传统的观光旅游已无法满足日益增长的多元化、个性化的旅游需求，全新的旅游消费形态以及新的旅游业态应运而生，如自驾游，康体养生旅游、主题度假旅游、体育旅游、深度文化体验游等。同时可以发现，社会对于文旅产业创新发展的支持匹配度越来越高，近年来大力推进的厕所革命、“旅游革命”、《云南旅游质量提升行动计划》以及系列文化旅游市场整治行动等，极大地改善了云南文化旅游产业运行环境，为云南省文化旅游供给方式的丰富和内容质量提升、供给侧结构性改革提供了良好的社会环境和产业运行环境，可较好地支持云南省文旅产业的供给侧结构性改革。云南省推出的一系列文旅产业促进措施在推进文化旅游供给多元的同时，也存在较为突出的产品同质化问题，如遍地开花的海洋公园、冰雪世界、儿童乐园等，雷同的网红打卡景点及重复的同类型景区建设等，说明当前文旅产业的发展还存在一些问题，即主题化、特色化不够鲜明，市场的精准细分与有效供给还较为薄弱；文化型旅游景区的开发中的文化解读与传播还有待提升，大多停留在走马观花层面，难以形成强烈的深度体验；地方发展与景区发展还有待协同，利益相关者之间的关系还有待协调等。需要通过更加精准的市场分析和不同地域空间旅游开发特点的精准把握，从而精准发力，对文旅产业供给侧进行有力的结构性调整改革，避免过分逐热，一味迎合短期的市场需求。逐步提升改造进入停滞期的旅游产品，结合云南省实际深挖民族文化、历史文化、地方文化内涵，为市场提供更加具有生命力、更加高质量的文化旅游产品。

另外，旅游业对外部环境变化响应极为敏感，尤其是突发公共事件对旅游业持续发展的影响最为深刻。战争、自然灾害、恐怖主义、政治局势、经济危机和突发公共卫生事件等都会引发旅游业危机。如2019年年底爆发的新冠肺炎对全球尤其是中国旅游业造成了巨大损失[40]，云南文旅产业也受到了较大影响。旅游业往往以中小企业居多，面临重大危机时抗风险能力不足，同时也暴露出当前我国文旅行业产品结构单一、旅游收入来源过于集中和旅游产业链条不完善等问题。因此，云南在推动文旅产业供给侧结构性改革时应结合文旅企业及其产品特点，增加文旅产品多元化供给，提高供给质量，延长文旅业产业链条，优化文旅企业联合关系，对投资、营销、售后服务方面予以重点关注，以达到增强文旅产业抗风险能力、提高供给效率的目的。

**4. 技术条件的巨大进步为文旅产业供给侧结构性改革提供保障**

科学技术进步日新月异，移动技术发展推进旅游预订方式革新。随着互联网时代的到来，手机等移动设备正在逐渐改变着人们的旅游方式。旅游者可以通过移动设备在旅游全过程随时查询和预订文化旅游产品。大数据和云计算实现了个性化旅游定制，极大优化了人们的旅游体验。为顺应当今时代发展趋势，近年来，云南积极打造旅游信息化平台，推出智慧旅游项目“一部手机游云南”，利用物联网、人工智能技术、云计算、大数据等技术，为云南打造了一个智慧、绿色便利的文化旅游新平台。通过“智慧旅游”平台大数据，分析旅游者旅游活动的行为特征、偏好和趋势，根据旅游大数据和云计算为旅游者提供更完整的旅游信息，旅游者可根据实际情况制订出符合自己个性需求的旅游计划。智慧旅游项目第一阶段成果“游云南”App实现了旅游资讯、景区直播、地理导航、导游导览、移动支付、在线投诉等一站式文旅信息服务。VR、AR、大数据、人脸识别、人工智能、小程序等科技为文旅企业创新营销方式、拓展销售渠道、提高服务效率和质量、整合文化旅游资源提供了新的技术渠道和方式，也为云南文旅产业供给侧结构性改革提供了有力的技术支持和保障。

文旅行业涉及的关联行业众多，行业间企业需要高度协作才能形成一个完整的产业链，这些功能的实现需要信息化建设，但云南省的信息化整体水平较低，旅游大数据还处于初级阶段，智慧化建设地区发展还不均衡，文旅各行业间尚未形成信息资源共享，旅游信息公共服务一体化体系还不完善，云南省发展智慧旅游，提高文化旅游供给能力还需要大力建设信息化基础设施。近年来，随着云南旅游革命的持续发力及文旅供给侧结构性改革的深入推进，政府文旅部门和文旅企业信息化建设意识有所加强，智慧旅游项目也初见成果，“一部手机游云南”平台游客端产品“游云南”App和小程序自2018年10月1日正式上线以来，为公众提供近5000万次服务，平台用户人数近400万，月活跃用户超过100万①，还可提供景区实景直播、旅游预订与投诉等服务，助力云南旅游的智慧化发展。技术进步在很大程度上能够推动云南文旅产业供给侧改革。在利用现代化科技改进文旅业供给方式和内容的同时要注意把握技术使用方向和角度，要深入思考如何才能更好地发挥技术优势，规避技术带来的风险，如涉及旅游者隐私信息、身体健康、财产安全等方面的问题，从而更好地利用现代信息技术为文化旅游产业服务。

**5. 小结**

从政治、经济、技术、社会环境因素来看，云南省文旅产业供给侧结构性改革宏观环境条件较好。国家和云南省政府及各地方政府都越来越重视文化和旅游产业的高质量发展，并实施了一系列利好政策来支持文化旅游产业融合发展，从顶层制度设计和政策引导角度大力推动文旅产业供给侧改革；经济稳定增长及居民生活水平、生活质量显著提高使人们的旅游意愿普遍增强，为扩大国内文旅消费、增强文旅产业发展动力提供了有力的经济支撑；带薪休假、旅游服务基础设施、文旅产业市场和运行环境持续改善等社会支持条件日益完善，加上大数据、云计算、移动网络平台等现代化旅游信息技术推动智慧旅游日趋完善及文化产业的现代化转型发展，为云南文旅产业供给侧结构性改革提供了良好的宏观发展环境。

### （二）文旅产业市场供给和需求分析

**1. 优质丰富的文旅资源为文旅产业供给侧结构性改革的产品建设提供依托**

云南是一个旅游大省，也是旅游资源大省。云南文旅产业供给侧结构性改革的核心是要依托云南所拥有的文化旅游资源，转变过去粗放式的旅游资源开发方式，提高文化旅游资源开发利用效率。第一，云南拥有丰富的自然和生态旅游资源，云南地处云贵高原和横断山脉相接合的

---

① 数据来源：云南省文化和旅游厅《腾云持续发力“一部手机游云南”》。

低纬高海拔地区，地形地貌复杂多变，气候类型多种多样，特殊的地理状况和生态条件孕育了类型多样的自然景观和生态环境。以高山峡谷、现代冰川、高原湖泊、喀斯特地貌、火山地热、原始森林、花卉等资源为基础形成了一大批自然观光和休闲度假类特色景区。云南旅游发展到现在正处于旅游业转型升级的关键时期，要抓住资源优势对现有自然观光类景区进行升级改造，积极推进康养医疗、体育运动、民族医药养生旅游、山地户外旅游和健康旅游综合体建设。第二，云南是中国少数民族族别和种类最多的省份，全国 55 个少数民族云南有 51 个，云南本土的少数民族有 25 个，不同的生产生活环境和历史发展过程孕育出云南各民族丰富多彩的民族文化。各民族文化均有极为丰富的内容，体现在诸如服饰、饮食、建筑、歌舞、宗教、体育运动、节日等方面，丰富多彩的民族文化是不可多得的重要文化资源，为云南文旅产业供给侧结构性改革提供了重要的文化支撑。第三，云南是中国历史上开发较早的边疆地区，至今已有2500 多年历史。从秦汉时期的古滇青铜文化，到魏晋南北朝时期的爨文化、唐宋时期的南诏大理文化，再到元明清时期的云南文化和近现代时期的云南文化及抗战文化，各个历史时期都留存下大量的文化遗产和文物古迹，丰厚的文化内涵积淀成为云南重要的历史文化资源，深入挖掘云南丰富的历史文化，充分利用各种有形的和无形的历史文化资源有助于新时期文化旅游融合发展，有助于旅游内涵的提升和历史文化的继承发扬，更有助于优化文旅产品结构，推进云南文旅产业供给侧机构性改革。第四，云南是中国西南的边疆省，与缅甸、老挝、越南相连，国境线长达4060 公里，并且除了与三国直接接壤，云南与东南亚地区其他国家如泰国、马来西亚、新加坡等也相距较近。独特的地理和区位条件使云南省具有发展边境旅游的良好资源。云南边境一线不仅少数民族分布众多，且许多少数民族属于跨境民族，一族居多国、多族共一线的民族分布格局形成了边境地区特殊的民族风情与人文风貌[41]。独特的边地风光和特殊的边地人文风情是吸引国内外旅游者的重要文化资源。

另外，人们对于文化体验旅游、教育旅游、研学旅游的需求日趋旺盛，如近年来掀起的“博物馆”热，体现了人民群众对高品质精神文化产品的追求。据统计，截至2018 年年底，全国每年参观博物馆的人数突破10亿人次①。参观博物馆正在成为一种日益流行的生活方式和休闲方式。高速发展与广泛应用的数字技术，是博物馆联通大众的重要桥梁，网络平台与现代技术化展览不但深刻改变了博物馆的服务模式、传播路径，还衍生出形式多样的文创产品、文化节目，拓展了文创产品的销售渠道。云南省拥有许多公益性的免费开放的图书馆、文化馆、科技馆、博物馆等公共空间，这些场馆及展览也是文化旅游产业的重要组成部分。在深入开展文旅产业供给侧结构性改革时要更加注意到文化产品与传统旅游产品的融合改造，结合传统旅游资源与非传统旅游资源，用文化为旅游注入灵魂，用旅游传承优秀文化，加强文化和旅游产业的融合发展，创新文旅产品供给方式和营销方式，提供使公众更满意的文化旅游产品。

文化产业和旅游产业正在成为中国经济增长的重要引擎，随着文旅产业逐步向高质量发展转变，文旅产品供给也在不断丰富。2019年前三季度，全国5.6万家规模以上文化及相关产业企业实现营业收入62187亿元，同比增长7.6%。国家文化和旅游部实施了2019年国家级文化产业园区服务能力提升计划，支持8个园区服务能力提升重点项目，惠及4.5万家企业，目前，20家国家级文化产业示范园区、试验园区聚集了文化和旅游中小企业约6.5万家，2019年前三季度实现营收3373.6亿元。此外，基层综合文化中心建设、图书馆文化馆体制改进工作效果显著，截至2019年年底，全国494747个行政村（社区）建成综合性文化服务中心，占比86%；1649个县（市、区）建成文化馆总分馆制，1711个县（市、区）建成图书馆总分馆制，分别占比68.5%、73.8%②。整体来看，我国文旅产业在不断发展壮大，发展质量也在逐步提高，文旅产品供给能力得到有效提升。

近年来，云南省先后实施了旅游革命、旅游质量提升行动计划等政策措施，在对传统自然生态观光型旅游产品进行结构性调整优化升级的同时，结合文化旅游市场个性化、特色化、体验化，以及出行散客化、自助化、定制化的发展趋势，逐步开发了一批休闲度假、养老养生、温

---

① 数据来源：让博物馆热走向深入［EB/OL］. http://opinion.people.com.cn/n1/2019/0405/c1003-31014959.html.

② 数据来源：2019年文化和旅游公共服务、产业发展情况［EB/OL］. http://www.gov.cn/xinwen/2019-12/25/content_5463975.htm.

泉疗养、户外运动、自驾旅游等产品，加快促进旅游产品从大众观光型转变为深度体验观光、休闲度假和专项旅游等综合型[42]。深化文旅产业供给侧结构性改革的目的是满足人民群众日益多样化、个性化、追求深度体验和精神文化提升的旅游消费需求、促进文旅业由高速发展向高质量发展转变及推进文旅行业转型升级。因此，要更加注重人文历史、民族文化等特色资源的深入挖掘和深度利用，丰富和创新文化型旅游产品的供给。此外，针对文旅产业发展趋势和多样化旅游业态的市场需求，云南省在旅游产品形式上积极创新，规划发展民族医药、医疗疗养、体育运动、高尔夫、自驾车房车露营等新兴业态产品，用供给侧调整改革的方式提高供给效率，解决当前文旅产业存在的供需错配，旅游经济社会效益难以提升的问题。

**2. 市场消费需求升级为文旅产业供给侧结构性改革提供方向**

当前，我国文化旅游市场持续稳定增长，旅游消费需求不断升级，传统旅游方式已经无法满足不断扩大升级的文旅市场需求。如今人们的旅行决策更加注重对文化、健康、教育的需求，追求参与式、沉浸式的旅游体验，因此催生出一大批文旅新业态和特色文化旅游产品，包括文化体验游、乡村民俗游、工业遗产游、研学知识游、红色教育游、康养体育游、自驾车房车游等。近两年大量出现的养生养老、家庭亲子游、户外运动游等文旅项目也反映出文旅产业消费市场和文旅产业需求的变化，品质休闲成为人民对美好精神生活新的追求。2019 年下半年一份调查数据显示，历史文化街区、博物馆等人文旅游景点是居民首选的文化休闲场所，占比分别为 39. 56% 和 38. 65% 。在文化活动选择中，参观博物馆和文化古迹、文艺演出、观影赏剧、非遗活动占比最大，分别为 45. 22% 、36. 81% 、35. 22% 和 31. 63% 。从文化活动参与频率来看，对于博物馆、图书馆等文化场馆、影院剧院等文化活动的参与频率普遍为“半年一两次”，其中，博物馆、科技馆、纪念馆及剧院剧场的参与频度更高。专项调查显示，受访者进行文化休闲的核心诉求是增加知识、提升素养，以及促进身心健康，分别占比 57. 08% 、45. 25% ，其次为娱乐休闲、商务接待、亲子育儿，分别占比 35. 16% 、32. 86% 和 27. 52% 。此外，国内居民文化消费日常化趋势显著，周末文化休闲消费占比达到 60. 03% ，而节假日仅占比 9. 82% ，以本地文化休闲为核心，异地体验则关注小资文艺目的地、博物馆、美术馆等文艺文化场所。文化消费意愿调查显示，未来居民的文化消费需求依然旺盛，文化消费支出预计将持续增长。数据显示，62.44%的受访者表示将增加本地文化体验，61.54%的受访者表示将增加异地旅游中的文化体验，57.64%的受访者表示将增加文化消费支出①。旅游消费需求总体向好为文旅产业优化升级提供了良好的市场环境，深化文旅供给侧改革应当紧密结合行业发展趋势以及市场消费动态，准确把握旅游消费需求，针对性调整优化文旅产业供给结构，推动云南省文旅产业迈向新台阶，实现高质量跨越式发展。

**3. 小结**

从市场供给方面来看，得天独厚的地理、区位及气候条件孕育出优良的自然和人文旅游资源，成为云南文旅产业增加有效供给的依托，是丰富多元的文旅产品、提高文旅市场供给质量的核心优势。国家及云南省文旅产业在不断发展壮大，文旅产品结构不断优化，文旅产业供给质量能力和供给能力在不断提升；市场需求方面，在国民消费升级大背景下，文旅消费也在不断升级转变，居民出游更多考虑对精神文化的提升，品质旅游正在受到更多关注。人们选择文旅产品时更加注重文化内涵，同时倾向于体验性、参与性和沉浸感较强的产品，这为文旅产业供给侧结构性改革提出了要求，设计文旅产品要更多考虑文化内涵的融入，延长文旅产业链条，优化文旅产业结构，同时也是持续推进文旅融合发展的要求。

总体来看，不论是政治、经济、技术、社会环境，还是文旅产业供需环境，都呈现出有利的良好态势，为云南省文旅产业供给侧结构性改革提供了较好的宏观环境支持。但同时应该认识到，当前文旅政策还未形成配套体系，政策落实也需要更加完善的体制机制。总体来看，云南经济规模还比较小，产业结构仍需优化，旅游业虽说走在全国前列，但自然生态环境破坏较为严重，人文历史资源尚未得到有效开发，开发手段与呈现手法也较为单一，旅游产品质量还有待提升，旅游相关基础配套实施不完善，旅游信息化程度不高，信息市场建设和服务不到位的问题还比较突出。文旅产业供给和需求的匹配度还不高，旅游消费需求还不能得到很好的满足。今后云南省文旅产业供给侧结构性改革还需重点

① 数据来源：中国旅游研究院《2019下半年全国文化消费数据报告》。

关注文旅行业短板，同时做精、做优一批高品质文化旅游消费空间和产品，针对人民对美好生活的向往和对优质文化旅游产品的新需求对供给侧结构做出更为科学合理的调整。

## 二、国内外文化旅游融合典型案例与经验借鉴研究

### （一）国外文化旅游融合典型案例

1977 年，美国学者 Mcintosh 和 Gebert 首次提出“文化旅游”概念[43]，引发学界广泛思考。自此以后，“文化旅游”在多地得到实践，据联合国世界旅游组织（WTO）统计，全世界文化旅游占比 37%，文化旅游者数量以每年 17% 的速度递增[44]，文化旅游得到长足发展，文旅融合成为必然发展趋势。国外形成了一大批以“文旅融合”为主题发展的景区，包括特色小镇、主题公园等模式。本研究以瑞士达沃斯小镇、日本柯南小镇、美国奥兰多迪士尼乐园、法国格拉斯小镇、印度尼西亚巴厘岛为例，分析文旅融合案例成功的原因，并为云南省文旅供给侧改革提供经验借鉴。

**1. 会展休闲型案例——瑞士达沃斯小镇**

（1）案例地概况。达沃斯小镇是瑞士东南部格里松斯的一个小镇，靠近奥地利边境，距离苏黎世机场 2.5 小时的汽车车程，位于阿尔卑斯山脉小镇的最高处，海拔 1529 米，以空气干爽清新而闻名，是瑞士知名的温泉度假、会议、运动度假胜地，是欧洲人心中的“旅游天堂”。达沃斯小镇内建设有世界最长的滑雪道、欧洲最大的天然冰场、基尔西纳美术馆、木偶和玩具博物馆等项目设施，可以满足游客观光休闲的需要。同时达沃斯小镇通过举办一些国际活动，面向世界，扩大其国际影响力，其中最负盛名的就是世界经济论坛（又称为达沃斯经济论坛）的召开，吸引无数上层名流聚集于此，并把“被邀请”看作一项殊荣。达沃斯小镇由一个偏远的小山村一跃成为吸引世界目光的特色文旅小镇。

（2）文旅融合成功原因剖析。

①聚焦绝对优势形成特色发展。在达沃斯特色小镇的建设过程中，注重特色文化资源的开发。达沃斯小镇最初以其先进的医疗资源而闻名，达沃斯经济论坛的召开使其影响力进一步得到提升。达沃斯经济论坛所宣扬的一种自由、平等的学术精神以及独具特色的文化氛围对大众

产生巨大的吸引力。正是这种独一无二的学术精神，使它区别于其他旅游目的地。

②会议+户外运动多元化发展。达沃斯小镇注重发展不同形态的文旅产品，形成了“会议+户外运动”的多元化发展模式。一方面，达沃斯小镇已建成欧洲最大的天然冰场，世界上第一条雪橇道、世界上第一个高尔夫球场，为游客户外运动、户外体验提供场地；另一方面，达沃斯经济论坛所宣扬的会议精神和文化氛围使其成为世界著名的会议旅游目的地。

③注重文化体验空间的创新发展。达沃斯小镇注重在继承的基础上发展，紧跟游客需求的变化，创造出大众喜闻乐见的文旅产品，不断用创新式的思维，为小镇的发展增添活力。从顺应休闲旅游需求（滑雪场的建设）到举办达沃斯经济论坛、建设基尔西纳美术馆、木偶和玩具博物馆的一系列发展措施中，都能看到新元素的引入，为达沃斯小镇的可持续发展创造文化发展空间。

④延长主体功能以外的文旅产业链。达沃斯小镇找准发展定位，形成了一套清晰的发展模式。建立滑雪场和举办达沃斯经济论坛，使之成为“会议发展”“运动度假”胜地。通过“文化旅游、论坛、会展”等主要业务带动其他相关产业发展，延伸产业链，实现功能叠加。例如，建设开放式住宅小区，提升微循环能力，使小镇整体功能相互叠加，产生最大的效益。

（3）可为云南文旅产业供给侧改革提供的经验借鉴。

①立足于云南发展实际，聚焦绝对优势如生态优势、气候优势、生物资源优势、康养优势、民族文化优势等发展养生养老、生态康养特色产业，带动文旅产业发展。

②以市场需求为导向，以2022年冬奥会举办为发展契机，将开发冰雪旅游产品，建立滑雪场滑雪道的基础设施等计划纳入大滇西旅游线路规划中，满足游客冰雪体验以及户外运动需求。

③以文旅产业为核心，带动云南省养老房地产业、会展业、民族影视业、精品民族服装行业等相关产业的发展。

**2. 动漫IP主导融合型案例——日本柯南小镇**

（1）案例地概况。柯南小镇坐落于日本北荣町，北临日本海，南临仓吉市。北荣町因是《名侦探柯南》动漫作者青山刚昌的故乡而闻名。

当地最早以农业为主要的经济发展产业，其带动的效益有限，为了促进乡村振兴发展，北荣町政府大力开发动漫资源，借助旅游产业，将动漫文化以一种实体建筑——柯南小镇呈现。柯南小镇将动漫作品中的人物、场景、衍生品与旅游产业相结合，建造了柯南大道、柯南大桥、青山刚昌博物馆、柯南列车等建筑设施，以动漫资源为核心的文旅产业成为当地主导产业。随着柯南小镇的影响力不断提升，受到众多柯南迷及其他游客的追捧，为北荣町带来了巨大的经济效益，柯南小镇逐渐成为北荣町的名片。

（2）文旅融合成功原因剖析。

①打造特色鲜明的系列动漫文旅 IP。柯南小镇围绕《名侦探柯南》IP 形象，把握文化内涵，将柯南文化 IP 与小镇建设紧密结合。北荣町城区的公路、桥梁、路标、井盖、指示牌、雕塑等建筑中，柯南文化元素随处可见。在北荣町居民身份证明等文件上印有“江户川柯南”形象，提升当地居民对柯南文化的认同感。举办北荣町马拉松大赛，将带有“柯南”形象图案的 T 恤发给参赛者。通过上述形式，柯南文化元素得到充分发挥，以“动漫 IP + 旅游”的发展模式得到了成功实践。

②政府的大力支持。《名侦探柯南》系列在动漫产业中已经占有一席之地，具有一定的文化影响力，但是它的原作者青山刚昌的影响力远远小于动漫。北荣町政府抓住发展机遇，以青山刚昌的故乡地为噱头，深挖柯南文化资源内涵，发展旅游产业。一是加大财政支持。在发展初期，北荣町政府投资 1.95 亿元改造青山刚昌博物馆，在博物馆对外开放的第一年，游客人数达到 7.8 万人次，比上一年增加了 7~8 倍[45]。二是科学规划。北荣町政府根据柯南小镇运营的实际情况，科学规划、合理布局，发布柯南小镇五年发展战略（其中修订三次）、调整管理机构、招募旅游志愿者，加大柯南小镇营销宣传、提高旅游服务质量。

③延长 IP 衍生的文创产品产业链。北荣町加快动漫与旅游产业融合，并积极促进动漫旅游相关产业发展，将柯南动漫 IP 与影视传媒、玩具、游戏、服装、漫画、工艺品、角色体验等相结合，提供专业的教育以及培训，构建完整的产业链结构，形成产业集聚。为北荣町当地带来一定的经济、社会及文化效益，提高柯南小镇文化旅游影响力。

（3）可为云南文旅产业供给侧改革提供的经验借鉴。

①注重文旅 IP 打造，深挖滇金丝猴、“云南云”、丽江萌蛙、澄江石文化、石林阿诗玛等 IP 内涵，制作动漫电影、影视短片等；将文旅 IP

融入当地建筑设施中，培养文化氛围，增强民族文化认同感；开发系列文创产品，如萌蛙、阿诗玛、小黑哥系列玩偶、手办、漫画、服装、影视作品、游戏产品等。

②政府制定政策或提供专项资金大力支持文旅产业发展，对旅游企业提供资金支持、政策倾斜，为文旅项目落地提供绿色通道；科学制订文旅产业行动计划、发展战略；加大对文旅人才培养力度，实现文旅产业可持续性发展。

**3. 现代科技与文化融合型主题乐园——美国奥兰多迪士尼乐园**

（1）案例地概况。奥兰多迪士尼乐园由华特·迪士尼公司创办，于1971 年 10 月 1 日向公众开放，是目前世界上面积最大的迪士尼乐园，占地面积 124 平方千米，约有北京城的 1/4。奥兰多迪士尼乐园主要由为未来世界（Disney′s Epcot）、动物王国（Disney's Animal Kingdom）、好莱坞影城（Disney's Hollywood Studio）、魔法王国（Disney's Magic Kingdom）四个主题乐园组成，园区内旅游设施齐全，主题酒店、餐馆、酒吧、露营基地等设施数不胜数，满足游客全方位的体验。奥兰多迪士尼乐园自开放以来，坚持不断更新、不断发展的理念，将现代技术与传统旅游业相结合，开发了星球大战、未来世界、新纪元乐园、侏罗纪世界等项目，并计划于 2021 年引进上海迪士尼乐园“创极速光轮”项目，增加迪士尼乐园旅游吸引力。这种“现代创新 + 旅游”的发展模式适应了不断变化的市场发展需求，使之一跃成为最受欢迎的主题乐园。

（2）文旅融合成功原因剖析。

①快乐至上的同时以游客为中心，提供优质服务。奥兰多迪士尼乐园将“为游客制造快乐，提供最优质的服务”的理念贯穿整个园区的经营管理中。一是为不同类型的游客提供个性化的服务。园区为老弱等特殊群体提供无障碍通道、轮椅、婴儿车等便民设施，为残疾人设置优先通道、优先看台，以克服身体上的不便。为成年人提供电瓶车等代步工具，最大限度上为游客提供便利。二是提供优质的旅游服务。整个园区内的员工坚持快乐、传递快乐的理念，每个人脸上都洋溢着笑脸，用最好的状态为游客提供咨询、医疗救助、寄存行李等服务。在主题日的时候，员工会装扮成“米老鼠、唐老鸭、白雪公主”等卡通人物与游客互动、派发小礼物等[46]。让整个园区洋溢着欢乐和轻松的氛围，让游客寻觅儿时的那份童真和愉悦。

②充分发挥区位优势，提高旅游知名度。奥兰多迪士尼乐园利用奥兰多市自然、交通等区位优势，积极发展文旅产业。奥兰多市位于佛罗里达州中部，处于亚热带气候区，全年气温温和，气候宜人，温度在28℃左右，为发展旅游提供了良好的气候条件，加上奥兰多市面积较小，不同于纽约、迈阿密市的喧嚣、繁华，市区内干净整洁、居民热情好客，成为许多游客休闲度假的最佳场所，奥兰多迪士尼乐园的创办增加了奥兰多市的旅游吸引力，提高了城市知名度，奥兰多市成为美国最受欢迎的旅游城市之一。其次，奥兰多市交通便利，拥有完善的海陆空交通体系：佛罗里达州中部最大的国际机场——奥兰多国际机场位于此地，其运航线位列美国第二，机场配备机场地铁、登机口及迪士尼商店等配套设施。美国铁路客运中心车站位于奥兰多市市区以南1.6公里，开通了奥兰多市直达迈阿密、盖恩斯维尔和北方城市的铁线路。奥兰多市靠近卡纳维拉尔港，通过港口可到达迪士尼私人岛屿、加勒比海及中美洲的一些国家，为游客的出行提供便利。同时园区配备主题酒店、免费机场接送专车、迪士尼城市中心等设施，为游客的休闲游憩提供了便利，大量的游客慕名而来。

③注重高科技使用，融合创新元素。迪士尼乐园的发展一定程度上依赖美国科技的进步，通过引入科学技术不断更新旅游项目，满足游客不断变化的需求。奥兰多迪士尼乐园斥巨资打造“侏罗纪世界”公园、“星球大战”“太空”等科技项目，模拟真实的场景，给游客带来新奇、刺激的感受。将3D、4D等技术应用到乐园中，使游客身临其境。同时迪士尼乐园成立了一支专门的研发团队，以便及时根据市场需求变化更新旅游项目，注入旅游新元素。此外，奥兰多迪士尼乐园还存有未开发的沼泽与湖泊之地，为开发和打造新项目提供空间。这种及时调整、能够根据市场的变化做出反应的模式使得奥兰多迪士尼乐园一直处于行业发展前端。

④开发系列周边旅游产品，刺激旅游消费。奥兰多迪士尼乐园开发了一系列迪士尼周边旅游纪念品，包括周边玩具、卡片、摆件、服饰等，样式新颖独特、种类丰富多样、价格高低不等，满足不同类型游客的消费需求。园区为了刺激游客消费，让员工随身携带不同主题的别针纪念品，以供游客交换[47]。这些别针由中国制造，价格十分低廉，但是园区以高出十几倍的价格售卖，爱好者为了收集到整套的别针，会多次来迪士尼乐园游玩。一方面刺激游客消费，增加了园区的经济收入；另

一方面增添游玩的乐趣，吸引了大量的回头客。

（3）可为云南文旅产业供给侧改革提供的经验借鉴。

①云南省应该完善各大景区内无障碍通道、无障碍电梯、无障碍厕所等基础设施的建设，为特殊群体提供 VIP 通道、VIP 看台等优先通道，充分体现人文关怀，营造良好氛围。

②云南省各大景区应该加强员工的服务礼仪服务培训，将大方得体、亲切自然的微笑服务纳入员工培训手册中；培育景区核心文化，如融创以“感受美好”为核心文化、华侨城以“人本、创造、坚定、卓越”为品牌诉求，并将其文化理念贯穿于整个景区建设中。

③科学分析云南省旅游发展条件，积极利用云南省气候优势、资源优势、交通优势、政策优势、市场优势，大力发展文旅产业。

④注重 3D、4D、VR 技术在主题乐园景区的升级应用，如华侨城、融创乐园、“七彩云南·欢乐世界”“古滇名城”等主题乐园中，制造新鲜刺激感，开创别开生面的游客体验。

⑤开发云南“云系”“花系”“孔雀系”“金丝猴系”“石系”“木系”“茶系”等旅游纪念品，成为云南省当地名片，通过多样化的营销方式，以“小物品”带动“大消费”，成为云南文旅产业发展新引擎。

**4. 特色产业引领发展型案例——法国格拉斯小镇**

（1）案例地概况。格拉斯小镇位于法国普罗旺斯小镇南部，面朝地中海，背靠阿尔卑斯山脉，南距戛纳 15 公里，往东行驶 30 分钟的车程可到达尼斯国际机场。格拉斯小镇因香奈儿 5 号香水而名声大噪，是法国香水的生产地，被誉为“香水之都”和“最香的小镇”[48]。香水产业的发展为格拉斯小镇带来了巨大的经济效益，每年能获得 6 亿欧元左右的收入。格拉斯小镇大力发展以“香水文化”为核心的旅游产业，包括花田观光、香水制造、博物馆参观、每月一主题的节庆活动等旅游形式，使得其“香水文化 + 旅游”的发展模式取得了成功，每年络绎不绝的游客前往参观香水的制造过程，感受香水文化的魅力。

（2）文旅融合成功原因剖析。

①充分发挥花卉资源优势，找准市场定位。格拉斯小镇最初以生产皮革为主要的收入来源，但是所产生的污染较大且收入较少，格拉斯小镇另谋出路。法国以“浪漫之都”闻名，对“香水”的需求极大，而花料是生产“香水”最主要的原料，格拉斯小镇瞄准这一发展契机，将皮

革生产转向香水制造产业。由于最先生产出的皮革气味比较重，有些户主会小规模地种植茉莉花、蔷薇花等提取香精用于掩盖皮革的味道，格拉斯小镇在原先小规模种植的基础上，大量地种植茉莉花、蔷薇、玫瑰、水仙花等。格拉斯小镇属于典型的地中海气候，全年气候温和，适合各种花草的生产，鲜花种植产业得到了充分发展，不仅为香水产业提供了充足的原料，同时花田景点吸引了大量的游客前往观光、游览。

②树立“香水之镇”品牌形象，扩大旅游影响力。格拉斯小镇注重品牌形象的塑造，扩大其影响力。从16世纪起，欧洲人将格拉斯认定为“香水”品牌的象征，这里是“生产香水最好的地方”，格拉斯培育了香奈儿、莫利纳尔和嘉利玛等国际知名香水品牌，通过香水品牌传播的“追求美、热爱生活”文化吸引了无数热衷香水的消费者。同时，格拉斯小镇将“香水文化”与旅游产业的完美融合，定期举办“玫瑰节”“茉莉花节”等活动，号召全世界的人来参观游览，扩大其品牌影响力，加速“香水文化”的传播。

③依托香水产业大力发展旅游产业。以鲜花种植，为“香水产业”提供原料的时代已经过去，格拉斯小镇大力挖掘香水文化内涵，发展特色旅游产业。小镇内建有国际香水博物馆、弗拉戈纳尔美术馆、弗拉戈纳尔香水工厂、普罗旺斯艺术历史博物馆等著名景点，游客可通过参观博物馆、工厂了解香水制作过程、香水文化，增强本地居民及外来游客对“香水文化”的认同，以刺激旅游消费，增加当地的经济收入。此外，格拉斯小镇建设相应的医疗、娱乐、公共服务设施，为当地的居民以及游客提供便利，以支持旅游业的发展。

（3）可为云南文旅产业供给侧改革提供的经验借鉴。

①挖掘云南省鲜切花卉的资源优势，云南省同格拉斯小镇一样，是鲜花盛产之地，可以依托鲜花种植产业大力发展鲜花观光、精油制造、香水制造产业，打造“芳香之旅”，营造浪漫体验。

②以优势产业带动旅游产业发展，借助云南白药、云南红、凤牌红茶等知名品牌影响力，大力发展中草药观光、红酒制造、红茶种植观光等旅游产品，带动文旅产业发展。

③通过举办相关节庆活动，如鲜花节、目瑙纵歌节、插花节、大理三月街民族街等，加大宣传力度，树立良好的云南旅游目的地形象。

**5. 文化遗产保护型案例——印度尼西亚巴厘岛**

（1）案例地概况。巴厘岛位于印度尼西亚，是印度尼西亚的30个行政区划之一，相当于中国的一个省。巴厘岛属于赤道热带气候，常年气温在28℃左右，气候湿润，环境优美，2015年被美国著名杂志《旅游+休闲》评为世界最佳的岛屿之一。旅游产业是巴厘岛的主要产业，据统计，80%的巴厘岛居民从事旅游业，每年到达巴厘岛的外国游客可达500多万，酒店入住率超过70%，年旅游收入超过15亿美元，占印度尼西亚整个旅游行业产值的1/4[49]。巴厘岛重视文化旅游发展，形成独具特色的宗教文化氛围和地方风土人情，岛内包括有海泉庙、圣泉庙、乌布王宫等著名的文化旅游景点，吸引了无数游客前往。

（2）文旅融合成功原因剖析。

①文化与旅游协同发展。文化是一个旅游地发展的灵魂，巴厘岛注重文化资源的保护，在旅游发展的初期，大量游客涌入被巴厘岛认为是对当地文化的一种亵渎。但是这种思想在很大程度上阻碍了旅游产业的发展，巴厘岛寻求文化与旅游共融的发展方式。印度尼西亚当局出台"文化旅游"政策，大力推进文化旅游发展。巴厘岛以当地的建筑、产品、环境为承载物，形成一种独特的文化旅游氛围，促进旅游业的发展，而旅游产业的发展为文化资源的保护提供资金支持。对文化资源的保护让巴厘岛传统的手工业和农业运作方式得以传承，通过旅游的方式向游客展现巴厘岛传统的耕作和生活方式，文化与旅游协同发展模式促进了巴厘岛文旅产业的发展，吸引了大批游客。

②重视社区居民参与。巴厘岛居民积极参与文化旅游发展活动中，为文化旅游提供了良好、和谐的环境。一方面，巴厘岛政府重视社区居民参与。一是巴厘岛旅游部部长认为需要发展"人民的旅游"、巴厘岛市长提出旅游应由资源密集型向社区主导的旅游转变[50]。二是积极鼓励居民参与人才培养计划，开办中文补习班，彰显国际旅游目的地魅力，政府大力支持为居民参与到文化旅游活动中提供了保障。另一方面，巴厘岛居民自觉参与到旅游业的活动中[51]（前文提到，巴厘岛有超过80%的居民从事旅游行业），在巴厘岛，居民深深认同巴厘文化，充满自信，这种内部推动力使得巴厘岛的独特文化得以传承，并以旅游的形式向大众传播。

③树立良好的文化旅游目的地形象。巴厘岛的文旅产业是依托文化遗产旅游资源而发展起来的，巴厘岛当局认为文化遗产资源是吸引游客最大的因素，为了促进文旅产业繁荣发展，巴厘岛立足于发展实际，向世界各地的游客展示良好文化旅游目的地形象。一是重视文化氛围的营

造。巴厘岛的居民仍然保持传统的生活方式，游客到达巴厘岛也要“入乡随俗”，以减少外来文化对当地文化的冲击。二是完善相关基础设施建设。巴厘岛完善旅游标识、酒店、餐饮、道路等基础设施，给游客提供优质的服务，提高游客满意度。三是巴厘岛政府要求每一位巴厘岛人都能了解巴厘岛当地的文化，人人可以成为巴厘文化的讲解者及传播者。此外，巴厘岛居民热情好客，对每一位游客的咨询都给予友善的回应，给游客“宾至如归”的感受。

（3）可为云南文旅产业供给侧改革提供的经验借鉴。

①重视对云南省特有的少数民族文化资源保护。出台保护文化资源相关的法规、政策，建立专项资金用于少数特色民族资源保护工作。

②重视居民参与。一是形成“政府＋企业＋居民”三位一体的文旅产业发展模式，让居民分享云南省文旅产业发展的成果。二是培养云南居民对自身少数民族文化、民族风情、民族生活的认同，培养民族文化自信，让居民自觉参与到文旅产业发展中。

③云南省是一个以少数民族为主的省份，少数民族文化氛围浓厚，易受到外来文化的冲击。可出台相关政策约束游客行为，减少外来文化侵蚀，兼顾传统保护与现代发展诉求，使旅游者自觉融入当地文化的体验与宣传中，减少破坏。

④以打造“健康生活目的地”品牌形象为目标，完善云南省区域内基础设施建设，提高云南省接待能力；营造独具特色的少数民族文化氛围，减少外部游客及商业化的冲击；调动居民积极性，为游客提供热情周到的服务；发展康养运动旅游，丰富文旅产业业态；参加国际交流活动，扩大“健康生活目的地”国际影响力。

### （二）国外文化旅游融合经验借鉴总结

#### 1. 重视文化资源保护，提高文旅产业地位

国外文旅融合发展景区主要是依托核心文化资源发展而来的，因此政府重视文化资源的保护，颁布一系列的政策，改革行政机构部门，以提高文化产业的地位，加快文旅融合步伐，促进文旅产业发展。当地居民从小在文化艺术的熏陶下，内心产生对本民族文化的认同感及自豪感，自觉加强对文化资源的保护，并使这种行为得以强化。游客在这种高度重视文化资源保护的环境下，约束自身的行为，会自觉减少破坏文

物等不道德行为的发生。云南省政府应充分考虑提高文旅产业地位，重视对文化资源中物质遗产与非物质文化遗产保护，发挥云南省非物质文化遗产保护中心在云南省文化资源保护、文物修复、文化艺术图片库和云南民族文化音像资料库工作等方面的作用。注重保护文化遗产资源的多样性，促进以文化资源为核心发展的文旅产业的繁荣发展。

**2. 注重创新发展，为文旅融合发展注入活力**

国外文旅融合发展大多注重创新元素的使用，根据市场需求的变化，及时更新旅游项目、产品、业态，如国外大量的文旅景区开发包括滑雪场、滑雪道、度假酒店、特色文化民宿等旅游设施，满足游客休闲度假化的需求。或是在其原有发展的基础上引进其他行业的高科技产品，如3D、4D、VR技术的应用，原有的文物、建筑“活起来”了，使游客身临其境，升级感官体验。创新元素的融合激发了文旅产业发展的新活力。云南省的各大景区也应该加强高科技的应用，利用现代发展成果升级游客体验。例如，华侨城、融创、欢乐世界等主题乐园可以借助现代科技发展成果，融入科幻、魔法等新兴元素，打造现代未来主题项目。

**3. 发展特色产业，营造文化氛围**

国外文旅融合经验表明，大多数的景区、小镇最初并不是以旅游产业为主导发展产业，而是通过发展特色产业，经过时间的发展，历史的沉淀，凝聚成独具特色的文化资源，营造底蕴深厚的文化氛围，通过旅游的方式为游客感受、体验。如达沃斯、格拉斯小镇通过会展行业、香水行业发展所形成的独具一格的“学术精神”“香水文化”，融入旅游行业中，扩大了达沃斯、格拉斯小镇旅游行业的影响力，吸引无数游客前往。云南省可以围绕已有的中药、鲜花、茶、烟草、红酒产业，深挖“中医药文化、民族文化、酒文化、茶文化”内涵大力发展康养旅游、观光旅游、体验旅游等多种旅游业态。

**4. 打造核心文旅IP，延伸旅游产业链**

国外特色小镇、主题公园注重打造文旅IP，以文旅IP为核心发展旅游产业，带动其他相关产业如餐饮、住宿、影视、动漫、服装等发展，成为当地经济发展新动能，发挥旅游产业的辐射作用，增加旅游产业的附加价值，为提升当地劳动就业率、完善公共服务设施、改善人们生活状况等带来一系列好处。云南省应该以“云南云”、滇金丝猴为主导文化IP，协同地方文化IP，如石林阿诗玛、澄江石文化、丽江萌蛙等，融入其他相关产业，带动影视产业、服装产业、游戏产业、动漫产业的发展，刺激旅游消费，增加云南文旅产业附加值。

**5. 提供优质的旅游服务，提高游客满意度**

国外文旅融合发展坚持"以人为本，为游客提供最优质的服务"的理念，针对游客的核心需要，为游客创造舒心、轻松、欢乐的旅游环境，提高游客的满意度，吸引二次消费。在国外的文旅小镇、主题乐园中有为老弱病残建设的特殊无障碍通道、VIP看台等设施；景区员工注重微笑服务，为游客提供问询、寄存等服务；居民热情好客，主动与游客交谈互动、分享信息、为游客指路，让游客"乘兴而来，尽兴而归"。云南省各大景区应该坚持"以人为中心"的服务宗旨，学习国外建设经验，完善景区特殊服务设施建设、加强"一部手机游云南"智慧景区建设、营造欢乐、轻松娱乐氛围，提供优质旅游服务，提高云南旅游发展质量。

**6. 利用区位优势，注重规模效应**

国外特色小镇、主题公园大多建设在气候温和、自然环境优美、文化底蕴浓厚、交通便利发达的地方，为文旅融合发展提供良好的发展环境。相对于国内，国外人口稀少，人均土地使用率不高，未开发的土地面积广大，为扩大文旅产业规模，加深文旅融合层次，形成集聚效应提供了广阔的发展空间。国外的交通体系发达，形成了集聚海、陆、空立体发展的交通体系，为游客出行提供了极大的便利。云南省应该利用其独特的民族文化资源、良好的自然气候、四通八达的交通体系，筛选引进一些具有成功经验的主题乐园项目，扩大特色文旅项目发展空间，注重规模效应，打造国际一流的民族文化风情旅游目的地。

### （三）国内文化旅游融合典型案例

国内"旅游"一词最早出现在南朝时期，当时已经存在一定范围内的旅游活动，其中不乏以体验山水文化为目的而出行的"旅游活动"。但是，真正意义上文化与旅游产业的产生要追溯到改革开放以后。随着旅游与文化的联系不断加强，文化产业和旅游产业的地位不断提升，2018年中国将国家文化部与国家旅游局合并成为国家文化和旅游部。国家行政部门的改革，加速了地方景区文旅融合发展进程，一大批特色小镇、博物馆、文化休闲度假区在原有的发展模式上，加快文旅融合步伐，并取得了一定的成果。本研究以江南古镇文化区、北京故宫博物院、广西涠洲岛、楚雄彝人古镇、嘉兴横港村为案例，总结分析其文旅融合发展经验。

**1. 多元形式融合发展型案例——江南古镇文化区**

（1）案例地概况。江南古镇兴盛于宋室南迁之后，在明清时期尤为繁荣，以优越的地理环境、丰富的物产资源、深厚的文化底蕴形成极具“江南”特色的水乡古镇文化区。其文化范围之广，包含了以苏杭为中心的太湖文化、扬州文化、徽州文化和金陵文化。在这些文化氛围的熏陶下，形成了大大小小的“古镇”，其中以周庄、同里、甪直、西塘、乌镇和南浔等古镇最为出名。水文化与古文化的交点，是江南古镇的魂，江南古镇将留存的历史风貌、生活形态所形成的深厚的“水与古”文化与旅游开发相结合，形成了“水乡、小桥、流水、人家”等景色，吸引无数游客前往，体验江南独具一格的人文魅力。

（2）文旅融合成功原因剖析。

①扩大水乡文化发展空间，增加江南文旅 IP 附加值。在发展的早期，江南古镇以发展旅游产业为主，深层次的水乡文化内涵没有被挖掘出来。新时期的江南古镇顺应文旅发展大潮，将文化产业与旅游产业结合，对扩大文化发展空间，推动文化传承发挥一定的作用。例如，嘉善西塘最初以漫画《西缘记》开启了江南古镇文旅 IP 时代，通过漫画产业传播西塘文化，吸引了大量的线上线下游客，增加文旅产业附加值。随后，乌镇紧跟文旅融合发展步伐，深挖乌镇水乡文化内涵，延长文旅产业链，开发“水文化”相关产品，通过世界互联网大会、高端国际会展业等活动让乌镇走向国际，提高江南古镇的文旅产业的影响力。

②注重水乡物质景观与非物质文化景观不同层面的发展。江南古镇在旅游开发的过程中，重视物质文化元素与非物质文化元素的开发[52]。在物质文化元素开发方面：通过整修改善河道景观带、打造河道商业街、开通乘船游览项目、将文化元素融入建筑设计、重视园林开发等措施形成独具特色的古镇旅游景观文化。非物质文化元素层面的主要开发措施是各个古镇将传统节庆民俗与现代元素相结合，举办大型节庆活动，将江南古镇中具有特色的音乐、舞蹈、曲艺、民族、服饰等文化元素一一呈现在游客面前。

③推动“旅游 +”，注重融入创新元素。江南古镇以传统文化为基

底，融入创新创意元素，形成独具一格的发展模式。以周庄、西塘古镇为例，周庄古镇在传统观光发展模式的基础上融入艺术元素，形成“观光+写生”的发展模式：引进“周庄画家村”项目，配备艺术馆、画家基地、画家公寓等基础配套设施，吸引了130余家原创画家驻扎于此，周庄古镇美景被画家的画笔封存，受到艺术文化与旅游融合的魅力吸引，许多游客慕名而来。西塘古镇拥有“服装产业”基础，利用这一优势，将西塘古镇文化融入服装设计中，推动“创意+旅游”形式发展，将中国风与现代元素相结合，举办“汉服文化周”活动，同时与旅游业相结合，举办“西塘物语”等活动，使得西塘古镇名声大噪。为江南古镇文旅产业的发展增添了活力。

（3）可为云南文旅产业供给侧改革提供的经验借鉴。

①对云南省的物质文化资源与非物质文化资源采取不同的开发模式，对包括传统少数民族建筑、梯田、民居等在内的物质文化资源进行整合，完善基础设施建设，以特色小镇、田园综合体、文化生态景区等实体方式向游客展现；对包括苗族叙事长诗《红昭和饶觉席那》、安宁小调、彝族舞蹈、保山香童戏、昆明微雕技术等在内的非物质文化遗产资源通过商演、民族节庆等方式开发。

②推进云南省创意旅游发展，推进“旅游+”，丰富云南省文旅产业发展方式。例如，通过“旅游+直播”的方式向线上游客展示滇池海鸥集群的场景；利用“旅游+VR”的方式让游客亲身体验卡瓦格博峰“日照金山”的美景；在大理建立写生基地，发展“观光+写生”发展模式，让游客感受画家笔下的风花雪月。

**2. 文化创意驱动型案例——北京故宫博物院**

（1）案例地概况。北京故宫博物院是中国明清两代的皇家建筑，旧称为紫禁城，1925年改名为故宫博物院，向大众开放。故宫博物院是世界上最大、保存最完整的木结构宫殿群，其馆藏资源丰富，拥有超过18万件珍藏品。故宫博物院被誉为世界五大宫之首，是国家5A级景区。近年来，故宫博物院大力发展文创旅游产业，推出“故宫出版、故宫壁纸、故宫App、故宫游戏、文创产品”五个板块，通过这些形式让被“雪藏”的文物“活起来”，让更多的游客了解文物所承载的“历史的记忆”，感受中华民族上下五千年文化的博大精深，为故宫带来了巨大的经济效益。据公开资料显示，故宫博物院一年的收入达到10亿元之多。

故宫文旅融合发展模式成为国内最成功的案例。

（2）文旅融合成功原因剖析。

①开发不同类型的文创产品。故宫博物院结合大众旅游消费需求，大力发展文化创意产品。博物馆早期推出的产品以文物复制品为主，价格昂贵，脱离群众需求，产品吸引力不足，后期在分析不同层次游客的需求的基础上，开发不同类型的文创产品：按照年龄层次划分，对青年游客群体设计笔记本、布袋、手办等产品，为中年群体提供首饰、行李牌等文创产品。按照消费能力划分，故宫博物院既推出了价格相对低廉的手机壳、冰箱贴等产品，又包含一些价格较高的文物仿制品。

②以人为本，满足不同游客需要。故宫博物院坚持以人为中心的发展原则，为游客提供优质化的服务。故宫博物院对景区售票方式、景区基础设施等进行整改：增加景区门票售卖窗口，将游客购票时间由半小时缩短至3分钟；拆除景区入口处的安检机，使游客不论是淡旺季都能轻松顺利进入景区；针对男女厕所比例不合理等问题，通过大数据研究，科学设计男女厕所数量；在景区的路口处摆放标识牌，方便游客清楚了解所在位置；由于文物需要特殊的温度保存，不宜开灯光，造成游客抱怨景区“过暗”的问题，故宫博物院咨询相关专家意见，与游客需求相结合，提出LED冷光源的处理办法，在元宵节的时候点亮紫禁城，受到游客的一致好评。

③优化故宫自然与文化环境。由于古建筑的特殊性，故宫博物院对文化环境和自然环境的要求都比较高。故宫博物院计划用三年的时间整治其文化和自然环境，接受群众监督。一方面，将景区内的水泥砖路换成传统建材砖的地面，拆除与古建筑不协调的铁栅栏、井盖等设施，将300盏灯管换成宫灯，更好地融入故宫博物院的文化氛围环境；另一方面，优化景区自然环境，清除故宫博物院路面及屋顶的杂草，为游客提供一个舒适的游览环境。

④注重故宫文物修复。故宫博物院景区内最重要的旅游资源就是文物资源，然而故宫在多年的发展过程中，一些文物遭受破坏，修复文物成为景区工作重点。故宫博物院修建故宫文物医院，集中200名文物医生，建立23个科研实验室，通过使用分子结构设计、三维打印设备、文物专用的CT机、高精度可移动的实体显微镜等高科技设备对文物进行精密的分析以及测量之后开展文物修复工作[53]。加大博物馆景区文物修复工作的宣传，在央视播放《我在故宫修文物》纪录片，记录每一位专

家学者修复文物的过程，向大众传播工匠精神，表达文物保护工作的重要意义。

⑤打造北京故宫文创品牌。故宫博物院致力于打造世界一流的文旅品牌。将中国特有的元素融入文创产品开发中，原创文旅产品必须包含故宫馆藏文物的造型、图案、色彩等元素，并带有“紫禁城”“故宫”等字样的商标，非原创文旅产品融入中国民族文化元素，与一般的文创产品进行区分；加强与国内外互联网公司合作：协同腾讯合作推出“穿越故宫来看你 H5”视频、打造“故宫+腾讯”联合创新实验室、举办“传统文化×未来想象”数字文化艺术展等活动；建立淘宝旗舰店，售卖故宫周边、产品；与谷歌联合推出 Portrait Matcher 艺术文化项目，传播故宫文化，增强品牌影响力。

（3）可为云南文旅产业供给侧改革提供的经验借鉴。

①云南省应加快推进旅游环境优化工作。一是为游客提供优美的自然环境。增加城市绿化面积，定期对城市区域清扫，实行垃圾分类，减少环境污染；二是营造少数民族文化环境氛围，对昆明、丽江、大理等开发成熟旅游目的地，以突出传统少数民族文化特色为重点，注重少数民族文化与现代文化元素交融，对不符合主流文化的建筑予以改造。优选部分古城古镇，进行整体风貌的维护与内在服务的提升改造。对怒江州等未开发或开发不成熟的区域，以保护傈僳族特色资源为核心，减少外来文化及商业化冲击，最大限度保留传统少数民族的生活方式。

②云南省非物质文化遗产保护中心应该学习故宫博物院经验，加强对文物资源保护，引进相关专业人才，建立科研基金及院室，开展文物保护研究工作；加强宣传力度，记录文物保护工作历程，在云南省广播电视台、抖音、快手等平台播放，提高人们文物保护意识。

③加强与互联网公司合作，提高云南品牌影响力。与腾讯合作，推出“云南云”系列游戏、影视、音乐、舞蹈等，并通过艺术展、商业会演方式向游客展示；在淘宝、京东等电商平台建立云南文创旗舰店，拓展线上文创产品销售渠道；通过抖音、快手、小红书等新兴短视频平台展示云南独具特色的自然风貌和少数民族风情。

**3. 康养度假高质量发展型案例——广西涠洲岛**

（1）案例地概况。涠洲岛，位于广西壮族自治区北海市北部湾海域中部，是中国地质年龄最年轻的火山岛，素有“蓬莱岛”之称，先后被中国国家地理杂志、国家海洋局评为“中国最美十大岛屿”之一。作为最受广西人民欢迎的旅游目的地之一，岛内文化旅游资源丰富，拥有鳄鱼山、滴水丹屏、石螺口、天主教堂、五彩滩、石螺口、滴水单屏、涠洲岛灯塔、火山地质公园和火山地质博物馆等众多景点，其中火山地质博物馆是中国唯一的海岛火山博物馆。近年来，涠洲岛大力促进文旅融合发展，并取得一定的成效。涠洲岛始终坚持“以文促旅、以旅彰文、宜融则融、能融尽融”的原则，推进文旅融合发展。涠洲岛自发展文旅业融合以来，取得了一定的成效，主要体现在两个方面。一是带来了一定的经济效益，2018 年上岛人数达到 138 万人次，门票收入达到 8.96 亿元[54]。二是乡村生活水平的提高，岛内旅游的发展带动了乡村旅游的发展，岛内和社会民间资本融入创办农家乐旅游产业链，推动农家乐建设高质量发展，农家乐经济带动了当地乡村居民收入的增加，在一定程度上提高了乡村人民的生活水平。

（2）文旅融合成功原因剖析。

①推进景区高质量发展。涠洲岛成立北海市涠洲岛旅游区管理委员会和北海涠洲岛旅游发展有限公司，更好地发挥政府管理机构和平台企业在景区管理中的重要作用。一方面，明确文旅景区建设目标，积极开发涠洲岛区域内的文化和旅游资源，提高文旅融合质量。涠洲岛现已形成以珊瑚观光、沙滩度假为主题的海洋旅游资源、以火山岩石观光为主题的科考文化资源、以宗教建筑保护为主题的宗教文化资源、以涠洲岛烈士为主题的红色旅游资源。依托丰富的文化旅游旅游资源，涠洲岛开发经营 2 家 4A 级景区、4 家 3A 级景区、1 家广西生态旅游示范区、1 家旅游度假区[54]。另一方面，加快推进旅游景区基础设施建设。一是建立高效便捷的旅游交通体系，建设环岛路以及旅游公路，改善外部航线和客运道路环境、引进绿色能源旅游车、共享单车等设施，提高内部景区通达性；二是提高景区水电基础设施供应能力，以保证景区在基本的运营需求的同时能够提供旅游旺季所需的旅游用水用电量；三是加强旅游服务配套设施的建设，涠洲岛现新增建设 1 个旅游集散中心，6 个旅游接待中心、1000 多块旅游标识牌，实现景区 Wi-Fi 全覆盖、开通微信公众平台，满足游客全方位的需求。

②打造康养旅游胜地 IP。涠洲岛积极融合独具特色的海洋自然资源及西方人文景观，打造集历史文化内涵及南方海洋特色资源于一体的康养旅游胜地 IP，并向国内、国际市场营销推广，吸引众多游客前往参与

体验。通过举办旅游推介会、成立旅游营销中心、与旅行社签订战略合作协议、参与国际外宣文化交流活动等举措，提高了涠洲岛文旅融合的质量，进一步提高了涠洲岛文旅业在国内外的影响力。

③注重景区生态环境保护。涠洲岛在文旅融合发展过程中注重生态环境保护，一方面，坚持以“生态、生活、生产”三位一体的指导思想，将传统文化与现代文化交叉融合，向社会提供高质量、高品质的旅游产品。另一方面，平衡旅游商业开发与景区环境保护之间的关系。做好景区承载力预算，控制景区人数，合理开发景区资源，找到商业开发与景区环境保护之间的平衡点，确保岛内生态环境不受到破坏。

（3）可为云南文旅产业供给侧改革提供的经验借鉴。

①推进云南旅游高质量发展，一是提高云南铁路运输能力，增加铁路网络空间布局密度，增强云南省可进入性；二是完善云南省酒店、餐饮、游客中心等接待设施建设，提高云南省接待能力；三是完善景区内旅游标识牌、绿道、座椅等基础设施；四是完善“一部手机游云南”等智慧旅游系统局部功能，促进云南旅游优质发展。

②加大云南省生态环境保护力度，协调生态环境保护与商业经济开发之间的冲突，在保护云南省核心自然资源不遭受破坏的前提下进行商业开发，积极发展生态旅游、绿色旅游、康养旅游、运动旅游等对环境影响小的旅游业态。

**4. 民族文化活化型案例——楚雄彝人古镇**

（1）案例地概况。彝人古镇景区位于云南省楚雄州楚雄市，楚雄市处于“彝族文化大走廊”的中心部位，是“滇西旅游黄金线”上的门户，区位优势突出。加上楚雄市有着丰富的彝族文化资源，旅游市场潜力巨大。为了建立传播彝族文化的平台，彝人古镇应运而生。彝人古镇内建有彝人部落、毕摩房、姑娘房、长街宴、六组广场等旅游景点，是一个集文化景区、旅游集散地、城市会客厅等多功能于一体的综合型特色小镇，曾被上海大世界基尼斯评为“规模最大的新建仿古镇”。彝人古镇为带动楚雄市经济增长发挥了一定作用，带动上下游旅游投资 100 亿元，为当地 90% 的居民提供了就业机会。

（2）文旅融合成功原因剖析。

①大力弘扬彝族文化。彝人古镇大力弘扬彝族文化，促进旅游产业的发展。一是利用宗教文化的影响力提升旅游业的吸引力。邀请第十三

代毕摩参加“祭火仪式”、雕刻毕摩石雕、建造土主庙、观音洞、六祖庙建筑，表达彝族人民在宗教文化中的处世态度。二是依托彝族文化，开发旅游产品。彝人古镇现已开发彝族刺绣、彝族服饰等多类旅游产品，将文化融入旅游产品之中，面向市场，增加旅游收入，扩大了彝族文化影响力。三是将彝族文化元素融入民居建筑。依据彝族特色村落建造特点，建造毕摩房、姑娘房等特色民居，成为特色旅游景观吸引物。

②完善基础设施建设提高管理水平。彝人古镇通过建设旅游接待设施、完善旅游服务体系、提高旅游经营水平等举措推动文旅产业的发展：一是建设旅游“食、住、行、游、购、娱”等相关产业的旅游接待设施；二是建造游客服务中心、游客咨询平台、旅游标识系统等旅游服务体系；三是大力支持商户入驻，通过引进专业公司——汇通公司管理景区，提高景区经营管理水平。

③重视政府与市场合作。在彝人古镇景区的开发过程中，政府与市场共同发挥作用。旅游企业发挥在彝族文化的挖掘及传播的主导作用，政府发挥引导作用，为企业在彝人古镇的开发中提供资金、土地、税收、人力等方面的优惠与政策倾斜；政府与企业合作打造彝人古镇景区文旅产业品牌，为促进楚雄市消费升级，吸引外商投资、提高地区影响力等带来一系列好处。

④实现“旅游+文化+商业”一体的多元市场集聚。彝人古镇是一个集旅游、文化、商业为一体的综合性的文旅地产项目，通过三大市场的有效融合，形成了集文化地产、文化旅游、文化传承、文化消费等多方面诉求为一体的载体形式。彝人古镇深度挖掘彝族文化内涵，通过旅游的形式将其呈现在游客面前，运用现代化的商业模式带动文旅产品的消费，让彝人古镇迅速成为大众休闲度假的最佳去处。

（3）可为云南文旅产业供给侧改革提供的经验借鉴。

①注重云南本民族在长时间下形成的民族歌舞资源、民族民间工艺品资源、民族服饰文化资源、民族节庆文化资源、民族饮食文化资源的传播，定期举办“长街宴”“火把节”“泼水节”等活动，邀请彝族、白族、傣族等少数民族中具有威望的人参与重大节庆活动，提高云南文旅产业的知名度和影响力。

②云南省应该注重少数民族建筑景观打造，大力开发元江哈尼族“蘑菇房”、西双版纳、景颇族“竹楼”、彝族“土掌房”等具有特色的民居景观，将云南少数民族追求人地和谐、崇敬神明、容纳百川的处世

态度通过民族建筑的方式向游客呈现。

③加强政府与市场合作，打造国际知名文旅品牌。云南省政府与各大企业应该加强合作，借助“一部手机游云南”平台，围绕少数民族核心资源和产品，开展文旅融合营销活动，为企业参与中缅、中越、中老边境文化旅游交流推介活动提供平台机会，扩大云南文旅产业品牌的国际影响力。

④云南省内其他的特色小镇如保山“和顺小镇”、大理“喜洲古镇”、红河“东风韵”小镇等可以借鉴“彝人古镇”经验，拓宽特色小镇商业开发方式，形成“文旅小镇+商业地产”的开发模式，以文旅产业带动周边房地产经济增长，同时对古镇内的传统民居建筑保护提供资金支持。

**5. 乡村文化艺术依托型案例——嘉兴横港村**

（1）案例地概况。横港村位于乌镇东南部，距桐乡市区约15公里。由于远离城市的喧嚣与工业化的污染，孕育出独特的乡村民俗以及风貌，在这种浓郁的文化氛围中流传着古老的手工艺技术，被挖掘、被传承。在“质”“朴”“原”“真”的文化环境下，旅游业也随之慢慢萌芽、兴起。横港村是一个文化艺术与乡村旅游发展融为一体的村庄，被称作“国际艺术村”。横港村的乡村建筑、乡村田野地头处处可见文化元素的身影。带有浓厚情感的乡村记忆与富有艺术气息的建筑风貌深深交融，使得乡村农事摆脱了日常的繁忙及枯燥，增加了趣味性，让乡村农事活动“活”了起来，横港村成为一道美丽的风景线。横港村国际艺术村一期开放以来，横港村举办夏令营、接待会等相关活动60多场，年接待游客6000人次左右。通过建立横港村复兴学院，迎来了许多艺术界的大咖，引进合作品牌20多家，举办文学交流活动，接待量达到3600人次①。

（2）文旅融合成功原因剖析。

①乡村艺术与建筑风貌的融合。聘请专业化的设计公司科学规划乡村建筑。将乡村艺术元素融入乡村建筑设计中，为横港村的艺术规划带来人才储备，促进乡村文创项目的孵化。例如，将村接待中心打造成小

① 嘉兴在线．原本平淡无奇的横港村摇身变成“国际艺术村”[EB/OL]．http://old3w.cnjxol.com/xwzx/jxxw/szxw/content/2018-10/06/content_4145300.htm [2018-10-06].

鸭艺术中心，在破旧的鸭舍的基础上就地取材，通过设计师的改造，变成了集游客集散、休憩、咨询、接待、亲子互动于一体的综合性活动空间[55]。通过这种改造形式，村中的许多老房子，被改造成民宿，与当地乡村文化元素相结合，形成独具特色的乡村文化空间。同时，利用村中的废弃材料，融入特色元素，建成包括秋千、滑梯等基础设施的儿童游乐园——莫比乌斯乐园。

②文化艺术与乡村元素的融合。横港村将文化艺术融入田间地头空间格局改造中，一是将全村47亩荒地、田地改成由花海、果蔬、自然教育、神秘花园和农耕区5个区域组成的莫奈花园；二是顺应亲子市场的流行趋势，打造了集农事体验、手工制作、亲子互动的亲子游乐场；三是通过举办乡村音乐节、乡村农事体验活动，增加横港村乡村旅游业的吸引力。经过多年的发展，横港村已经形成了“艺术+文创、艺术+花园、艺术+院子、艺术+亲子、艺术+农业”五位一体的文旅融合发展模式，实现了横港村文化艺术与乡村文化的完美结合。

（3）可为云南文旅产业供给侧改革提供的经验借鉴。

①云南省特色村文旅融合发展过程中应该注重特色元素与乡村民居建筑融合。例如，银杏村、糯黑村、芒核村等特色村可以深度挖掘“银杏”“石头”“八角花”等元素，与当地的民居建筑相结合，打造独特的文化空间。

②注重云南省传统高原农业体验活动的延伸，将传统的农业工作与旅游相结合，开发茶叶采摘、鲜花种植、高原畜牧、渔业养殖等具有云南特色的农业活动。同时可以利用VR技术让游客体验“春耕、夏种、秋收、冬藏”的农事体验全过程，让游客分享收获的喜悦。

③云南省应该促进乡村创意旅游产业发展，大力开发乡村康养、乡村体验、乡村休闲等旅游业态，引进乡村博物馆、田园综合体、休闲农庄、家庭农场等乡村旅游项目，满足游客休闲度假体验需求；举办乡村音乐节、乡村艺术节、乡村农产品展等活动，增添乡村旅游发展新活力。

### （四）国内文化旅游融合经验借鉴总结

#### 1. 提高景区发展质量，发展优质旅游

发展优质旅游是景区可持续发展的关键。国内文旅融合景区重视景区发展质量，为提升文旅融合发展层次提供了良好的基础条件。一是完

善景区内交通道路、旅游慢道、旅游标识牌、旅游厕所、景区 Wi-Fi、水电等基础设施建设工作，提升景区硬件环境；优化景区自然环境，定期打扫景区，保持景区的干净、整洁。积极营造景区文化氛围，拆除、替换与景区文化氛围不相符的基础设施，为游客创造良好的游览软环境。二是保护景区生态文化环境，积极寻找景区商业发展与生态环境保护之间的平衡点，促进景区经济、社会、环境协同发展。为云南省旅游景区完善旅游基础设施、打造智慧景区平台、改善景区软硬环境、保护生态环境提供了一定的方法和途径，促进云南景区朝着高质量方向发展。

**2. 政府与市场共同发挥作用，促进文旅市场繁荣发展**

国内文旅融合经验表明，政府与市场发挥双重作用。一方面，发挥政府在景区管理中的辅助作用，为企业提供资金支持，土地、税收等政策倾斜，为企业的发展提供良好的政策环境；另一方面，市场发挥在文化旅游资源配置中的主导作用，企业分析游客深层次的需求，挖掘旅游资源，把握文化内涵，创造出人民群众喜闻乐见的文化旅游产品，与政府合作，树立景区文化旅游品牌形象，扩大文化旅游影响力。云南省应该发挥政府在文旅市场宏观调控、维持市场秩序，出台最严措施整治“零价团、低价团”等违反市场规律行为，为文旅企业、景区提供绿色通道等方面的作用；文旅企业作为市场主体，应该发挥挖掘云南少数民族文化资源，打响“云南云”品牌，提高云南文旅产业经济、社会、文化、环境价值等方面的主导作用。

**3. 加强文旅融合深度，促进文化旅游协同发展**

文化是旅游发展的灵魂，旅游是文化的载体。文旅融合推进当地特色文化传播与传承，在许多文化旅游景区中，深层次的文化内涵被赋予在特有的服装、首饰、纪念品、手办、舞蹈、绘画等载体中，被游客所体验、感受，并带到居住地，进一步扩大文化影响力。同样，以文化资源为核心的旅游业，摆脱浅层次的观光型发展模式，增加旅游发展内涵和魅力，吸引了大量的游客，带来了巨大的经济效益，为保护文化资源提供资金支持。云南省可以通过大力发展文旅产业，通过发展以特色民族文化资源为核心的文化旅游形式拉动旅游产业经济增长，同时利用旅游经济部分收入，用于云南省当地特有的民族舞蹈文化、民族饮食文化、民族手工艺等技术的保护及研发工作。

**4. 注重文化资源的保护，推动文旅产业可持续发展**

文化资源是文旅融合景区发展的核心资源，景区重视对文化资源的保护，通过培养相关专业人才，建立研发科室，为文化资源的保护提供科学技术支持；加大文化资源保护宣传力度，在一定程度上提高公众对文化资源保护的意识，游客到达景区，会自觉规范自身的行为举动，不做出违反道德的行为；景区利用旅游业所获得的一部分收入，用于文化资源保护工作，促进文旅产业长效发展。云南省应该发挥非物质文化遗产保护中心在提高各大景区、居民、游客的文物保护意识，加强民族文化资源保护力度及宣传等方面的作用，促进云南文旅产业的可持续发展。

**5. 融合当地特色文化元素，打造独一无二的旅游目的地**

国内文旅融合型目的地立足于发展实际，深挖当地文化内涵，摆脱千篇一律的发展模式，将特色文化元素融入旅游商品、民居建筑、传统生产生活方式中，与当地原有的文化融为一体，避免突兀感，使之成为独一无二的旅游目的地，受到众多游客青睐。云南省在文旅融合过程中，应注重乡村文化内涵的延伸，打造特色乡村区域文化景观，将云南省各特色村中文化元素与当时特色民居建筑相结合，形成独特的乡村文化发展空间；通过发展“旅游+高原农事体验”的方式，让游客体验云南省传统乡村生产活动方式，加深对乡村文化的理解。

# 第三章
# 云南省文旅产业供给侧结构性改革的目标、思路与主要任务

加快文旅产业供给侧结构性改革是云南省文旅强省的重要任务，本部分制定了文旅供给侧结构性改革总体要求，从扩大供给总量、提升供给质量、提高供给效率、优化供给结构、治理能力现代化和投融资体制机制等方面设定改革目标，提出改革发展思路。从构建高端文旅产业产品体系、培育优化文旅产业发展载体、完善文旅产业投融资体系、提升文旅产业公共服务能力、优化文旅产业科技要素支撑体系和深化文旅产业管理与治理能力现代化等方面指明云南文旅供给侧结构性改革的主要任务。

## 第一节　文旅产业供给侧结构性改革的总体要求

### 一、指导思想

全面贯彻党的十九大和十九届三中全会、四中全会等会议精神，深入贯彻习近平总书记系列重要讲话和考察云南重要讲话精神，牢固树立和贯彻落实创新、协调、绿色、开放、共享的发展理念，紧紧围绕云南省民族团结进步示范区、生态文明建设排头兵、面向南亚东南亚辐射中心的发展定位，以及开放型、创新型、绿色化、信息化、高端化的产业发展方向，着眼于国家层面发布的《关于进一步激发文化和旅游消费潜力的意见》《关于印发“十三五”时期文化旅游提升工程实施方案的通知》，以及云南省层面发布的《中共云南省委　云南省人民政府关于着力推进重点产业发展的若干意见》《云南省旅游产业发展十三五规划》

《云南省文化旅游产业发展规划》等文件的相关意见，从扩大供给总量、提升供给质量、提高供给效率、优化供给结构、治理能力现代化等目标出发，通过实行分级管理、标准化管理，优化资源配置，加强资源环境保护、基础设施供给和信息化建设、人才队伍建设，塑造文旅形象，深化产业融合等方面，推动文旅产业由低水平供需平衡向高水平供需平衡转变，加快云南省文旅产业的发展。

## 二、主要原则

### （一）深入改革，创新发展原则

在云南省的文旅产业供给侧结构性改革过程中要树立创新意识和改革理念，不断发现和坚决摒弃原有供给结构和体系中对文旅产业供给能力有消极影响的部分，要立足于“云南特色”“云南现状”，创新性地建立更加满足文旅市场需求、更加符合云南省文旅产业现实发展情况的供给结构和体系。

### （二）战略引导，市场导向原则

云南省文旅产业供给侧结构性改革要在国家战略的宏观指导下进行，要坚决贯彻国家层面制定的相关发展战略，遵循云南省社会经济发展战略、旅游产业发展战略等，树立大局意识，要明确云南省文旅产业供给侧结构性改革不仅仅是为了促进文旅产业的发展，更要服务于云南省整体社会经济发展大局。还必须以市场为导向，这是市场经济条件下根本的指导方针，在制订一系列改革措施与计划之前，一定要了解市场情况、预测市场未来、分析市场动态，以市场需求作为编制计划的基本出发点。

### （三）整体优化，全域改革原则

要认识到文旅产业是一个多层次、多系列、多结构的有机整体，产业内各要素紧密相连，形成一个完整的供给体系，不能仅仅着眼于局部的优化和提升，要从整体出发，追求整体优化。此外，还应当树立全域发展和“文旅 +”理念，深入结合国家及云南省的全域旅游发展战略，将改革的目标效益扩大到与文旅产业相关的其他产业，助推多产业融合发展、协同发展。将文旅产业供给侧结构性改革深入推广到市（州）、县、乡（镇）、村、企业、景区等各个区域层级、利益主体及供应环节等，真正实现云南省域的全域改革。

（四）绿色发展，生态优先原则

文旅产业的供给侧结构性改革必须树立和践行绿水青山就是金山银山理念，以可持续发展为战略理念，坚持生态优先、绿色发展这个鲜明导向。良好的生态环境是人民生活、产业发展的重要基础，任何文旅景区的建设、文旅项目的开发、文旅产品的生产都不得建立在牺牲生态环境与过度开发资源的基础上。

（五）科技支撑，开放发展原则

科技的快速发展决定了任何产业的发展都离不开科学技术与知识的支撑，云南省文旅产业的供给侧必须强化科学技术的运用，重视专业人才的培育，不断深化科技知识对产业发展的驱动力。并且，在全球经济一体化的背景下，必须坚持开放发展，深耕海内外客源市场，提升市场知名度和美誉度，让云南文旅走向五湖四海、走进千家万户。

（六）标准管理，强化法制原则

良好的市场秩序与稳定的市场环境是文旅产业发展的重要基础，文旅产业供给侧结构性改革要树立法制理念，坚持推进法制建设，不断完善和健全文旅管理体制与标准化管理体系，紧紧围绕依法改革、依法治理、依法管理的方针，促进文旅产业管理服务水平、市场秩序、市场环境与产业发展要求相匹配，推进文旅产业治理体系和管理能力现代化。

## 第二节　文旅产业供给侧结构性改革的目标

### 一、总体目标

以文旅产业的供给侧结构性改革为突破口，以文化旅游消费为引领，以国际化、高端化、特色化发展为方向，在机制、制度、体系、结构等多个层面进行创新和转型。力争实现全省文化旅游总收入在突破“万亿”大关后，仍然维持每年至少15%以上的年均增长率，实现文化旅游产业增加值占全省生产总值的比例提升到20%以上，实现文化旅游产业直接或间接带动就业人数达到1500万以上。努力把云南建设成为“一带一路”的文旅新高地、国家文旅融合发展示范区、我国面向南亚东南亚文旅辐射中心，把文旅产业培育成全省经济社会发展的战略性支柱产业和人民群众更加满意的现代服务业。

## 二、具体目标

### （一）扩大文旅产业供给总量

以文旅产业的供给侧结构性改革为突破口，扩增量、减存量，提高生产动能，激发企业的生产热情，壮大文旅市场主体，做大做强一批综合型龙头文化旅游企业，做精做优一批专业型骨干文化旅游企业，做特做活一批中小型特色文化旅游企业；建设一批具有旅游独特化、文化多元化、消费低碳化、服务人性化、管理现代化的文化旅游产业集群区与创意园区，提升一批旅游内容丰富、文化特色鲜明、娱乐参与性强、配套服务完善、生态环境优美、综合带动力大的文化旅游融合示范区；充分利用文物古迹、非物质文化遗产、民俗节庆等云南特色文旅资源，发展文旅特色城镇，加快建设一批文化旅游名城、文化旅游古镇、文化旅游古村落，打造一批非物质文化遗产基地、传习中心和传习馆（所）；充分发掘各少数民族特色建筑、文化艺术、生活习俗、喜庆节日、风味食品、竞技活动等资源特色，加快建设一批民族文化旅游园区；借助“一带一路”、澜沧江—湄公河次区域合作机制等，依托跨境旅游合作区和边境旅游试验区建设，打造一批黄金文化旅游廊道；鼓励和支持诸如鹤庆银艺、剑川木雕、建水紫陶、大理扎染、玉雕、刺绣等云南特色手工艺品的生产，培育一批云南特色文旅手工艺产品。

### （二）提升文旅产业供给质量

文旅产业供给质量的高低直接决定了游客的旅游体验感和满意度，云南省文旅产业虽然拥有着较为丰富的文化旅游资源基础，但文化旅游产品和服务的供给质量不高。因此，通过文旅产业供给侧结构性改革要实现：第一，丰富文旅产品和服务供给类型，创新产品设计和开发模式，培育出符合云南特色的文旅产品。第二，塑造文旅产品的品牌特色，突出产品的文化特质，通过加强旅游与文化底蕴的结合力度，积极探索云南民族文化、历史文化、边地文化、古道文化、抗战文化、生态文化、农耕文化、山地文化等与旅游融合发展新途径，充分挖掘本土文旅产品的巨大潜能，体现当地的文化内涵，提高文旅产品的品牌塑造效果，打造云南文旅特色品牌。第三，全面提升文旅交通基础设施服务能力，改善文旅公共服务设施建设，加快基层文旅公共服务场所建设；强化文旅信息化服务能力，实现文旅“智慧化”试点、文旅公共信息平台与文旅信息化服务平台和工程等的建设；完善文化旅游安全保障服务，建设文旅安全防控中心及信息化紧急救援联动机制，增强云南文旅产业的服务供给质量。

### （三）优化文旅产业供给结构

从整个云南省文旅产业的发展角度来看，单纯追求规模性经济已经不符合当下云南省文旅产业发展阶段，但是现在部分地区依然在追求规模性发展，对结构优化的问题重视和思考不足。从市场需求角度来看，云南普遍通过门票经济、节假日和营销活动等手段直接刺激文旅市场需求，但这些措施的效果却显得愈发不足。因此，必须坚定、深入地实行供给侧结构性改革，从而改善不同层级的文化旅游环境，实现文旅市场的深层次细分，提供符合需求的多层级文旅产品，改造提升一批云南传统文旅产品，增加供应一批参与性、体验性和趣味性较强的文旅产品，淘汰现存低端落后的产品，扩大中高端旅游产品供给，做大做强观光游览业、休闲度假业、健康养生业、特色娱乐业、商务会展业、商品购物业、餐饮住宿业七大主导产业，构建满足高质量发展要求的文旅产业产品体系，实现对文旅市场产品需求比例的准确把握。

### （四）提高文旅产业供给效率

在文旅产业发展投入持续增长的背景下，由于各区域之间的发展不均衡、发展方向不同，云南省各地区文旅产业发展过程中的资源投入及其反馈能力之间存在较大差异。此外，由于市场需求的不断更新，云南省文旅产品的单一性与文旅消费个性化、体验化需求变革也产生了冲突。因此，文旅产业的供给侧结构性改革要实现文旅产业生产要素在文化旅游发展中的高效资源配置，从明确责任、严格审批、合理规划、精心设计等方面入手，制定符合区域特色和经济能力的资源利用开发制度，实现以最少的投入获得最大的产出。建设“互联网＋文旅”与大数据平台，形成对市场需求的衔接与监督，实现文旅产品和项目供给的动态调整，提高文旅产业的供给效率，让文旅产品的供给比例和需求者的消费意愿形成最优的结合。

### （五）实现文旅产业体制机制与治理能力的现代化

#### 1. 文旅产业法治治理体系现代化

文旅产业的供给侧结构性改革要立足于“法治”理念，推进文旅产业发展司法体系配套改革，完善文旅法治监察、执法制度，完善与文旅产业发展相适应的综合法治体系，建立和完善文旅市场的标准化制度、健全文旅市场管理体制机制，实现管理的规范化、分层化、专业化，大力提升管理和服务效率，通过法制法规稳定文旅市场的市场秩序，消除文旅市场中所存在的种种矛盾，实现文旅产业治理能力的现代化。

#### 2. 文旅产业政府管理体系现代化

政府的管理治理对于文旅产业的有效供给自然是有积极作用的，但是这种管理治理力度必须控制在一定的范围内，并且要有规范的制度进行约束，如果一旦政府的管理治理力度超过市场的调节力度，那么就可能导致文旅产业供给系统混乱，供需出现失衡。因此，文旅产业的供给侧结构性改革要制定更加高效的文旅产业跨部门综合治理机制、健全文旅产业的政府管理体系、提出与文旅产业相适应的行政管理组织体系、完善文旅产业的垂直管理与地方管理的分级管理体制，实现文旅产业政府管理治理体系现代化。

#### 3. 文旅产业运营监管体制现代化

通过文旅产业的供给侧结构性改革，实现健全和建立文旅行业准入监管体制机制、文旅市场服务质量监管体制机制、文旅行业信用体系监管体制机制等现代化运营监管体制的目标，最终达到杜绝恶性竞争、“零负团费”“低价旅游团”等屡见不鲜的文旅市场乱象的目的，提升文旅企业、旅行社等供给方的生存空间，为企业提供创造一个公平、稳定、良好的市场环境。

### （六）完善文旅产业投融资体制机制

云南省文旅产业投融资的供给不足，是导致目前文旅产业总体投资能力弱、投资效益差的直接原因。要立足于文旅融合背景，从产业融合的新视角谋求文旅产业投融资模式的创新，充分发挥投资的杠杆作用，深化旅游领域“放管服”改革、加大投资力度壮大文旅投资平台、激发社会资本有效投资活力、开展文旅招商引资、创新旅游融资方式、改进政府投资利用效率，构建与云南省文旅产业经济体制兼容、符合云南文旅产业发展现状的投融资体系，最终解决云南文旅产业发展中诸如融资渠道单一、筹资成本高、一般依靠政府财政优惠等资金供给的问题，从而满足新时代、新背景下的文旅项目的资金需求。

## 第三节　文旅产业供给侧结构性改革的思路

### 一、总体思路

云南文旅产业发展至今，实际上已经拥有较为良好的基础，因此目前主要就是要在这些基础上使其提档升级，从文旅产业的生产端入手，在充分发挥云南省文旅产业特色优势的基础上，通过“去产能、去库存、去杠杆、降成本、补短板”，消除过剩产能、促进生产要素流动及提高全要素生产率，从理念、制度、体系、资源、生态、设施、人才等多个方面实行改革，实现文旅产业供给体系中供给数量、质量及效率等的全面提升和优化。

### 二、具体思路

#### （一）深化产业融合，提高供给质量

融合是现代经济发展的重要特征，也是产业发展的重要趋势，文旅产业本身就是文化产业和旅游产业彼此融合的产物，两者的融合能够最大限度地彼此扩散渗透，从而助推产业结构的转型和升级。云南省作为文化底蕴深厚的省份，应当重视将名人文化、古城文化、少数民族文化等与旅游进行深度和多元化的融合，从而发展诸如少数民族节庆、演艺、文化和历史科普等旅游形态。同时，立足于全域发展战略，树立全域发展理念，将目光放到其他相关产业，深入推进文旅产业与诸如工业、城市建设、现代服务等产业的融合，开发多产业融合产品，助推多产业协同发展。

### （二）实行错位供给，优化供给结构

消费者经济状况与消费水平的不同，对文旅市场上产品等级的需求亦不相同。经济收入与消费水准高的人群往往只占据一小部分，绝大部分人群的消费能力不高，他们更偏向于购买经济、实惠、性价比高的文旅产品。文旅产业的供给侧结构性改革要重视市场上不同的消费需求，开发不同层级的文旅产品，实行文旅产品的分级管理及错位供给，满足不同的消费人群。同时，要重视对文旅产品价格的管理，应当根据产品的开发成本及市场情况而定，胡乱的定价只会引发市场混乱，从而导致客源市场流失。要时刻把握文旅市场需求的变化动态，根据市场的变化及时地调整文旅产品的设计、生产、定价以及供给等，避免出现某些层级的文旅产品生产过剩、另一些层级的文旅产品生产不足、文旅产品价格混乱等情况的发生。

### （三）加强资源整合，提升供给效率

云南省自然资源优美、民族与人文底蕴独特而又深厚，资源之间的组合优势明显，具有发展文旅产业的天然基础与优势。云南省文旅产业发展迅速，然而在发展的过程中也存在一些问题，其中比较突出的问题就是核心资源利用过度，而外围资源利用不足的问题。在改革的过程中要重视区域文旅资源特性，在深刻了解和把握资源特色的基础上提供更具有个性化、体验性的文化旅游产品，加强对云南省文化旅游资源的整合开发，结合现下文旅市场追求个性化、体验性的消费需求，充分利用云南多民族的特色，将各个民族的文化创新融入旅游产品之中。同时，要重视对历史文化、少数民族文化、文物古迹等文化资源的深入挖掘和利用，开发类型丰富的文化旅游产品，拓展文旅产业外延，加强现代科技与文化创意的植入，提升文化旅游产品文化内涵和附加值。

### （四）加强配套供给，推进文旅产业信息化

基础配套服务设施的有效供给是文旅产业发展的基础，因此，文旅产业的供给侧结构性改革要加强云南省文旅产业基础配套设施的供给，推动云南省文旅产业服务能力的提高。应当重视加强文旅景区的可达性及文旅景区之间的互联性，形成辐射周边的立体交通网络，增强游客游览方便性，从而把游客留住、让游客消费。同时，要为游客创造良好的

旅游目的地环境及相关文旅景区景点的配套设施供给，提升接待能力和服务水平，这些基础设施的完善不仅能提高游客的体验感，也有助于提高当地居民生活的幸福感。此外，互联网时代的今天，文旅产业的发展离不开互联网的应用，应当以“一部手机游云南”建设为契机，大力发展智慧文旅，通过文旅产业的信息化建设来提升文旅产业的工作和服务效率，打造“文旅+互联网”模式，利用现下互联网技术和大数据强大的信息整合能力，为游客、投资商等提供更加个性化和贴心的服务的同时加强政府相关部门的行政管理效率。

### （五）创新文旅体制，提升管理水平

建立覆盖文旅产业要素的标准化管理体系，加快制定文旅服务标准，加强产业服务质量等级评定审核，推进服务标准化、强化服务精细化、突出服务个性化和定制化，全面提升服务质量和水平，更好满足人们日益旺盛的个性化、品质化、时尚化、高端化文化旅游消费需求。通过推动行业协会改革实现自律管理，充分发挥行业协会、商会、企业、研究机构在规范文旅市场秩序、促进文旅行业诚信自律建设中的积极作用，鼓励具备相应能力的学会、协会等社会组织和产业技术联盟协调相关市场主体共同制定满足市场和创新需要的标准。加快完善诚信体系，建立健全以满意度为核心，以环境质量、设施质量、商品质量、服务质量等为主要指标的质量评价体系，实行行业失信惩戒制度和信用信息公示制度。完善全省文旅产业统计制度和发展评价办法，把文旅产业发展情况纳入各地经济社会发展总体目标责任体系进行严格考核，强化目标任务分解，层层压实责任，级级传导压力。加强定点监测和动态监管，鼓励重点城市和文旅景区设立执法队伍，建立健全多部门综合执法机制，严厉查处违法违规行为，规范文旅市场秩序，不断提升游客满意水平。

### （六）加强资源环境保护，推进绿色可持续发展

正确处理好产业发展同资源与环境的关系，良好的生态环境是文旅产业赖以生存和发展的物质基础和前提条件，要自觉地推动绿色发展、循环发展、低碳发展。按照建立资源节约型、环境友好型社会的要求，构建体制健全、机制合理、科学有效的文物保护体系，实施珍贵文物保护修复工程和非物质文化遗产抢救保护工程，加强对重点文物保护单位、文化遗址遗迹、非物质文化遗产、少数民族文化和特有地方戏、剧

种等文化资源的保护。切实加强生态环境保护，加大城乡环境整治力度，加强管理者对可持续发展的重视，开展绿色环保活动，对生态脆弱的重要文化旅游区、景区景点实行游客容量控制和环境监测制度等，避免建设性的生态破坏，在注重经济效益的同时更要看到生态环境管理可持续发展的重要性。

### （七）塑造文旅形象，拓展营销渠道

积极开展云南文旅形象资料库建设、智慧平台建设、文旅宣传营销队伍建设等工作，夯实基础。以“七彩云南·旅游天堂”为全省文化旅游形象的主导品牌，积极引导各州（市）依据其资源禀赋打好“特色牌”，进一步完善云南旅游形象体系。努力构建跨区域、跨平台、跨网络、跨终端的宣传营销体系，围绕海内外客源市场，以多种方式进行宣传推广，开展持续性、系统性、集中性、针对性、广渠道、全媒体的宣传营销格局，深耕海内外客源市场，提升市场知名度和美誉度，让云南文旅走向五湖四海，走进千家万户。

### （八）加强人才培育，完善培养机制

文旅产业属于劳动密集型产业，诸如博物馆、文旅景区、工艺品制造等文旅产业中重要的要素都需要大量的从业人员；文旅产业还是一个知识密集型产业，像文旅景区的规划、文旅产品的设计、文旅项目的开发、品牌形象的建设等都需要知识、创意、科学技术等要素的投入，这就需要大量具备专业知识的人才。因此，在此次的文旅产业供给侧结构性改革中云南省要重视建立职业技能培训机制、产学研人才培养机制等大力培养满足文旅产业需求、跟得上时代变化、适应市场变化的复合型人才，健全文化旅游人才激励机制，设立人才创新创业基金，留住本地人才，吸引外来人才。充分利用本省高校科研优势，加大与省内或者地方开设旅游管理、文化产业管理等相关专业的院校和科研院所的合作，建设校外的社会行业技能及知识培训基地，加强行业人才的培训力度和深度，向行业培育和输送具备文旅项目管理、设计研发、营销策划等专业化能力的高素质、多元化文旅人才，以及受过专业培训的服务型人才。

### （九）创新供给驱动机制，培育发展新动能

面对文旅市场的不断变化、客源结构的不断调整，以及周边其他旅

游目的地的竞争与挑战，云南省文旅产业供给动力系统疲软，对文旅产业生产和发展的促进作用大大降低。应当通过文旅产业供给侧结构性改革追本溯源，深入了解和剖析文旅产业供给驱动机制，明晰文旅产业产品和服务供给的驱动因素及这些因素之间的内在联系和外部关联等，把握推动文旅产业生产和发展的动力源头，因地制宜地采取政策、资金等方面的支持，刺激和加强供给驱动力，推动文旅产业高质量、高效率、可持续发展，同时推动其他相关产业协同发展。

## 第四节 文旅产业供给侧结构性改革的主要内容与任务

### 一、构建高端文旅产业产品体系

以文旅融合理念为引领，以丰富文旅产品有效供给为抓手，坚持以文旅供给侧结构性改革为主线，着力解决云南省文旅消费市场需求扩大与产品有效供给不足的现实矛盾。针对当前文旅消费市场发展新特点和新趋势，以为游客提供食、住、行、游、购、娱等文旅消费的要素产业为重点，做大做强观光游览业、休闲度假业、健康养生业、特色娱乐业、商务会展业、商品购物业、餐饮住宿业七大主导产业，构建满足高质量发展要求的文旅产业产品体系，全面提升云南省文旅产业发展新动能，满足游客多样化、高端化、品质化的文旅消费需求。

#### （一）观光游览业

着力提升文旅产业发展品质，适应文旅消费升级新变化和新特点，巩固提升传统旅游景区，运用“旅游+”等模式增加文化内涵，丰富游览内容，重点打造一批国家5A级、4A级旅游景区。充分发挥云南省优美的生态环境优势，全面提升生态文化旅游内涵和品质，积极推进国家公园、森林公园、湿地公园、地质公园、自然保护区、风景名胜区、城市生态公园等建设发展，重点建设发展一批生态文化旅游区。充分发掘各少数民族特色建筑、文化艺术、生活习俗、喜庆节日、风味食品、竞技活动等资源特色，提升民族文化旅游的参与性、互动性和体验性，加快建设一批民族文化旅游园区。积极利用革命纪念地、抗战遗址地、红色文化纪念馆及其所承载的革命精神等，依托已纳入全国红色旅游经典景区（点）、滇西抗战遗址等的红色文化旅游资源，以回顾革命历史、缅怀革命先烈和进行爱国主义教育等红色文化旅游需求为导向，打造一批红色文化、抗战文化旅游区。充分发挥云南省边境线长的优势，借助“一带一路”倡议、澜沧江—湄公河次区域合作机制等，依托跨境旅游合作区和边境旅游试验区建设，以已开通的21条边境旅游线路为重点，培育打造一批边境旅游产品和精品旅游线路（见表3-1）。

**表3-1　观光游览业供给侧改革主要任务**

| 任务 | 主要任务 |
|---|---|
| 重点打造一批精品旅游景区 | 巩固提升昆明石林、西双版纳热带植物园、大理崇圣寺三塔、丽江古城、丽江玉龙雪山、迪庆普达措、腾冲火山热海、昆明世界园艺博览园8个国家5A级景区，推动迪庆松赞林寺、大理古城、元阳梯田、建水古城、云南民族村、罗平九龙瀑布群、禄丰世界恐龙谷、鹤庆银都水乡新华村、宾川鸡足山、水富西部大峡谷温泉度假区等争创国家5A级景区，巩固提升和创建一批国家4A级景区，力争精品旅游景区达到140个左右，其中国家5A级景区达到15个以上 |
| 发展一批生态文化旅游示范区 | 重点建设打造迪庆普达措、梅里雪山、白马雪山、普洱莱阳河、西双版纳、丽江老君山、高黎贡山、临沧南滚河、屏边大围山、昭通大山包、怒江大峡谷、独龙江、楚雄哀牢山、昆明轿子山、大理苍山洱海15个生态文化旅游示范区，积极争创国家生态旅游示范区 |
| 加快建设一批民族文化旅游园区 | 加快建设昆明轿子山彝人圣都、永善马楠苗族文化旅游区、富源古敢水族乡民族文化生态旅游区、牟定彝和园文化旅游区、弥勒东南亚民族文化生态园、西盟佤部落旅游区、勐海贺开古茶拉祜文化景区、大理嘉逸民族文化旅游度假区、云南景颇园、傣王宫遗址公园等一批民族文化旅游园区 |
| 打造一批红色文化、抗战文化旅游区 | 重点建设昆明市“一二·一”四烈士墓、威信（扎西）、寻甸柯渡、会泽水城、禄劝皎平渡、玉龙石鼓渡、元谋龙街渡、镇雄乌蒙回旋战、宣威来宾虎头山、香格里拉金江镇、祥云王家庄、彝良英雄故里、麻栗坡英雄老山圣地13个红色文化旅游区<br>重点建设腾冲抗战文化旅游区（含国殇墓园）、龙陵松山抗战遗址文化旅游区、怒江驼峰航线旅游区、沧源班洪抗英遗址文化旅游区、畹町南侨机工文化旅游区5个抗战文化旅游区 |

续表

| 任务 | 主要任务 |
| --- | --- |
| 培育打造一批边境旅游产品和精品旅游线路 | 重点打造昆—河—越（南）旅游线路、昆—瑞（丽）—缅（甸）昆（明）—景（洪）—缅（甸）旅游线路、昆（明）—曼（谷）旅游线路、昆（明）—万（象）等边境跨境旅游线路<br>重点建设滇西文化旅游环线、提升昆大丽景点文化旅游线路 |

## （二）休闲度假业

面向日益旺盛的休闲度假旅游需求，特别要瞄准欧美、日韩等高消费游客来源地，充分发挥云南省良好的生态环境、众多的高原湖泊、世界遗产资源和独特的立体气候条件，以重大重点项目建设为带动，加快建设一批世界遗产旅游区。大力开发面向海外游客和国内中高端游客的休闲度假产品，进一步增强对国内外游客的吸引力，依托以昆明滇池、阳宗海和西双版纳等为重点的国家级、省级旅游度假区，以文化旅游城镇为依托的特色休闲街区等，重点打造一批文化内涵丰富、休闲娱乐独特、度假环境舒适的休闲度假区。大力推进露营地建设，支持发展落地自驾、异地租还车、分时租赁车等新业态，力争将云南省建设成为世界一流自驾旅游目的地，启动建设一批以旅游目的地、高等级公路等为依托的自驾车房车露营地产品。抓住云南省航空机场、高铁和金沙江、澜沧江航运建设加速的新机遇，实施空中、高铁旅游快线工程，加快研发推出一批航空旅游、高铁旅游、水上旅游等新产品（见表 3–2）。

**表 3–2　休闲度假业供给侧改革主要任务**

| 任务 | 主要任务 |
| --- | --- |
| 建设一批世界遗产旅游区 | 丽江古城世界文化遗产旅游区、红河哈尼梯田世界文化遗产旅游区、三江并流世界自然遗产旅游区、石林世界自然遗产旅游区、澄江帽天山化石群世界自然遗产旅游区、元谋古人类历史文化旅游区、禄丰恐龙文化旅游区 7 个世界级遗产旅游区 |
| 打造一批休闲度假区 | 巩固完善昆明滇池、昆明阳宗海、西双版纳 3 个国家旅游度假区，积极推进大理、玉溪抚仙湖、保山腾冲、丘北普者黑、丽江玉龙雪山、宁蒗泸沽湖、迪庆香格里拉等创建国家旅游度假区<br>重点建设一批文化主题鲜明、旅游内容丰富、休闲环境舒适、功能完善配套的特色休闲街区、休闲广场 |

续表

| 任务 | 主要任务 |
| --- | --- |
| 启动建设一批自驾车房车露营地 | 建设自驾车房车露营地100个，其中昆明市13个、昭通市7个、曲靖市7个、玉溪市5个、保山市7个、楚雄州5个、红河州5个、文山州5个、普洱市5个、西双版纳州5个、大理州5个、德宏州6个、丽江市9个、怒江州5个、迪庆州6个、临沧市5个 |
| 研发一批航空、高铁和水上旅游产品 | 昆明滇池国家级旅游度假区、昆明阳宗海国家级旅游度假区、西双版纳国家级旅游度假区、玉溪抚仙湖省级旅游度假区、保山腾冲省级旅游度假区、文山普者黑省级旅游度假区、大理省级旅游度假区、丽江玉龙雪山省级旅游度假区、昆明石林、昆明北大营草场、昆明晋宁太史湾、曲靖罗平金鸡岭、保山腾冲界头花海慢城、楚雄元谋土林、楚雄永仁哲林杧果庄园、红河建水古城、红河石屏异龙湖、大理洱源西湖、德宏芒市黑河老坡、怒江贡山丙中洛等航空运动旅游基地20个；建设低空旅游线路50条，其中昆明市、曲靖市、保山市、红河州、文山州、普洱市、西双版纳州、大理州、德宏州、怒江州各5条<br>依托沪昆（云南段）、南昆高铁（云南段）、省内快速城际和昆明高铁枢纽，建设昆明为中心高铁游线6条<br>依托云南滇池、洱海、抚仙湖、阳宗海等高原湖泊和省内重要河段（金沙江河谷）等，研发水上休闲娱乐产品15个 |

## （三）健康养生业

顺应人们越来越注重身心健康、养生养老等消费需求，有效利用全省地热、温泉密集的优势，开发建设一批理念创新、设计新颖、设施配套的温泉养生度假区。充分发挥云南省独特的高原体育训练、户外运动和立体气候环境等优势，积极发展极限运动、定向运动、拓展训练、翼装飞行、滑翔伞、热气球、江河漂流等为重点的户外运动产品和时尚体育旅游产品，加快建设一批户外运动和体育旅游基地。充分发挥丰富的中医药、民族医药、生物保健等资源优势，力争将云南省建设成为国际著名、国内一流的医疗健康旅游目的地，打造以治疗、康复、保健、美容等为重点，以休闲度假为补充的“养体养心”医疗健康旅游产品，重点建设一批医疗健康旅游项目。充分发挥云南省自然生态、地质地貌、立体气候等资源环境优势，大力开发多样化、多层次的养老养生旅游产品，不断丰富养老养生内容，满足日益增加的养老养生旅游需求，面向中青年养生、老年人养老等消费市场，结合养老服务业发展，重点建设一批养老养生旅游基地（见表3–3）。

**表3–3　健康养生业供给侧改革主要任务**

| 任务 | 主要任务 |
| --- | --- |
| 建设一批温泉养生度假区 | 安宁心景、安宁金方、寻甸星河、盐津盐井、水富西部大峡谷、曲靖麒麟水乡、马龙深水湾、腾冲热海、柏联温泉、腾冲荷花、龙陵邦腊掌、保山蒲缥、昌宁小桥、红河水乡、弥勒湖泉、大理地热国、瑞丽景成、陇川户宛、梁河龙窝、泸水登埂等温泉养生度假区20个 |
| 加快建设一批户外运动和体育旅游基地 | 建设提升寻甸天湖岛康体旅游区、东川乌蒙巅峰运动公园、昭通大山包国际翼装飞行训练基地、绥江湖滨休闲运动旅游区、弥勒湖泉金秋休闲运动度假区、普洱蓝眉山运动养生旅游度假村、丽江老君山黎明生态康体运动区等一批户外运动和体育旅游基地 |
| 重点建设一批医疗健康旅游项目 | 瑞丽市国家中医药健康旅游示范区、绥江县中医药旅游示范区、石林县杏林大观园、安宁市云南百草堂·中医小镇、文山市康美文山中药材种源基地、砚山县中医医院国家中医药健康旅游示范基地、曲靖市滇南本草园中医药（民族民间医药）健康旅游示范基地、陆良县秀水湾医养结合中心健康旅游发展示范基地、师宗县云南普瑞庄园中医药健康旅游示范基地、瑞丽市云南久丽康源仿野生石斛种植健康旅游基地、景洪市西双版纳傣医药健康旅游示范基地、祥云县泰鑫庄园大理高山菊种植示范基地、洱源县下山口傣雅传统植物养生度假村、昭通市乌蒙健尔中药饮片国家中医药健康旅游示范基地、腾冲市腾冲东山中医院健康旅居小镇、保山市云天湖畔千亩高原有机生态中药材种植示范基地、昆明市云南省中医药健康旅游服务示范基地、普洱市淞茂中医药健康旅游示范基地、彝良县云南邦铭天麻生物科技有限公司中医药健康旅游示范基地、昆明市云南白药中医药健康旅游示范基地、昆明市圣爱旅游医疗示范项目、曲靖市惠滇山庄中医健康养生园旅游示范项目、曲靖市云南健测中药（民族药）健康产业孵化平台旅游示范项目、祥云县大理高山药菊标准化种植园示范项目、剑川县中医药健康旅游观光体验园、剑川县中医医院国家中医药健康旅游建设项目、剑川县工业园区中药材饮片厂建设项目、剑川县云南东方本草现代牡丹庄园、彝良县大彭养生庄园、腾冲市高黎贡山中医药健康旅游示范项目30个 |

续表

| 任务 | 主要任务 |
| --- | --- |
| 重点建设一批养老旅游基地 | 昆明花乐姆养生养老休闲基地、昆明卧云仙居养生养老旅游基地、昆明航天疗养院、昆明鹤湾颐年院、昆明颐康缘养生养老服务中心、昆明云杨鹤老年公寓、昆明柏寿老年公寓、昆明阳宗海华侨城养生养老旅游项目、安宁昆钢养生敬老中心、寻甸星河温泉养老社区、寻甸天湖岛养生养老旅游项目、富民万佛山养老中心、富民明熙苑度假山庄养生养老旅游项目、晋宁七彩云南·新太阳国际养老养生产业区、玉溪映月潭温泉养生养老旅游项目、腾冲玛御谷温泉国际养生养老旅游区、楚雄爱晚功城养老旅游项目、元谋西山云岭—温泉养生养老旅游项目、元江红河谷瓦纳沸泉养生养老旅游项目、开远朋阳敬老中心、弥勒湖泉湾养生养老公寓、泸西景宜吾者温泉养生养老旅游项目、勐腊磨憨傣缘驿站养生养老旅游项目、景洪告庄西双景养生养老旅游项目、大理卡纳洼其医疗养生养老度假酒店、大理洱海国际生态城养老旅游板块、大理感通颐老院、芒市法帕温泉养生养老旅游小镇、芒市坝竹河温泉养生养老旅游项目、临沧茶马古镇养生养老旅游项目30个 |

## （四）特色娱乐业

充分发挥云南省历史文化、民族文化资源优势，瞄准个性化、时尚化、高端化消费群体市场，积极应用现代高新科技、动漫技术、新材料和新装备等，着力打造健康文明、类型多样、功能完善、参与性强的特色娱乐产品，重点培育打造一批具有国际水准、特色鲜明、功能配套的主题游乐园。巩固提升《云南映象》《丽水金沙》等一批知名文化旅游演艺产品，完善提升《云南的响声》《梦幻腾冲》等一批旅游演艺产品，培育杂技、马戏等特色文化旅游新产品，打造一批具有较高艺术水准、深受国内外游客喜爱的文化旅游演艺精品品牌。创新旅游节庆活动组织方式，深化旅游产业与文化产业融合发展，高起点、高水平策划文化旅游节庆活动，增强文化旅游节庆活动的国际性、参与性和体验性，打造一批具有国际影响力、市场吸引力、民族特色浓郁的文化旅游节庆活动品牌。集中力量挖掘和培育若干高品位和高知名度的体育旅游项目，重点依托云南省内山地资源、高原湖泊资源、民族体育赛事资源等，培育打造一批知名体育旅游赛事品牌（见表3-4）。

**表 3–4　特色娱乐业供给侧改革主要任务**

| 任务 | 主要任务 |
|---|---|
| 建设一批主题乐园 | 巩固提升和新建昆明古滇名城水上乐园、石林冰雪海洋世界、云南野生动物园、安宁玉龙湾森林公园游乐园、云南七彩熊猫谷、太平大连圣亚海洋公园、云南杂技马戏城、水富西部大峡谷水上乐园、沾益西河主题公园、麒麟水乡乐园、澄江寒武纪乐园、禄丰世界恐龙谷、禄丰长隆水世界乐园、弥勒湖泉温泉水世界乐园、西双版纳万达水乐园、腾冲国际户外运动乐园、瑞丽湾植物园、丽江雪山花海花卉主题园区等一批文化旅游主题公园和游乐园 |
| 打造文化旅游演艺精品品牌 | 巩固提升以《印象丽江》等为代表的大型山水实景演出类品牌、以“澜沧江・湄公河之夜”原生态歌舞篝火晚会等为代表的景区综艺表演类品牌、以《西双版纳傣秀》《丽江千古情》《丽水金沙》为代表的剧场演出类品牌、以《云南映象》《走进香格里拉》《梦幻彩云南》等为代表的国内外巡演加驻场演出类品牌、以《大理吟》《木府古宴秀》等为代表的宴舞演出类品牌<br>加快打造《云南的响声》《吴哥的微笑》《梦幻腾冲》《我家红河》《天赐普洱》《快乐拉祜》《族印司岗里》《鹤舞高原》、德宏目瑙纵歌、保山巍巍松山等一批文化旅游演艺新产品和杂技、马戏等文化旅游新产品和品牌 |
| 打造一批文化旅游节庆活动品牌 | 培育打造中国（云南）民族赛装节、彝族火把节、傣族泼水节、白族三月街、哈尼族长街宴、苗族花山节、花腰傣花街节、回族古尔邦节、景颇族目瑙纵歌节、傈僳族阔时节、普米族情人节、独龙族卡雀哇节、佤族木鼓节、佤族摸你黑狂欢节、拉祜族葫芦节、德宏中缅胞波狂欢节、墨江双胞胎节、罗平油菜花文化旅游节、南华野生菌美食节、弥勒阿细跳月节、建水孔子文化节、丘北普者黑花脸节、孟连娜允神鱼节、勐海嘎汤帕节、漾濞核桃文化节、鲁甸樱桃文化旅游节、剑川石宝山歌会、丽江三多节、迪庆香格里拉赛马会、德钦新春弦子节、云县澜沧江啤酒节、临沧亚洲微电影艺术节等特色文化旅游节庆活动品牌 |
| 培育一批体育旅游赛事品牌 | 培育和提升格兰芬多国际自行车赛、昆明高原马拉松赛、“一带一路・七彩云南”国际汽车拉力赛、阳宗海国际高尔夫挑战赛、东川泥石流越野赛、昭通大山包翼装飞行、梅里雪山越野跑、大理铁人三项赛、保山史迪威公路汽车拉力赛、丙中洛—察隅自驾车越野赛、昆明—曼谷汽车拉力赛、异龙湖环湖自行车赛等知名体育旅游赛事品牌 |

### （五）商务会展业

充分利用云南省独特的沿边区位优势及发展商务会展的良好基础条件，着力办好中国—南亚博览会和中国国际旅游交易会，以昆明、大理、玉溪、曲靖、楚雄、景洪、丽江等重点城市为依托积极组织招徕大型商务会展活动，不断提高商务会展服务水平，力争将云南省建设成为我国面向南亚东南亚的区域性国际商务会展中心。积极引进国内外知名会展企业来滇创办会展企业，鼓励社会资本进入会展行业，打造策划、代理、广告、宣传、工程等会展全产业链产品，不断提高商务会展品牌价值和效益，培育提升一批以“南博会”“旅交会”“农博会”“文博会”等为重点的国际商务会展旅游品牌（见表3–5）。

**表3–5　商务会展业供给侧改革主要任务**

| 任务 | 主要任务 |
|---|---|
| 打造区域性国际商务会展中心 | 极推进大理、曲靖、玉溪、楚雄、景洪、丽江等重点城市会展设施建设，着力培育打造以昆明为中心，连接大西南、面向南亚东南亚的区域性国际会展商务经济圈<br>鼓励支持跨国集团、大企业集团以云南省为总部基地，举办面向南亚东南亚的各类重点展会、大型会议和奖励旅游等 |
| 打造商务会展旅游品牌 | 培育提升“南博会”“旅交会”“农博会”“文博会”等一批国际商务会展品牌 |

### （六）商品购物业

充分发挥云南省丰富多样的资源条件和优势，突出文化旅游商品的地方文化、民族文化特色，以创新为动力，推动传统工艺技艺与创意设计、现代科技、时代元素相结合，加快文化旅游商品创意、包装设计和工艺制作改进，巩固提升民族民间工艺品的文化价值和经济价值。推动组建大型文化旅游商品开发公司，集中文化旅游商品开发人财物力，制定文化旅游商品开发与营销策略，加大文化旅游商品开发和营销推广力度，大力发展金银铜锡、木竹藤草、陶瓷泥塑、石刻石砚、民族刺绣、织锦、扎染、蜡染等民族民间工艺精品名牌。积极发展以祖母绿、玛瑙、碧玺、红蓝宝石、石榴石、墨晶玉等为重点的彩色宝玉石产品，依托云烟、云花、云茶、云药、云咖啡等特色产品，加大创意设计和市场营销力度，开发符合市场需求的农特产品、特色药材等文化旅游商品，构建以“金、木、土、石、布”等民族民间工艺品为重点的文化旅游商品体系，因地制宜建设一批文化旅游商品加工基地（见表3-6）。

**表3-6　商品购物业供给侧改革主要任务**

| 任务 | 主要任务 |
| --- | --- |
| 建设金银铜锡工艺品加工 | 以昆明、东川、会泽、个旧、石屏、江川等为重点，发展传统斑铜、斑锡、乌铜走银等金属工艺品加工项目；以丽江、香格里拉、鹤庆、广南、兰坪、通海等为重点，发展银器及银饰工艺品加工项目；以陇川、通海等为重点，发展民族刀具工艺品加工项目 |
| 建设木竹藤草工艺品加工区 | 以德宏、西双版纳、文山、保山等为重点，发展全国红木家具集散地和产业集聚区项目；以剑川、昆明、文山、红河等为重点，发展艺术价值高的木雕、根雕、根艺工艺品加工项目；以德宏、腾冲、墨江、绥江等为重点，创新发展葫芦丝、竹编并兼顾藤编、草编等工艺品加工项目和集散地 |
| 建设陶瓷泥塑工艺品加工区 | 以建水、华宁、易门、香格里拉、景洪、镇沅、砚山等为重点，发展建水紫陶、华宁陶、易门陶、尼西黑陶、景洪傣族慢轮陶、镇沅古黑陶、砚山窑上土陶等陶瓷工艺品加工项目，同时兼顾发展工艺泥塑、陶艺体验、窑烧艺术创作等文化艺术创作项目 |
| 建设石雕石刻石砚工艺品加工 | 重点发展以金沙江、怒江、澜沧江流域为主的奇石工艺品加工项目，以大理为主的大理石工艺品加工项目，以永仁为主的苴却砚加工项目，以会泽迤砚、昭通为主的紫砂石工艺品加工项目 |
| 建设刺绣布艺染织工艺品加工区 | 重点发展以彝族、苗族、白族、哈尼族、壮族、布依族等为重点的民族刺绣工业品加工项目，以傣族、景颇族、纳西族、壮族、基诺族、独龙族等为重点的民族织锦工艺品加工项目，以白族、苗族等为重点的扎染、蜡染工艺品加工项目 |
| 建设文化旅游商品加工企业和基地 | 包括玉溪红塔烟草旅游集团、云县澜沧江啤酒集团、普洱天力士帝泊洱生物茶有限公司、临沧凤庆滇红茶厂、西双版纳勐海茶厂、瑞丽珠宝玉石加工基地、腾冲珠宝玉石加工基地、建水紫陶工艺加工基地、大理下关茶厂、剑川木雕工艺加工基地、红河云南红酒业基地、楚雄民族服装服饰加工基地、迪庆州香格里拉酒业、盈江古根木雕加工基地、陆良蚕丝工艺品基地、双江戎氏茶庄园等一批特色文化旅游商品加工基地 |

## （七）餐饮住宿业

以打造“绿色、生态、环保、健康”的餐饮品牌为重点，深入挖掘民族风味和地方小吃，积极开发绿色健康的食品饮品，构建由原材料生产、策划传播、实体销售、配送经营、网点分销等多业态组成的餐饮业链条，形成高中低档相结合的旅游餐饮体系，推动餐饮品牌化、特色化、多元化发展。充分发挥云南省民族餐饮文化源远流长、丰富多彩的比较优势，深入挖掘和整理各民族独特的餐饮文化，传承民族烹饪技艺和方法，开发绿色生态、环保健康的特色民族餐饮，打造一批民族餐饮文化品牌。发挥“滇菜”选料丰富广泛，烹制讲究本味和原汁原味，口味鲜嫩酥脆和清香回甜，就餐环境的民族风味浓郁等特色，培育打造一批“滇菜”精品餐饮名牌。鼓励支持餐饮老字号、特色餐饮企业面向市场消费需求，在传承民族烹饪技艺和方法的基础上，大胆创意创新餐饮产品，培育特色餐饮品牌，着力打造一批云南餐饮名店和餐饮名企。面向国内外旅游住宿消费市场，着力打造丰富多样并与国际接轨的住宿产品，满足游客多样化、个性化、品质化、高端化的住宿消费需求，在重点旅游城市、旅游区积极引进一批国际知名酒店品牌。紧密结合文化旅游扶贫脱贫，按照“看得见山、望得见水、记得住乡愁”的要求，引导乡村居民大力发展乡村度假酒店、特色客栈、养生休闲山庄、私人定制农庄、农家乐联盟和家庭旅馆等多类型、多层次的乡村休闲度假设施，着力打造一批具有云南地方特色、民族特色的乡村住宿品牌（见表3–7）。

**表3–7　商品购物业供给侧改革主要任务**

| 任务 | 主要任务 |
|---|---|
| 打造一批民族餐饮文化品牌 | 开发彝族风味、白族风味、傣族风味等绿色生态、环保健康的特色民族餐饮，着力打造一批民族餐饮文化品牌 |
| 培育一批“滇菜”精品餐饮品牌 | 重点打造汽锅鸡、高汤野生菌等一批高端风味滋补名菜，重点打造云南过桥米线、金钱云腿、野生菌等一批独特的美味佳肴 |
| 打造一批云南餐饮老店和餐饮名企 | 培育和提升建新园、调鼎斋、栗树园、福华园、月中桂、鹤庆县同兴德、云南公馆菜、会泽正星楼羊八碗、嘉华饼屋等一批云南餐饮老店和名企 |

**续表**

| 任务 | 主要任务 |
| --- | --- |
| 引进一批国际知名酒店品牌 | 在重点旅游城市、旅游区积极引进洲际、四季、半岛、悦榕庄、安缦等国际知名酒店品牌 |
| 打造一批云南特色乡村住宿品牌 | 引导丽江梦田别苑客栈、丽江慢宿·有花听雪、丽江古韵轩客栈、大理不羡山精品民宿、昆明木木夕的民宿、昆明26Life族迹·云南民族创意客栈等构建具有云南特色住宿品牌 |

## 二、培育优化文旅产业发展载体

### （一）壮大文旅市场主体

积极引进一批国际文化娱乐企业、会展商务知名企业、健康服务公司、赛事经纪公司、养生养老机构等参与云南省文化旅游开发、项目建设和经营管理。积极支持云南省内文化旅游企业创新发展，推动跨地区、跨行业、跨所有制兼并和重组，推动云南省文化旅游资源开发和产业整合进程，形成跨界融合的产业集团和产业联盟，打造具有较强跨界整合能力、综合带动能力和较强市场竞争力的文化旅游企业和品牌企业，做大做强一批综合型龙头文化旅游企业，做精做优一批专业型骨干文化旅游企业，做特做活一批中小型特色文化旅游企业，增强云南省文化旅游企业的核心竞争力（见表3–8）。

**表3–8　壮大文旅市场主体主要任务**

| 任务 | 主要任务 |
| --- | --- |
| 打造一批大型文化旅游企业集团 | 重点提升打造云南世博旅游控股集团有限公司、省城市建设投资集团有限公司、云南文化产业投资控股集团有限责任公司、云南报业传媒集团有限责任公司、云南出版集团公司、丽江玉龙股份有限公司、西双版纳万达集团公司、昆明诺仕达（云南怡美）集团公司、大理旅游集团公司、迪庆州旅游集团公司、云南石林旅游集团公司、云南湄公河集团公司 |
| 打造一批专业文化旅游企业 | 重点培育10户大中型旅行社企业、20户本土特色旅游餐饮文化企业、50户文化旅游精品酒店、10户旅游交通服务企业、20户文化旅游娱乐骨干企业、30户文化旅游景区企业和50户文化旅游商品生产和销售骨干企业 |

续表

| 任务 | 主要任务 |
| --- | --- |
| 打造一批中小型特色文化旅游企业 | 重点培育100户创新型文化旅游企业，1000户特色成长型中小文化旅游企业等 |

### （二）建设文旅产业集群

以具有优势资源的市州为依托，以文化旅游产品为龙头，以主导产业为支撑，以重大重点项目建设为带动，积极吸引资金、技术、人才、企业及有关产业集聚融合，重点建设一批具有旅游独特化、文化多元化、消费低碳化、服务人性化、管理现代化的文化旅游产业集群区。积极吸引国内外文化旅游创意设计企业，引进创作团队或自行开发，创制一批高水平的文化艺术、影视音像、动漫娱乐、歌舞演艺等文化旅游新产品，开展文化旅游商品创意创新设计和孵化项目，支持符合条件的相关市州建设和改造一批文化旅游产业创意园区。结合旅游型城市综合体建设，以文旅资源要素整合、产品服务创新为着力点，推动文化旅游工作各领域、多方位、全链条深度融合，实现资源共享、优势互补、协同并进，推动城市旅游产业与文化建设融合发展，提升一批旅游内容丰富、文化特色鲜明、娱乐参与性强、配套服务完善、生态环境优美、综合带动力大的文化旅游融合示范区（见表3-9）。

**表3-9　建设文旅产业集群主要任务**

| 任务 | 主要任务 |
| --- | --- |
| 建设一批文化旅游产业聚集群区 | 重点建设大昆明（含玉溪抚仙湖区域）文化旅游产业集群区、大苍洱（含大理市和巍山、漾濞、洱源等县）文化旅游产业集群区、西双版纳—普洱文化旅游产业集群区、丽江（含古城区和玉龙、宁蒗、剑川、鹤庆等县）文化旅游产业集群区、香格里拉（含德钦、维西等县）文化旅游产业集群区、保山腾冲（含隆阳区和龙陵、施甸、梁河等县）文化旅游产业集群区、丘北普者黑—广南坝美文化旅游产业集群区、怒江大峡谷—独龙江文化旅游产业集群区、瑞丽江—大盈江文化旅游产业集群区、建水—元阳（含石屏县、蒙自市等）文化旅游产业集群区、楚雄—禄丰（含牟定、南华、双柏等县）文化旅游产业集群区、昭阳—水富（含鲁甸、大关、盐津、绥江、永善、彝良等县）文化旅游产业集群区等 |

**续表**

| 任务 | 主要任务 |
| --- | --- |
| 支持市州建设和改造一批文化旅游产业创意园区 | 推动紫云青鸟·南文化创意博览园、昆明金鼎文化创意产业园、镇雄水晶文化创意园、云南易门滇鉴陶文化创意产业园、龙陵黄龙玉文化产业园区、楚雄永仁·中国苴却砚文化旅游博览园、德宏瑞丽珠宝文化产业园、红河个旧锡文化创意产业园、剑川木雕文化产业园、腾冲文化产业创意园、云南杂技马戏城等园区建设和升级改造工作 |
| 提升一批文化旅游融合示范区 | 重点提升改进昆明滇池国际会展中心、七彩云南·古滇文化旅游名城、云南凤龙湾国际旅游度假区、昆明花之城、石林冰雪海洋世界、澄江仙湖山水国际休闲旅游度假园（含立昌文化旅游小镇）、元谋古人类历史文化旅游区、禄丰世界恐龙谷、弥勒红河水乡文化旅游休闲城、普洱茶马古城旅游小镇、万达西双版纳国际旅游度假区、西双版纳告庄西双景文化旅游区、巍山古城文化旅游区、丽江古城旅游区、沧源摸你黑文化狂欢城等示范区 |

## （三）发展文旅特色城镇

充分发挥与合理利用云南历史文化名城、特色古镇和传统村落等资源优势，在加强历史文化资源保护，发掘修复文化遗址遗迹，改善生态文化环境基础上，加快建设一批主题鲜明、交通便利、服务配套、环境优美的文化旅游名城、文化旅游古镇、文化旅游古村落等。鼓励支持各地加强非物质文化遗产传承保护与合理开发利用，完善各类历史文化博物馆、展览馆、乡土文化展示室的配套设施和旅游服务功能，积极打造知名度高、吸引力强、内容丰富的文化旅游产品，增强非物质文化遗产的旅游吸引力，建设提升一批非物质文化遗产基地、传习中心和传习馆（所），如表 3-10 所示。

**表 3-10　发展文旅特色城镇的主要任务**

| 任务 | 主要任务 |
| --- | --- |
| 加快建设一批文化旅游名城、文化旅游古镇、文化旅游古村落 | 重点建设发展昆明、大理、丽江、景洪、腾冲、香格里拉、楚雄、建水、巍山、会泽、昭阳等一批文化旅游名城<br>重点建设昆明古滇文化名城、官渡古镇、盐津豆沙古镇、昭阳乌蒙古镇、彝良牛街古镇、宣威可渡关古镇、腾冲和顺古镇、施甸姚关古镇、楚雄彝人古镇、禄丰黑井古镇、姚安光禄古镇、大姚石羊古镇、永仁中 |

续表

| 任务 | 主要任务 |
|---|---|
| 加快建设一批文化旅游名城、文化旅游古镇、文化旅游古村落 | 和古镇、建水西庄古镇、大理喜洲古镇、祥云云南驿古镇、剑川沙溪古镇、云龙诺邓古镇、玉龙石鼓镇、玉龙白沙古镇、广南坝美镇、凤庆鲁史古镇、孟连纳永古镇、临沧茶马古镇等一批特色文化旅游古镇<br>优选开发一批文化底蕴深厚、村落保护完好、交通道路便捷的传统村落，着力打造成特色鲜明、吸引力强的文化旅游古村落 |
| 建设提升一批非物质文化遗产基地、传习中心和传习馆（所） | 重点建设打造云南民族村、官渡古镇、昆明牛街庄滇戏博物馆等一批国家级、省级非物质文化遗产传承基地，建设培育一批非物质文化遗产传习中心、传习馆（所）和传承点 |

## 三、完善投融资体系

### （一）深化旅游领域“放管服”改革

依法依规推动旅游项目投资核准改革，对涉及旅游业的审批事项进行全面清理，依法依规简化审批手续，消除市场壁垒。建立旅游投资项目审批首问负责制，投资主管部门或审批协调机构作为首家受理单位“一站式”受理、“全流程”服务。

### （二）加大投资力度，壮大文旅投资平台

整合全省旅游资源，加大对全省旅游景区开发投资、旅游重大项目的策划包装力度，培育和壮大旅行社、旅游客运公司，通过合资、参股、兼并收购等方式，依法依规将优选部分文旅企业完成资本注入和资产划转，加快收购并购，实现资产划转和扩张，并通过在各州市采取参股、控股和设立分公司方式扩大公司资产总规模，并达到AA信用评级，力争实现大理、丽江、香格里拉、楚雄、西双版纳、德宏等州市实现文旅企业公司上市。

### （三）激发社会资本有效投资活力

支持文旅企业利用文旅项目特许经营权、涉农整合资金等放大融资规模。鼓励和支持旅游企业通过企业债、公司债、短期融资券、中期票据、中小企业集合票据、IPO、基金等多种融资渠道筹集发展资金；促

进旅游基础设施和旅游景区的开发建设、助推文旅产业的结构升级。

### （四）大力开展文旅招商引资

成立旅游招商专班，每年谋划、筛选一批支撑作用大、关联带动强、品牌价值高、市场前景好的旅游项目纳入全省重点建设项目和省级 PPP 项目库，予以重点扶持。包装推出一批 PPP 项目，开展文旅招商引资专题会，引进大型文旅企业集团，打造文旅企业品牌，提高文旅项目的运作效率与收益水平，吸引更多的社会资本投资，鼓励云南城投、丽江旅游、世博等优势文旅企业实施跨地区、跨行业、跨所有制兼并重组，打造跨界融合的产业集团和产业联盟。

### （五）创新旅游融资方式

鼓励和支持金融业加大和提升对文旅产业的支持，创新发展符合旅游业特点的信贷产品；充分整合各相关部门的产业发展资金，推动云南省文化旅游发展基金落地运转，发挥融资担保对中小旅游企业债务融资的增信作用。鼓励和支持金融业推出各种金融文旅产品，发行文旅信用卡，促进文旅消费；鼓励保险机构加大力度推广现有的文旅保险产品，根据旅游企业和旅游者的需求，不断开发推出文旅市场保险产品。

### （六）改进政府投资利用效率

谋划、筛选一批支撑作用大、关联带动强、品牌价值高、市场前景好的文旅项目纳入云南省重点建设项目和省级 PPP 项目库，予以重点扶持，定期调整项目库，引导优化投资方向和结构，提高投资效率。发挥财政资金的引导和推动作用，通过以奖代补、贷款贴息等方式培育一批文旅综合体、文旅休闲目的地、文旅小镇、主题公园等新产品新业态示范性经营项目。

## 四、提升文旅产业公共服务能力

### （一）加快文旅基础服务设施建设

**1. 全面提升文旅交通基础设施服务能力**

结合全省“五网”建设，加快建设一批连接文化旅游景区、文化旅游城镇、民族文化旅游特色村的专线公路和环线建设，打通“最后一公里”断头路，全面提升文旅交通设施通达度；以加快云南省交通网络的建设为主，带动公路服务区、停车场、旅游交通枢纽节点的建设。构建覆盖全省主要文化旅游地的通用通勤航空网络，推动民用、通用和直升机场建设，开发国际国内直通航线，完善省内环飞航线，积极发展旅游包机，探索开发低空游览专线。加快推进江河航运设施、码头建设，完善公路、铁路、航空、水运一体化客运服务体系，打造无缝对接、便捷舒适、服务优质的旅游交通体系，不断提升全省旅游通达条件，为文化旅游产业发展提供强有力的支撑。

**2. 改善文旅公共服务设施建设**

以国家推进基本公共服务均等化为契机，新建改建一批游客服务中心，在诸如昆明、丽江、西双版纳等旅游城市或高级文旅景区建设或提升改造不同规模的游客集散中心，为游客提供游客集散、旅游咨询、停车休息、票务购买、旅游购物、物品租赁、医疗救助等多功能服务。建设提升一批主干公路沿线休息站点，结合自助自驾游发展新趋势，加快建设一批自驾车房车露营地和停车场。

持续推进“厕所革命”，从数量和质量两方面加强旅游厕所建设布局，实现旅游厕所“数量充足、全域覆盖、布局合理、干净无味、质量达标、免费开发、导向标识清晰、管理有效”的建设目标，抓紧新建改造一批旅游厕所，确保全省旅游厕所建设达到全国中上水平，同时针对城乡公共厕所设施薄弱的突出问题，推动改造提升一批城镇、乡村公共厕所，更好满足游客和当地居民的需求。

在全省交通主干线和重点景区连接道路，新建和改造提升一批旅游外部交通标识、景区内部标识、公共服务标识、宣传标识，完善明确、规范的文旅标识系统。

**3. 加快基层文旅公共服务场所建设**

新建和改扩建一批基层文旅公共场所，加快建立图书馆、遗址博物馆、专题博物馆、民族文化展示馆、艺术剧院（场）、体育场、青少年宫、妇女儿童活动中心，乡镇（街道）和村（社区）基层综合性文化服务中心等文化旅游设施和乡村文化公共设施，全面提升文化旅游公共服务能力和水平（见表3-11）。

**表 3–11　文旅公共基础服务设施建设具体任务**

| 任务 | 具体任务 |
|---|---|
| 建设交通基础设施 | 推进新建、续建、迁建、改扩建21个民用航空机场建设项目及建设10~20个通用机场和直升机场，完善省内旅游环飞航线；推进一批旅游专线公路、旅游景区连接环路、断头路建设，提升4A级以上景区连接公路；推进一批航运设施、沿江码头建设，推进旅游城市慢行绿道、慢行核心区及大众休闲广场建设等 |
| 建设公共服务设施 | 新建和改造提升120个游客服务中心、200个游客休息站点、500个自驾车房车露营地、500个旅游停车场、1045座旅游厕所及一批无障碍旅游设施，完善提升主要交通干道、交通节点、旅游城镇、特色旅游村、旅游景区景点的旅游标识系统等 |
| 基层公共文化服务设施 | 充分挖掘全省各地历史文化与民族文化内涵，新建和改扩建一批州市级综合性博物馆、文物大县博物馆、民族文化博物馆、图书馆、艺术剧院、青少年宫、妇女儿童活动中心等，配套建设博物馆消防安防设施、馆藏文物保管装备、文物保存环境检测控制设施和陈列展示设施，提高基本陈列质量和藏品利用效率，促进馆藏资源、展览的共享交流，增强博物馆面向群众和游客的综合服务功能 |

## （二）强化文旅信息化服务能力建设

### 1. 建设文旅信息化服务平台和工程

加快“文化旅游 + 互联网”融合，推进云南省交通运输、公安、工商文旅相关行业、部门涉旅数据信息共享，通过线下游客服务中心与线上旅游综合服务平台的共同建设，重点建设云南国际旅游大厦、中国旅游大数据中心、我国面向南亚东南亚网络交易平台和一批文化信息化工程项目。

### 2. 开展文旅“智慧化”试点

大力推进以智慧旅游城市、乡村、景区、酒店为重点的智慧旅游试点，在机场、车站、码头、宾馆饭店、景区景点、休闲街区、娱乐场所、购物商店、游客集散中心等主要旅游场所提供个人电脑（PC）、平板、触控屏幕、免费 Wi-Fi 等文化旅游信息互动终端，以及云南文化旅游手机软件（App）、增强现实技术（AR）、虚拟现实技术（VR）等新技术应用。

### 3. 建立文旅“创客”公共信息平台

鼓励各类创新主体充分利用互联网，开展以文化旅游需求为导向的在线文化旅游创新创业，支持文化旅游创新平台、创客空间、创新基地等新型众创空间发展，鼓励支持有条件的地区建立“文化旅游 + 互联网”创客园区和示范企业，建立创新创业孵化平台等，为扩大文化旅游消费奠定基础（见表 3–12）。

**表 3–12　文旅信息化服务能力建设任务**

| 任务 | 具体任务 |
| --- | --- |
| 建设文旅信息化服务平台和工程 | 重点建设云南国际旅游大厦、中国旅游大数据中心、我国面向南亚东南亚网络交易平台和云南旅游应急指挥平台等 |
| | 重点建设云南网拓展升级工程、云南广播电视台数字化建设工程、云报集团媒体融合全数字化系统建设工程、云南出版电子商务现代物流中心工程、有线电视互联网平台建设工程、广播电视有线无线融合覆盖工程、IPTV 升级融合播控平台工程等 |
| 开展文旅“智慧化”试点 | 重点建设丽江市、昆明市、大理市、景洪市、腾冲市 5 个智慧旅游试点城市，建设 10 个以上智慧旅游试点景区、20 个以上智慧旅游试点乡村、50 个以上智慧旅游试点酒店，并及时总结试点经验，推进全省智慧旅游发展 |
| 建立文旅“创客”公共信息平台 | 鼓励支持有条件的地区建立“文化旅游 + 互联网”创客园区和示范企业，建立创新创业孵化平台等 |

## （三）完善文化旅游安全保障服务

### 1. 建设文旅安全防控中心

加强重点景区和文化场所之间的合作和信息公开与共享，建设文旅安全防控中心，打造客流监测、安全应急指挥、综合管控平台，实现全方位文旅安全监测，及时发布旅游预警信息，做好应急救援。

### 2. 建立信息化紧急救援联动机制

重点文旅场所要提高安全保障水平，协调做好对游船、缆车、索道等高风险项目和设施设备的安全检查，强化对危险地带的安全防护。提高应急处置能力，有效开展应对突发灾情、设施停运、恶劣气候等特殊情况的演练。提高综合救援能力，与相关医疗机构、救援机构建立紧急救援联动机制（见表3-13）。

**表3-13　完善文化旅游安全保障服务任务**

| 任务 | 具体任务 |
| --- | --- |
| 建设文旅安全防控中心 | 所有旅游景区和县级以上文化场馆所建设文旅安全防控中心，及时公开、共享检测数据，鼓励其他文旅场所参与建设安全防空中心 |
| 建立信息化紧急救援联动机制 | 重点支持3A级以上旅游景区、市州级以上文化场馆建立信息化紧急救援联动机制 |

## 五、优化文旅产业人才科技要素支撑体系

### （一）培育文旅产业人才

积极引进高端文旅人才。通过引进文旅创意设计、文旅产业管理、文旅品牌营销等专业型、复合型高端文旅人才，建设一批旅游文创名师工作室，不断提升策划规划和文化创意创作水平，形成云南省文旅产业发展智库。培育建设文旅创客和文旅创新创业基地。为高层次文旅研究人员提供创新创业平台与实践基地，营造良好的创新创业发展氛围，推动文旅创新融合发展水平。加强文旅从业人员培训。重点建设提升一批文化旅游人才培训基地，完善省、州市、县级人才培训体系和培训内容，不断提高从业人员的服务技能和服务水平。加强文旅专业化职业教育。继续完善云南省高、中、初级相结合的文化旅游教育体系，继续办好文化旅游高等学历教育和中高级职业教育，加强文化旅游人才教育和培养，进一步提高全省文化旅游从业人员的专业化和职业化水平。提升文旅人才管理水平。逐步健全文化旅游人才数据库，依照国家职业资格目录清单，建立健全文化旅游从业人员的职业资格、技术等级制度，加强文旅行业人力资源管理。

### （二）提高文旅产业科技支撑水平

推动文旅产业管理智慧化。利用大数据、云计算、物联网等技术，建立健全云南省文旅产业大数据中心、应急指挥平台、安全监管平台

等，实现管理平台智慧化，提升智慧文旅管理水平。推动文旅产业服务智慧化。积极提升云南省智慧旅游服务水平，在各大文旅景区、景点，以推广“一部手机游云南”为基础，创建景区微信公众号，官方微博等线上服务平台，推进线上售票、智能景区导览、电子讲解、旅游信息咨询、投诉等服务，形成文旅智慧化服务。推动文旅产业体验智慧化。加大智慧文旅产品开发，发展基于5G、超高清、增强现实（AR）、虚拟现实（VR）、混合现实（MR）、人工智能（AI）等技术的新一代沉浸式体验型文旅体验消费内容。推动文旅产业营销智慧化。云南省各文旅景区、文旅休闲目的地、文旅城市要加强与OTA平台如携程、驴妈、爱彼迎、美团、飞猪，以及各大社交、新媒体平台如微信、微博、抖音、小红书等进行合作，在线推广和销售文旅产品、文旅线路，提高文旅产品的影响力。

## 六、深化文旅产业管理能力与治理体系现代化

响应十九届四中全会《中共中央关于坚持和完善中国特色社会主义制度、推进国家治理体系和治理能力现代化若干重大问题的决定》，文旅产业供给侧结构性改革要推进文旅产业治理体系和管理能力现代化，开展文旅管理体制改革，加快文旅标准化体系建设、提升各部门管理能力、强化文旅市场环境治理，促进文旅产业管理服务能力与产业发展市场要求相匹配，实现全方位、全行业的管理体制改革和治理能力现代化。

### （一）加快文旅行业规范和行业标准建设

加快组建云南省文旅标准化技术委员会、文旅和行业协会，政府积极引导行业协会制定文旅各行业开发与经营标准、管理标准、服务标准，实现行业自律，建立覆盖文旅产业要素的标准化体系，通过制定、修订、颁布等方式，重点在康养旅游、文化旅游、民族旅游和乡村旅游等领域制定一批文旅行业标准规范。

### （二）构建文旅融合发展政府治理体系

云南省政府要强化对文旅产业各相关部门统筹协调，研究解决文旅产业改革中的困难和问题。各地级县、市要建立相应组织机构，形成“横向统筹协调、纵向层层落实”的工作机制，整合和探索更加高效的文化和旅游融合发展跨部门综合治理机制；改革文旅管理体制，应协调

好文旅相关部门管理职责，明确各部门职责和管理任务，形成领导有力、组织有序、统筹有方、推进有效的工作格局，完善文化和旅游融合发展的垂直管理与地方管理的分级管理体制。

### （三）强化文旅产业市场环境监管和治理

强化文旅市场综合治理，建立权责明确、执法有力、行为规范、保障有效的综合监管机制[56]。云南省政府继续推进旅游市场整治工作，落实各级人民政府文旅市场治理责任，强化文旅市场综合监管，持续规范旅游市场秩序，打击旅游欺诈宰客、“低价团”、捆绑消费等旅游乱象，引导文旅内部各行业的合理开发与规范经营，对文旅产业发展实施全过程、全方位、全行业的监督、检查，保证文旅产业高质量发展，健全文化和旅游行业信用体系监管体制机制研究，树立文化旅游企业良好的市场形象，发挥企业作为市场主体的应有价值。

各级人民政府要建立旅游应急快速反应工作机制，妥善、及时处理旅游安全事件、旅游投诉纠纷，建立完善旅游市场秩序综合评价和督察督办制度、服务等级动态调整制度、旅游目的地警示制度，健全文化和旅游市场服务质量监管体制机制。

# 第四章 云南省文旅产业供给侧结构性改革的路径与对策建议

云南省文旅产业供给侧结构性改革就是要用改革的办法推进文旅产业的结构调整，减少无效和低端供给，扩大有效和中高端供给，增强文旅产业供给结构对需求变化的适应性和灵活性，提高全要素生产率，使文旅产业供给体系更好适应需求结构变化。云南文旅产业供给侧结构性改革关键在于供需矛盾的平衡，即增加有效供给和优化既有存量，实现最优配置。基于此，本部分提出以优化要素供给为核心、以强调创新驱动为动力、以改造基础设施为支撑和以推进政策落地为保障的云南文旅产业供给侧结构性改革路径，并进一步给出丰富文旅产品、提高产品有效供给、健全体制机制、激发文旅市场活力、改善服务设施、优化文旅综合服务、加强营销宣传、提升文旅品牌影响、深化区域合作和扩大文旅市场范围借力数字云南，实现文旅智慧发展的对策建议。

## 第一节 文旅产业供给侧结构性改革的路径

云南文旅产业供给侧结构性改革的路径主要从两方面考量：一是激活文旅产业发展要素，适应文旅产业需求升级要求，即增加有效供给；二是优化文旅综合管理服务体系，促进文旅产业供需平衡，即优化存量。具体改革路径主要有：以优化要素供给为核心、以强调创新驱动为动力、以改造基础设施为支撑和以推进政策落地为保障四方面着力，重视消费需求的有效供给，从而促进高效的市场供给，进行文旅产业供给侧结构性改革（见图 4-1）。

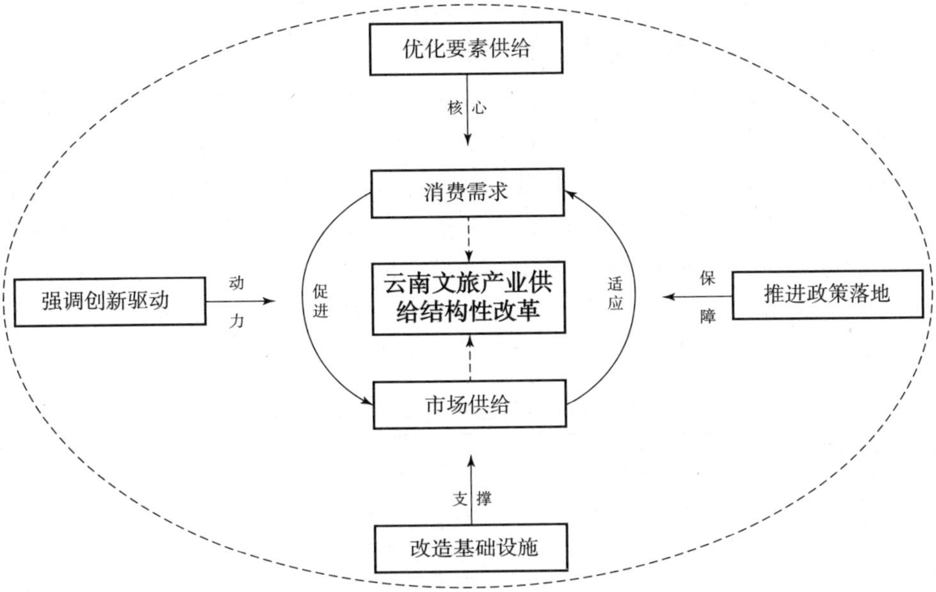


**图 4–1　云南文旅产业供给侧改革路径**

## 一、以优化要素供给为核心

云南文旅产业供给侧结构性改革就是要通过优化要素供给来激发供给活力，推动文旅产业蓬勃发展。优化要素供给要从以下三方面着手：提升要素配置效率、优化产业要素结构、优化要素空间布局。

### （一）深化体制改革，提升要素配置效率

以管理体制机制改革突破应对旅游行业快速变化的形势，提高要素配置效率，通过标准优化、机制完善、体制创新、健全多渠道融资来推动云南省旅游高质量发展。

**1. 完善机制，提高要素供给效率**

政府要建立多元化供给机制，促进文旅公共服务供需有效对接；完善旅游综合协调机制，提升文旅公共服务供给效率；利用好“一机游”大数据平台，大力推进旅游信息化水平，提高文旅公共服务供给质量。通过对旅游公共产品、公共设施、公共服务和公共政策等的供给，根据云南省不同市州旅游发展情况因地制宜搞活存量与做优增量并举，协调

不同市州的资源，防止盲目供给形成新的产能过剩。

**2. 优化标准，提高要素监管水平**

随着旅游业的快速发展及来滇游客对旅游品质需求的逐步提高，云南省文旅产业供给侧结构性改革需要建立并优化系列规范标准，以《云南省旅行社经营行为评价及重点监管办法》《云南省导游人员服务质量综合评价办法》《云南省旅游从业人员“八不准”规定》等为基础不断补充完善，建立旅游服务“云南标准”。同时，针对云南发展较有特色的文旅产业新业态，如边跨境旅游、低空旅游、自驾旅游等，应推出云南省特色文化旅游业态标准化体系（见表4-1）。

**表4-1　云南省特色旅游业态标准化建设**

| 特色业态 | 标准化建设 |
|---|---|
| 边跨境旅游 | 加快沿边交通基础设施、口岸设施和配套服务设施建设，简化出入境手续，打造无障碍跨境旅游，提升跨境旅游通行条件 |
| 低空旅游 | 以安全保障为基础，划分空域范围，建设一批低空旅游示范点，出台低空旅游准入规范和经营规范 |
| 乡村旅游 | 明确乡村旅游主管部门，制定乡村旅游标准体系、乡村旅游产品标准，提升乡村旅游产品质量，重点制定旅游强县、旅游名镇名村、旅游农庄创建标准和验收管理办法，以及农家乐质量等级评定与划分等系列标准 |
| 自驾旅游 | 大力提升自驾营地质量，出台营地建设标准，并对云南省境内自驾营地进行评比分级 |
| 少数民族文化旅游 | 建立少数民族饮食、民宿产品的开发及等级评定标准，促进少数民族文化资源的优质产品化转换 |
| 演艺产品 | 建设演艺文化旅游产品的标准化体系，包括剧院的设备配置与功能（硬件）、服务质量体系（软件）的标准化 |

同时，以《云南省旅游市场秩序整治工作措施》《云南省旅游综合监管考核评价暂行办法》等为依托，建立文化旅游综合监管主体责任清单，根据各个部门管理职能的不同，将文化旅游监管主体部门分为主管部门、资源管理部门和职能管理部门。其中，文旅产业的主管部门是文化旅游产业监管的主要实施者和组织者，一般是文化与旅游部门；资源

管理部门主要是文化旅游开发经营中相关资源涉及的国土、林业、农业等相关部门，其主要职能是协同主管部门对文化旅游开发的相关涉及资源进行保护和管理；而职能管理部门主要指根据其具体职能而涉及文化旅游产业建设和管理的相关部门，其不直接参与产业监管，主要对文旅产业建设和管理中的相关事务进行处理。此外，规范文化旅游市场秩序，加强文化旅游市场综合治理，建立权责明确、执法有力、行为规范、保障有效的综合监管机制，要进行文化旅游产业的融合治理，进一步解决文化与旅游部门内部各自为政的现状，理顺部门关系及职责，调整和修订相关管理规范，强化管理秩序、统筹政府与市场在文旅产业改革中的管理机制，务必做到文化与旅游市场的统一治理、统一规划（见表 4-2）。

**表 4-2　文化旅游综合监管主体责任划分**

| 监管主体 | 监管职能 | 监管内容 | 主要部门 |
|---|---|---|---|
| 主管部门 | 产业管理 | 拟订文化旅游产业发展政策和规章草案；推进文旅信息化、标准化建设；指导文化和旅游市场发展 | 文化与旅游部门 |
| 资源管理部门 | 资源管理 | 文旅产业开发经营所涉及资源的保护修复和监督管理 | 文物部门、林草部门、自然资源部门、水利部门等 |
| 职能管理部门 | 事务管理 | 文旅开发和经营中生态环境基准和技术规范的制定，涉及侵害消费者人身和财产安全的违法犯罪案件，文旅企业登记注册，文旅产品定价等 | 住建部门、环境部门、公安部门、工商部门、物价部门等 |

### 3. 创新体制，提高要素协调水平

创新文旅产业机制体制，是保障要素协调配置的重要前提。云南省应建立健全文化旅游综合协调机制，综合职能、整合资源、联合协作、融合发展，形成文化旅游厅统揽全局，各职能部门、行政单位齐抓共管的工作格局，推动全省文化旅游产业全域化、品质化、品牌化发展，努力把云南省建成国内一流、国际著名的旅游目的地及面向南亚东南亚的旅游辐射中心，把文化旅游业培育成全省经济社会发展的重要战略性支柱产业和人民群众更加满意的现代服务业。政府相关部门要下放旅游行

政管理权限，推进旅游管理部门向服务型机关转变，完善旅游行政管理体制，建立旅游业与相关部门间综合协调机制，为旅游新业态的发展提供制度保障，为企业创造良好的发展环境，使产业主体健体强身，促使文旅产业发展具有创新力和竞争力。

**4. 金融支撑，改善要素转换保障**

鼓励各金融机构通过多元化融资服务手段，全方位、多形式、多途径支持和推动云南省文旅产业提质增效，重点加大文旅重点项目建设、中小微企业培育和品牌建设的相关投入。同时，鼓励有条件的银行业金融机构成立服务文旅产业的专营机构、特色支行和文旅金融专业服务团队，对符合条件的中小微型文旅企业综合运用统贷平台、集合授信等方式，实行差异化信贷管理，简化审批流程，合理下放审批权限，设立旅游产业促进基金，将部分旅游资源进行资产证券化，依托股权交易平台进行交易，积极推广 PPP 模式，支持旅游企业直接上市融资，引导更多资金进入全域旅游项目，最终实现银行业、金融机构信贷资源向文旅产业持续倾斜，构建文旅贷款稳定增长，债券、股票、基金等资本市场服务文旅产业水平持续提升，文旅保险险种持续增加的云南省文旅产业金融服务体系。通过财政机制的保障，助力云南文旅企业形成全方位的融资渠道，营造良好的经营环境，促进云南省文旅企业去“杠杆化”。

### （二）推进市场化改革，优化产业要素结构

文旅产业供给侧结构性改革要优化要素供给，既要让市场及时出清，通过杜绝低俗供给、减少低端供给、淘汰过剩供给、清理僵尸供给、盘活呆滞供给，培育新的经济增长点，又要以创新方式形成更高质量的文化产品和服务的有效供给，减少新增呆滞供给，发展优质旅游，带动新需求。

**1. 通过市场化法制化手段淘汰出清落后过剩产能**

供给侧改革并非单一的对供给方进行改革，而是在强调供给方改革的同时，通过供需有效结合，发挥市场在资源配置中的主体作用，从而达到去除过剩产能、提质增效的目的。因此，政府的管理应更加弹性化，让市场主体活力得以释放，从而增加优质供给品的数量，减少低端供给库存，满足居民多元化、高端化的消费需求，从而有效地解放和发展生产力，实现经济增长良性循环。文旅产业供给侧改革，应该是以文

化旅游资源为起点，沿着资源—产品化—商品化—产业化轨迹的全产业链改革。在这个过程中，市场化是文旅发展的关键环节和资源配置的有效手段。云南省应以昆明、大理、西双版纳、腾冲等旅游强市（州）为核心，完善文旅产业链，从食、住、行、游、购、娱六个方面入手，推进市场化战略，打造在国内甚至在国际市场上有影响的文旅产业。同时，通过建立云南省文旅产业发展的负面清单制度，更新限制类新建项目和淘汰类项目，提高社会资金形成和配置效率；在保护云南各民族优秀文化资源的前提下，加强文化资源梳理和合理开发利用；充分运用创意和科技手段，引导文旅产业向更加优质的方向发展。

**2. 减少新增呆滞供给，增加优质文旅产品供给**

提升文旅产品质量，减少新增呆滞供给是云南省文旅产业供给侧改革的重要内容，也是提高消费者满意度，解决供需不相适应的主要措施。

（1）推动文旅资源识别与开发。要增加云南省内优质文旅产品的供给，首先应该对文旅资源进行全面的识别和高效的开发。云南省应建立全省范围内的文旅资源识别系统，充分利用 GPS、地理信息系统等高新科技手段，与各级别遗产资源充分联动，打造云南省文旅资源的识别系统及云南省文旅资源数据库，同时扩大数据库开放权限，借鉴搜索引擎开源式编辑的运作模式，充分扩大文旅资源数据库的规模和内容。另外，建立健全的资源评估体系，采取政府与行业协会相结合的模式，分批量地完成对云南省文旅资源的全面评估工作，坚持开发必先评估的原则，从资源本底上减少新增呆滞供给。

（2）促进文旅产品优质化供给。促进文旅产品优质化供给，应从服务、体验、文化内涵三个方面进行提升（见图 4-2）。首先，文旅服务质量提升，服务是文旅供给的重要组成部分，同时也是文旅产品的核心。文化与旅游业服务水平的高低会直接影响到消费者的购买意愿，决定着文旅产品的价值。要在云南省原有文旅资源或文旅线路的基础上提升服务质量，要加强工作人员的旅游服务观念，以文化、价值传播的有效性来衡量服务的质量和效果，不能只关注行政管理，要立足市场和游客需求，将文化旅游个体景点与区域结合，并发挥优势。其次，在体验经济背景下，文旅产业要重视体验环节的设置与质量的提升。体验的设计提升途径可以从两个层次进行：从产品本身来研究体验提升，或是从游客需求和游客参与体验程度的角度进行分析。例如，在文物展陈的诠释方式上，选择 3D、VR 等高科技技术，这种直观、便捷的形式能实现游客与文旅吸引物的零距离接触；在氛围的营造上也能充分调动游客参与的积极性，让游客有一种身临其境的感觉；对展览类文旅产品而言，要增强公众对展品的旅游认知，极大地提高展览的社会教育效果。各类文旅产品开发应结合自身特点，与技术革命相结合，透过不同的体验项目，运用视觉、听觉、触觉，甚至是嗅觉与味觉等各种感官刺激，加深观众的参观体验，满足不同层次的体验需求，使展示内容更加全面性，达到文旅产品向公众展示文化魅力的核心作用。最后，完善“文化再现”旅游商品与销售渠道。文旅纪念品的设计与销售能够在旅游活动结束后不断提醒游客，再现文化回忆。在纪念品设计过程中应秉持创意第一，并在着力打造精品的同时，注意文旅商品的实用性，将其渗透到人们的日常生活中，如茶杯垫、毛巾、围巾等，注重 Logo 标识在商品中的设计和使用。同时要加强社会环境塑造，为了加强游客游后文化印象，需要为游客提供文化传播的社会环境，主要包括大众媒体和特殊媒体的打造：大众传媒覆盖面广、影响力大，能迅速扩大文旅产业的社会影响，为游客的自觉传播提供渠道。特殊传媒渠道就是面对特殊群体设计的释放信息的渠道，如数字虚拟旅游和网络游戏的开发。

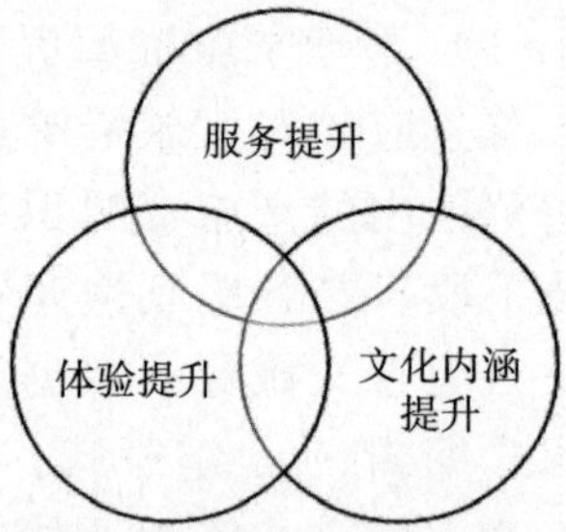

**图 4–2　文旅产品优质化路径**

(3) 鼓励文旅产品可持续发展。只有文旅产品的不断可持续发展，才能使文化旅游产业产生长效而优质的存量供给。因此，首先必须树立经济、社会、生态全方位的可持续发展观，努力实现文旅产业经济效益、社会效益和环境效益在可持续发展基础上的统一，为实现这一目的，需要全面评估文旅产业发展对区域的经济、社会、文化、环境的影响，以及现有制度、自然与文化体系对这些影响的承受能力。其次，要设计和研发以可持续性为核心的文旅新产品，培养当地政府决策者、领导者、文旅企业、投资商、消费者及居民的可持续发展意识，以使他们在实际工作中自觉地实施可持续发展的战略，使他们的行为和决策符合可持续发展的要求。最后，要建立公平高效的文旅资源开发收益分配系统，确保社区居民在开发中的补偿和收益。此外，要对文旅企业收取适当的资源保护基金，以加大对旅游社区文化和生态环境的综合治理。

## （三）践行五大发展理念，优化要素空间布局

云南文旅产业要素在空间上的分布不仅是经济活动的结果，同时反过来会对经济活动的效率产生重要影响。通过优化空间布局实现供给侧结构性改革的根本目的是理顺空间关系，实现经济活动效率的最大化。在这个目标下，云南省优化文旅产业空间布局不仅要考虑供给侧本身的发展需求，还要考虑不同市州的资源禀赋、环境容量、产业发展的约束，贯彻落实创新、协调、绿色、开放、共享五大发展理念，走人口、资源、环境协调发展之路。云南省文旅产业供给侧改革要从供给端入手不断优化文旅要素资源配置，根据资源、劳动力、土地、资本、制度等要素的空间布局调整产业布局，引导产能由发展条件好的区域辐射全省，带动一批符合条件的区域发展山地旅游、乡村旅游、边境旅游等，形成云南省优势产业，进一步优化文旅产业发展区域布局。

具体而言，为实现云南省文旅产业空间布局的优化，应遵循以下途径：第一，推进文旅产业聚集。依托国家级、省级历史文化名城、名镇、名村和文化旅游业发达的区域，大力推进全省文化旅游产业的集聚发展；形成包括以昆明、大理、丽江、景洪、建水、瑞丽等国家级历史文化名城和优秀旅游城市为依托的文旅名城建设，以石林、香格里拉、腾冲、罗平、巍山、丘北等自然风光、民族文化、历史文化丰富的县为依托的民族文化旅游示范县建设，推进特色文化旅游小镇建设，同时将文旅产业发展与新农村建设相结合，推进文旅特色村建设。第二，优化区域范围内文旅产业布局，以六大旅游区为基础，大力优化文旅产业集聚区、文旅走廊、文旅产业创意园区、文旅融合示范区等区域范围内文旅产业布局（见图 4–3）。

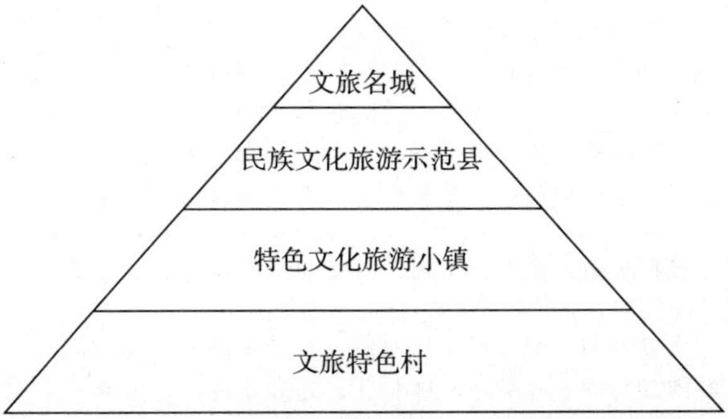


**图 4–3　云南省文化旅游产业集聚体系**

## 二、以强调创新为驱动

在移动互联网的发展与新媒体的出现、共享经济的盛行、AR新技术等创新因素的催动下，云南文旅供给侧结构性改革要以强调创新驱动为动力，运用创新的理念与模式推动云南旅游转型升级。从供给端来说，从产品、业态、主体、人才和营销五方面寻求创新性突破，满足消费需求多样化的发展。

### （一）产品创新

大力推进旅游公共服务设施、旅游景区提升改造、旅游小镇、旅游特色村、旅游交通、高星级度假酒店等旅游重大项目建设，为丰富旅游产品结构搭好“龙骨”。同时，深度挖掘云南民族文化与旅游资源，打造云南旅游产品IP，与云南省知识产权协会合作，以品牌为导向持续推出能够引领市场的云南旅游品牌及旅游产品。与此同时，云南省文旅产业供给侧改革产品创新应以产品的优质化为核心，逐步推进民族文化旅游、边跨境旅游、乡村旅游、山地旅游、森林旅游等一批精品旅游线路和产品，建立一批文化主题鲜明、文化要素完善的特色旅游目的地，开发集文化创意、度假休闲、康体养生等主题于一体的文化旅游综合体，推出专题文化旅游线路和项目等，实现文旅产品整合，只有不断提高文旅产品质量，才能进一步盘活文旅供给存量，做到可持续的供给侧改革（见表4-3）。

**表4-3 云南省旅游要素产品文化特色打造**

| 旅游要素产品 | 文化特色 |
|---|---|
| 食 | 发挥民族餐饮文化和云南地方特色餐饮文化，开发彝族风味、白族风味、傣族风味等特色民族餐饮，打造“滇菜”餐饮品牌 |
| 住 | 发挥少数民族特色民居和云南地方特色民居，开发云南地方“一颗印”民居、哈尼族民居、傣族民居、白族民居等特色民宿产品 |
| 行 | 发挥少数民族特色交通，开发溜索等特色交通体验产品 |
| 游 | 充分发掘少数民族文化习俗，建设民族文化旅游园区，提升民族文化旅游的参与性、互动性和体验性；充分发挥红色文化，以滇西抗战遗址景区为重点，打造红色文化旅游产品 |

**续表**

| 旅游要素产品 | 文化特色 |
|---|---|
| 购 | 发挥地方手工业文化特色，构建以金银铜锡工艺品、木竹藤草工艺品、陶瓷泥塑工艺品、石雕石刻石砚工艺品、刺绣布艺染织工艺品、民间工艺品为重点的文旅商品体系 |
| 娱 | 发挥民族文化特色，培育打造彝族火把节、傣族泼水节、白族三月街、哈尼族长街宴、苗族花山节、花腰傣花街节、景颇族目瑙纵歌节、傈僳族阔时节、普米族情人节、独龙族卡雀哇节、佤族木鼓节等民族文化节庆精品 |

具体而言，首先，在云南省文旅产品的创新打造中，应重点突出特色化，助力云南省在周边四川、西藏、贵州的屏蔽效应下，寻求差异化发展之路，借助文化为文旅产品注入灵魂。云南省应以少数民族文化为核心，充分挖掘古滇文化、哀牢文化、南诏文化、梯田文化、茶文化、驿道文化等独具特色的历史文化和地方文化，打造特色云南文旅产品系列。

其次，云南省应侧重旅游要素的特色文化打造，依托具有少数民族及地方特色的饮食文化、民居文化、特色交通、民风民俗、特色节庆、手工艺品制造等，形成文化特色鲜明的旅游要素体系。

最后，文化旅游资源存在着知识性较强，较为枯燥的特点。因此，在文旅产品的开发中，要注重文化性与娱乐性的平衡，在不破坏文化资源的前提下，尽可能地增加产品的娱乐性，以扩大产品市场。云南省对文化旅游产品娱乐性的开发应秉持动静结合的原则，充分体现文化特色，“动”以体育旅游为核心，“静”以康养旅游产品为主。其中，康养旅游方面，根据云南省各个市州的气候、资源、文化、经济发展水平来统一规划布局康养旅游的发展，定位各个州市的发展重心。针对每一个板块的重心，整合资源，避免同质化太高，可形成森林康养、湖泊康养、山地康养、中医药疗养、温泉康养五大板块（见表4-4）；体育旅游方面，可打造以高原体育赛事、体育小镇、体育旅游线路为主要内容的产品体系。最后，除康养旅游和体育旅游两大主导产品外，根据文化旅游休闲多样性、大众化趋势，还可开发更多元化、更精细化的旅游产品，包括宗教旅游、修学旅游、生态旅游、海洋旅游、婚庆旅游、文化旅游、红色旅游、民间艺术旅游、观光农业旅游等。“多元化”产品是相对“多样性”需求而言，主要表现为旅游产品的开放性、创新性，是针对休闲需求多样化设计的深度旅游；“精细化”产品则是相对于“大众化”需求而言，主要表现为旅游产品的针对性、差异性，是针对休闲需求特色化的个性化旅游。通过旅游产品向休闲产品、娱乐产品转变，大力发展多元化、精细化的深度旅游、个性化旅游、定制服务，是今后文旅产品休闲化、娱乐化设计的主要方向。

**表 4–4　云南省发展康养旅游五大板块**

| 发展板块 | 主要区域与开发内容 |
|---|---|
| 森林康养 | 依托云南丰富的森林资源，较高的森林覆盖率，以各级自然保护区为基础，建设腾冲市、西双版纳、普洱市、德宏州、临沧市等重要森林康养发展区域 |
| 湖泊康养 | 依托滇池、洱海、抚仙湖、星云湖、杞麓湖、异龙湖、阳宗海、程海、泸沽湖等高原湖泊资源，以包含昆明市、玉溪市等行政区域的滇中湖泊群为重点区域发展湖泊康养 |
| 山地康养 | 以滇西北高山峡谷和滇东北山地河谷地区为主要开发区域，建设集养生、度假、体育、健身为一体的山地康养区域 |
| 中医药康养 | 充分发挥少数民族特色中医药，以傣药、苗药、彝药为开发重点，以文山州、楚雄州、西双版纳州为主要区域进行特色中医药康养旅游开发。 |
| 温泉康养 | 提托滇西温泉区为核心，以腾冲—梁河带、鹤庆—祥云带为重点区域开发温泉康养区 |

## （二）业态创新

在客源地与目的地、市场与产品互动匹配上，云南文旅产业供给侧结构性改革需要业态创新，从全域发展、新技术创新、时间整合、空间整合四方面进行。全域发展方面，基于旅游产业关联度性强、融合性高的特点，通过资源、产品、市场的整合加速推进景区旅游向区域资源整合、旅游业与各产业融合、共建共享的方面发展，形成全域旅游发展局面。新技术创新方面，基于“互联网 +”的发展态势，加速旅游自身技术发明创造或者引入其他行业技术，推动云南旅游业态创新。时间整合方面，基于夜间经济概念的兴起，发展“全时全季”旅游，在一定程度上突破并改善旅游季节性的限制，使得淡季不淡、旺季更旺。空间整合方面，促进云南公路、铁路与航空等交通方式之间的协调，打破不同行政区域的空间限制，通过旅游综合开发手段疏通景区、资源与市场之间的渠道，实现业态创新。

与此同时，云南省还应加大力度，促进文化与旅游产业在供给端的全面融合，以旅游业与文化创意融合为抓手，以旅游业与艺术表演及文化节庆的融合、旅游业与文博业及会展业的融合为重点，进一步促进旅游业与工艺美术品服务的融合、旅游业与新闻出版业及广播影视业的融合、旅游产业与文化教育的融合，形成供给端完善的大文旅产业。并在供给端全面融合的态势下，充分利用文化主题公园、主题酒店、创意园区、文化旅游演艺、文化旅游博览会、影视城、研学基地等开发形式，促进业态多样化发展（见图4–4）。

总之，业态创新是云南省文旅产业供给侧改革的重要组成，在创新业态发展的过程中，要以“文旅融合”为抓手，实现以文促旅、以旅彰文，促进文化旅游行业各类资源的整合，用好“文化＋”“旅游＋”“互联网＋”等模式，实现开发方式的创新整合。

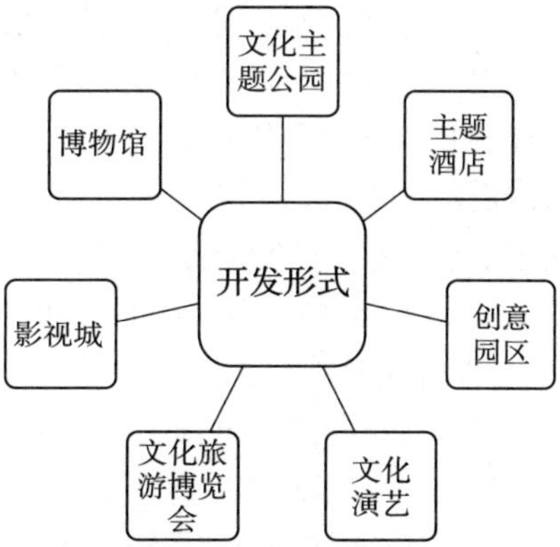


**图4–4　文旅新业态开发形式示例**

### （三）主体创新

市场主体是文旅产业的重要组成部分，也是供给侧改革中的主要实施者和重要动力。因此，主体创新是云南文旅产业功能供给侧改革的关键之一。基于云南文旅产业发展现状，大力扶持中小企业，激发其创新创造活力，是云南文旅产业供给侧改革主体创新的核心。选择一批发展前景好的中小企业，在税收、融资、人力资源开发、市场开拓方面进行重点扶持，通过政策支持、投入倾斜等方式予以重点帮扶；同时采取“捆绑式”服务，引导中小企业围绕大企业延伸配套服务，促进提质增效。此外，应建设文旅产业中小企业经济安全体系。

首先，建立完善的中小企业保险制度，以政府为主体市场为辅助，设置政策性的保险援助，通过互助保险制度等，让文旅中小企业增强风险预防能力。另外，建立中小企业信用担保协会和信用保险公库，以福利政策性组织协助中小企业进行融资和保险服务。

其次，通过横向和纵向的整合，打造云南省文旅产业发展龙头企业；同时促进省内旅游民营企业、小微文化企业发展，为大众创业、万众创新积蓄动能；还需要进一步推动文旅企业转型升级，适应共享经济、长尾经济、零成本经济模式和大数据、云计算、移动互联网、物联网、人工智能等新一代信息技术，通过纵向上下游并购打通链条，生产高附加值的文化产品和服务。

再次，要通过法律政策保障云南省文旅企业拥有独立的财产权、经营权，并进一步简政放权，加大企业处置权赋予力度，鼓励文旅企业通过兼并、联合或虚拟经营推动文旅资源重新配置，组建大型文旅集团，改变文旅企业小、散、弱、差的现状，顺应文旅产业集约化发展态势。另外，进一步规范不同所有制景区的产权关系，推进景区所有权与经营权分离制度，赋予景区充分的管理、处罚权力，实现以景区景点为核心向全域旅游发展模式转变。

最后，目前云南省文旅市场主体依然存在文化与旅游企业各自为阵的现象，文旅产业的融合在顶层设计层面、业态层面都有一定的实现，但是，在市场主体—企业的层面其融合实现情况却较差，并且存在着大型旅游集团文旅经营混乱，中小企业文旅业态单一的现状和问题。因此，作为文旅产业的重要组成部分，云南省需采取系列措施促进在企业层面的文旅产业融合。第一，文旅企业建设应以大型旅游集团为主，大型旅游集团应首先进行结构调整和板块优化，大部分文旅集团会拥有体育馆、图书馆、景区、酒店、地产、担保公司、基金公司等下属公司，把图书馆、博物馆、艺术馆等此类资产分类为公益性资产，这些资产以公益性公共服务功能为主，将地产、酒店、景区等划归为经营性资产，“分类监管”是大型文旅集团管理的重点所在，需要根据文化旅游产业的不同性质进行分类管理，既有提供公益性公共服务的属性，又有发展经营性业务的强劲需求和内生动力，因此对文旅集团旗下的资产进行“产业分类 + 板块协同”的结构性调整是非常必要的，同时，也是后续产业布局、组织架构、资金安排的重要前提，可通过混改、打造样板项目、股权并购等方式进一步扩大经营规模。第二，出台相关政策，鼓励龙头企业、集团企业通过合作、外包、特许经营等方式和各类中小型文旅企业合作，促进中小企业业务多样化发展，以集团企业带动中小企业，全面形成完善的市场主体体系。

### （四）人才创新

首先，在《云南省技能强省行动计划（2017—2020年）》《关于提高技术工人待遇的实施意见》等政策的指导下，一方面不断提升本土旅游人才的素质，促进人才转型升级，要扩大文旅人才相关政策措施的涉及层面，将民间手工艺者和非物质文化遗产传承人，重点餐饮企业的特级厨师和餐饮学校的学术带头人，已取得山地、户外、高寒地区等旅游从业资格，并已有至少5年以上带队经验的体育人才、专业导游等，拥有丰富大型户外演出编排经验、打造过类似于印象系列的舞蹈音乐编排专家，以及长期研究地方历史文化、民族民俗、音乐舞蹈的文化、艺术、考古专家等均纳入文旅人才的行列，积极培育特色文旅人才。

其次，要不断引进新的高素质人才，壮大云南旅游人才队伍。不断健全政策体系，完善新时期技能人才队伍建设顶层设计。借助“一机游”建立一个定制化旅游平台，创新技能人才培养体制机制，健全人才开发管理机构职能、加大人才开发管理力度、拓宽人才引进渠道、重视人才素质提升、健全人才考核评价体系，为云南导游、旅行社从业人员、景区从业人员转型提供机会，培养一批具有工匠精神的基础性人才、具有战略思维的领军人才、具有创新精神的创新型人才、跨届发展的复合型人才，实现旅游人才创新发展。

再次，依托省内高校，积极组建一批文化旅游人才培训基地，完善人才培训体系和培训内容，不断提高从业人员的服务技能和服务水平。建立健全文旅从业人员的职业资格、职称和技术等级制度，建立人才数据库，加强人力资源管理。

最后，文旅人才在技能上、人才特征上都具有一定的特殊性，因此，应建立专门的文旅人才激励机制，转变陈旧的激励思想。随着整体物质水平的提高，物质激励已经较难调动文旅人才的积极性了，应将物质激励与精神激励相结合，在物质激励的同时，不能忽视文旅人才情感、荣誉及目标、行为等方面的精神激励。第一，政府应完善各项支持政策、加强对涉旅知识产权的保护、建立专业的文化创意人才市场，加大引进国内外优秀的文化创意企业服务机构、建设多元性的包容环境以满足创意人才快速成长、提升能力的需要。第二，从企业的角度来看，要建立长效稳定的薪酬激励机制、创造积极的创意平台，以成就为重点建设文旅人才激励机制。

### （五）营销创新

在大众旅游时代，云南文旅供给侧改革创新发展要重视营销创新，进一步突出打造“七彩云南、旅游天堂”的形象，针对不同时期、不同对象推出旅游宣传促销主题，并在内容、形式、渠道等方面追求精准营销、创新营销，具体从文创IP营销、“客创”营销、大数据精准营销、新技术营销、自媒体营销、综艺营销等①。

文创IP营销要通过促进旅游商品的创意设计，注入云南旅游形象，形成旅游IP，实现旅游引流。“客创”营销要密切关注游客的创意“旅游文案”“花式宣传”等形式，通过激发游客的创新来激发市场对云南旅游的关注，达到宣传效果。大数据精准营销可以依托云南文旅大数据平台精准识别游客旅游偏好，为其提供个性化旅游产品和优质服务，实现精准营销。新技术营销以“云旅游”等平台为依托，配以VR、AR、LSB等体验方式，实现足不出户游云南，为用户带来全景沉浸式体验，扩大云南旅游营销范围。自媒体营销就是借助微信公众平台、微博、抖音、火山等自媒体平台，为云南旅游带来流量，继而将流量变现为商业价值，扩大营销范围。综艺营销可以与娱乐媒体跨界合作，借助娱乐的元素建立云南景区与客户的感情联系，如《爸爸去哪儿》等借助真人秀节目形式促进云南旅游营销。

与此同时，云南省应进一步加大区域合作力度。结合沿边开发开放试验区、边境经济合作区的建设，进一步扩大云南省对周边区域文化的影响力。深化与东南亚、南亚国家区域文旅合作，重点开展大湄公河次区域、孟中印缅地区的文旅合作，重点建设中国磨憨—老挝磨丁、中国瑞丽—缅甸木姐、中国河口—越南老街等一批跨境旅游合作区和边境旅游试验区，联合开发文化旅游资源和开展宣传促销。深化“泛珠三角”区域的旅游合作和川滇藏“大香格里拉”生态旅游区合作，巩固提升滇沪、滇粤及滇港、滇澳、滇台文旅合作，建立健全资源共享、客源互送、信息互通的区域文旅联合营销新机制。

---

① 林峰．自主旅游时代及旅游供给侧六大创新结构．

## 三、以改造基础设施为支撑

文旅供给侧结构性改革要以改造基础设施为支撑，为基础设施建设提档升级，高标准打造云南文化旅游品牌，可以从旅游交通设施、旅游服务设施两方面着力，实现基础设施从瓶颈制约到优势支撑，通过补齐短板解决公共产品供给不足的问题，旅游公共产品包括公共设施、公共服务和公共政策等，具体包括游客服务中心、集散中心、咨询中心、旅游厕所、交通基础设施及相关服务设施、面向游客的信息服务、咨询服务、投诉服务、安全保障等。

### （一）旅游交通设施改造

旅游的本质是消费的搬运。因此，云南省文旅供给侧结构性改革需要大规模的旅游基础设施与公共服务设施体系，这是发展旅游产业的内在要求，也是做大做强旅游产业的先行物质基础。在旅游基础设施体系建设中，最基础的是旅游交通体系，包括铁路旅游、公路旅游、水上旅游、低空飞行旅游等。这些交通体系不仅是基础设施，很多本身就是旅游资源和旅游项目。云南省提升改造旅游基础设施就要以《云南建设面向南亚东南亚辐射中心综合交通规划》《滇中城市经济圈高速公路网建设规划》等专项规划为依托，进一步促进高铁、航空、高速公路建设的发展。

与此同时，还需要进一步疏通交通设施的“毛细血管”，加大高速、国道、省道改造力度，提高旅游干道公路、重要景区公路和旅游村寨公路建设标准，提升旅游的可进入性，同时加快重点景区内部道路和停车场系统建设，发展景区出租汽车、延伸公共汽车站点、组建旅游车队、高铁站零换乘等措施（见表4-5）。

**表4-5　云南省文旅交通体系发展路径**

| 云南文旅交通发展路径 | | |
|---|---|---|
| 旅游交通体系 | 铁路旅游 | 云南铁路建设逐步向省内市州、周边省份扩散，同时，开设长线旅游专列、发展境外“飞机＋铁路”联运，将铁路旅游圈逐步向周边国家拓展；充分发挥“互联网＋”优势，引进社会品牌餐食、娱乐活动，升级列车服务 |

续表

<table>
<tr><th colspan="3">云南文旅交通发展路径</th></tr>
<tr><td rowspan="3">旅游交通体系</td><td>公路旅游</td><td>进一步推进“五纵五横一边两环二十联”高速公路网”建设，借助云南公路网发展优势，利用车流和人流为资本，挖掘沿线地方特色旅游资源和相关产业资源，挖掘公路与政府、产业、文化和商业融合发展可行性项目建议清单，将交通节点提升为景点，将线路打造为景观走廊，将路域拓展为旅游景区，探索交通旅游融合“新模式”</td></tr>
<tr><td>水上旅游</td><td>在云南省内，根据各市州水域的特点进行合理定位并划分功能区，不断充实水上旅游项目的船上活动内容，摆脱单纯的水上观光，融入更多休闲文化娱乐活动，并结合收集整理的具有当地文化特色的民间故事，推出特色活动；同时，尝试推进水上婚礼和水上商务等新兴游艇经济，形成独具特色、吸引力强的水上旅游项目</td></tr>
<tr><td>低空飞行旅游</td><td>立足于云南省各市州的土地、空域、旅游等资源禀赋，加大低空旅游政策支持，优化低空旅游发展环境；在考虑景区间的机场共享、协同、联动基础上，建设低空飞行试点基地，完善通航服务保障基础；充分挖掘并发挥云南省内的森林、山川、湖泊、建筑、生态、古迹等特色旅游资源优势，开通空中旅游航线，实现城市与城市、城市与景区、景区与景区之间的点对点直航对飞，开通定期或不定期互通航线，开发连接旅游景区、运动基地、特色小镇的低空旅游环线或网络</td></tr>
<tr><td>旅游交通设施</td><td colspan="2">在云南省快速建设发展的高速公路、城区干道、景区及旅游场所等地方增补完善旅游交通指引标识，并通过“游云南”App及小程序提供详细的旅游交通指引服务；加快旅游停车场建设与服务提升，设计并运用景区停车智慧系统进一步提高停车场的管理水平和效率；合理设计旅游专线的线路和停靠点让旅游专线“专”起来；完善云南省内对于自助散客游的交通枢纽换乘中心的设施，提高换乘效率；在各市州内部城市规划中大力发展旅游慢行系统，延长游客停留时间</td></tr>
</table>

## （二）旅游服务设施改造

云南省应不断完善旅游服务体系，从食、住、行、游、购、娱六大方面加强和完善旅游基础服务设施的建设，提升云南省旅游服务的整体水平，把握好旅游业规范化发展方向。

提升旅游服务要素供给质量。为了满足文旅需求侧的游客多样化的消费需求，围绕游客出行的“食、住、行、游、购、娱”六要素，在游客集中区域全面实施“明厨亮灶”工程，推进“明厨亮灶”与量化分级管理、许可准入相结合，严查餐饮无证经营，加大监督检查力度，全面提升“食”的品质；要加快推进五星级酒店建设，推进精品酒店和民宿客栈标准化建设，规范旅游酒店客栈价格行为，全面提升“住”的品质；要加大力度解决租车难、租车贵和异地还车难等问题，大力推进高速公路服务区标准化和景区道路建设，打造“一站式综合服务平台”，全面提升“行”的品质；要全面提升景区景点质量，创建全域旅游示范区，全面提升“游”的品质；要做到30天无理由退货，确保货真价实、明码标价，全面提升“购”的品质；要大力发展康养、文化、体育、民族风情类旅游产品，全面提升“娱”的品质。

协调民族文化保护和旅游发展问题。重视文化古迹的修复与保护。制定科学的保护规划并严格执行，加快建设一批文化旅游名城、文化旅游古镇、文化旅游古村落；将文物古迹保护与发展教育、旅游发展相结合，建设提升一批非物质文化遗产基地、传习中心和传习馆（所）。重视非物质文化遗产的传承与保护。将非物质文化遗产保护和传承工作涵盖到云南省地方经济发展计划当中，不断提高保护体系的完善程度，将非遗项目申报认定工作落实到位；同时，强化非物质文化遗产传承人才建设，将非遗传承培训班落实下去，加强培养机制的完善程度，加强以老带新原则的应用，积极融入新生力量；加强数字化技术的应用，不断创新宣传形式，拓展传播渠道，使更多人更进一步地认识非物质文化遗产。

重视文化旅游品牌打造。坚持“发展大旅游、建设大产业”的思想，以市场为导向，以资源为依托，政府主导与企业运作相结合，积极建设民俗文化村落，包装打造购物中心，开发特色旅游商品，精心规划建设休闲娱乐设施，满足游客购物娱乐需求；深度挖掘文化旅游，开发包装云南省的民俗文化、节庆文化、康乐养生文化、边疆文化、乡村文化等特色文化，赋予文化旅游内涵，提升旅游接待品位，依靠优质服务、热情接待留住客源、吸引人气，增强旅游竞争力，实现文旅产业供给端提质升级。

重视硬件设施建设。深入推进“旅游革命”，进一步抓好厕所革命，完成云南旅游厕所建设、维护工作；要下大力气改革旅游统计工作，打牢产业发展的支撑性基础。挖掘云南省历史文化与民族文化，新建和改扩建一批州博物馆，提高基本陈列质量和藏品利用效率，促进馆藏资源、展览的共享交流，增强博物馆面向群众和游客的综合服务功能。

重视智慧旅游发展。加快对“一部手机游云南”平台进行迭代升级，深入研究5G网络、人工智能、区块链等的场景应用，形成“平台设计+个性化服务”体系，为旅游业转型升级提供智慧化指导方案，加快搭建旅游大数据中心和面向东南亚、南亚旅游交易平台。

## 四、以推进政策落地为保障

云南文旅产业供给侧结构性改革要注重方向导向，注重精准发力，注重统筹协调，注重督察落实，要积极制定并推动相关政策落地，推动文旅产业改革发展各项任务落地见效。

### （一）加强领导组织，促进规划引领

云南省需推进文化旅游产业管理机构职能的整合重组，推进旅游体制改革，从顶层设计和管理体制上扭转目前文化旅游各自为政、沟通不畅的局面，形成文化旅游产业统一管理、统一指挥的顶层设计，解决条块分割、统筹乏力等问题，形成文旅产业发展合力。通过云南省文化和旅游厅的部门统筹，通过部门联动、系统决策，在不增编、不增费用的前提下，创新高层管理，从机制上形成旅游发展合力，破除制约旅游发展的资源要素分属多头的管理瓶颈和体制障碍，更好地发挥政府的导向引领作用，充分发挥市场配置资源的决定性功能。

同时，构建文旅产业的智库机制通过聘任形式，组建由专家、学者为主体、在各自领域内具有一定知名度和影响力的专业人士为成员，成立文旅领域的专家顾问库，为文旅产业发展规划、重点项目论证和重大问题决策提供咨询和指导。

另外，要积极发挥各类规划的引领作用，严格遵循规划先行的原则。云南各市州要将文旅产业供给侧改革与经济社会发展、城乡建设、土地利用、基础设施建设、生态环境保护、乡村振兴等规划相衔接，制订文旅产业供给侧结构性改革专项行动计划，建立评估督导机制，量化考核文旅产业供给侧改革成效。

### （二）加大财政金融政策支持

融资渠道单一、资金短缺问题是制约文旅产业发展的重要因素。解决这一问题的关键是要进一步加大财政对文旅产业的资金投入力度。

应积极争取国家财政资金和政策性银行贷款支持，协调金融机构出台支持云南省文旅供给侧改革发展的具体措施。制定出台文旅供给侧结构性改革发展奖补政策，省财政每年从旅游发展专项资金中安排一定额度的资金用于建设发展。各州、市、县、区要加大文旅供给侧改革力度，鼓励有条件的地区通过规范设立产业资金、政府和社会资本合作、特许经营等方式，引导各级各类资金参与支持文旅供给侧改革发展。金融部门对符合旅游市场准入条件和信贷原则的旅游企业和旅游项目，加大贷款支持。积极发挥“政银保担”模式作用，鼓励金融机构加大对小微型旅游企业和乡村旅游的信贷支持力度。引导和鼓励符合条件的旅游企业，利用云南省推进企业上市倍增三年行动方案①，支持企业尽快上市，并通过发行公司债、私募债、中期票据等债务融资工具，促进旅游项目资产证券化，加大对旅游产业发展的支持力度。

建立云南省文旅产业项目库，定期遴选重大项目给予重点扶持，并引导金融机构加大对重点文旅项目的融资支持和信贷支持力度。同时，建立云南省动态文旅产业项目库管理机制。实行分类管理，分为重点项目和其他项目，其中重点项目分为国家、省、设区市和县/市（区）四个层级。文旅产业项目库实施动态更新，所有项目按季度更新相关数据与信息；重点项目除季度更新外，还需按进度及时更新主要数据与信息；新增重点项目实行简报机制，及时报送简要信息。

制定民间资本准入政策，鼓励不同所有制的资本进入文化旅游领域，鼓励社会团体、企业和个人兴办国家政策允许的各种文化旅游经营企业，对多种形式兴办的文化旅游产业，在土地使用、税费征稽、人员聘任等方面给予优惠政策。鼓励和引导民间资本投资演艺、娱乐、动漫、游戏、文化旅游、艺术品、工艺美术、文化会展、创意设计、网络文化、数字文化服务等行业和领域。支持民间资本参与重大文化旅游项目实施，鼓励民营文化企业跨区域、跨行业兼并重组。民间资本投资符合国家重点扶持方向

① 云南省人民政府办公厅关于印发云南省推进企业上市倍增三年行动方案（2019—2021 年）的通知。

的文化行业门类和领域，可通过项目补助、贷款贴息、保费补贴、绩效奖励等方式给予资金扶持①。

### （三）强化旅游用地政策保障

保障旅游常规用地政策。将旅游发展所需用地纳入土地利用总体规划、城乡规划统筹安排，年度土地利用计划适当向旅游倾斜，适度扩大旅游产业用地供给，优先保障旅游重点项目和乡村旅游扶贫项目用地。

明确旅游新业态用地政策。针对旅游新业态用地特点，按照鼓励使用存量、规范使用增量的原则，依法明确了乡村旅游、自驾车、文化和研学等的用地政策。加大对文化旅游公共服务设施、旅游厕所建设、乡村旅游与文化旅游扶贫用地的保障力度。

探索文化旅游产业土地利用新模式。用活、用好省级每年预留的年度新增建设用地计划指标，对省级重大文化旅游项目和新业态项目优先落实年度新增建设用地指标。

### （四）严格执行旅游市场监管政策，完善文旅产业信用体系

面对云南文旅产业供给端存在的“治理融合有限”的问题，要坚持依法治旅、依法兴旅、依法行政，严格执行《中华人民共和国旅游法》《云南省旅游条例》等法律法规，严格落实统筹协调、部门分工、分级负责，强化市场监管综合调度指挥部的工作职责。实行属地管理，分级负责，定期考核。加强督察，提升云南旅游市场品质。

健全市场综合执法机制，开展常态化的市场监管和市场整治工作，构建现代化文旅市场治理体系，推进文旅市场一体化发展。坚持统筹市场供需两端，构建行业主管部门、市场监管部门、执法部门、行业协会和民间专业调解机构等共同参与的旅游市场综合治理机制，采用旅游综合执法、行业监管、投诉处理、纠纷调解等多元化手段，形成供给端整治，需求端引导的市场监管体系，营造良好的文旅市场氛围。大力推进旅游警察队伍、旅游工商分局、旅游巡回法庭和旅游纠纷人民调解委员会试点工作，并进一步在全省域范围内推行。

强化督察整治措施，开展重点专项督查任务，进一步规范全省旅游市

① 文化部出台意见鼓励和引导民间资本进入文化领域 [EB/OL]. http://www.gov.cn/gzdt/2012-07/09/content_2179295.htm[2012-07-09].

场秩序。开展重点景区景点市场（如云南省3A级以上景区）、热门旅游目的地（如丽江、大理）、边境旅游市场（如河口、瑞丽等口岸）的专项整治行动，重点查处旅游经营过程中超范围经营、强买强卖、强迫和变相强迫游客消费、欺客宰客及“黑导、黑车、黑社”等违法活动。

加强宣传，全力营造浓厚的文明旅游氛围。结合创建全国文明城市，督导各旅游企业在旅游景区（点）、旅行社窗口、星级饭店及旅游集散服务中心等，张贴社会主义核心价值观、文明旅游等宣传品，引导旅游从业人员、广大游客自觉遵守社会公德、维护旅游市场秩序。鼓励企业组织对志愿者进行培训、辅导和教育工作，有针对性地开展文明劝导、环境维护、义务讲解等志愿服务，营造文明旅游和志愿服务的良好氛围。

加强文旅领域信用体系建设。建立健全文旅企业主体、从业人员及文旅产品的信用信息数据库，建立文旅企业信用等级第三方评估制度等，引导企业主动发布产品服务质量相关信息及专项承诺，健全文旅企业资质等级评定制度，构建包括诚信服务记录、评价、激励、惩罚、信息发布的综合信用管理体系。同时，建立诚信公示制度，通过统一的监管平台公布诚信服务企业、从业人员名单和资质等级（见图4–5）。

| 整治供给端 | 引导需求端 |
| --- | --- |
| • 畅通游客投诉渠道<br>• 完善重大案件审查制度<br>• 健全投诉高效处置机制<br>• 设立文旅商品信誉担保理赔机制<br>• 构建全面售后服务体系 | • 发布主要文旅产品成本价格<br>• 加大文明旅游宣传<br>• 发布文旅企业红黑榜 |

**图4–5　云南省文旅市场监管体系**

## 第二节　文旅产业供给侧结构性改革的对策建议

针对云南省文旅产业供给侧结构性改革发展现状与问题、改革目标与战略思路，深化云南文旅产业供给侧结构性改革，需从提高产品有效供给、健全文旅产业体制机制、优化文旅综合服务、提升文旅品牌影响、扩大文旅市场范围、实现文旅智慧发展等方面入手推进。

## 一、丰富文旅产品，提高产品有效供给

### （一）扩大文旅产品的供给数量

扩大文旅产品的有效供给数量是推进云南省文旅产业供给侧结构性改革的有效举措。扩大文旅产品的有效供给数量，应在坚持以市场需求为导向的基础上因地制宜，树立“全域旅游”发展理念，全时全域打造文化旅游产品。在延长旅游活动时间上，鼓励昆明、丽江、景洪等旅游城市大力发展夜间经济，挖掘夜间消费新功能，拓展有效停留和消费时间，通过特色夜市，打造各大城市夜间旅游地标；通过景观照明，展示云南特色夜景；通过夜间旅游演艺活动、夜游景区等夜间旅游项目，丰富云南夜间娱乐活动等。在扩大旅游活动空间上，打造居民与游客共享的生活空间，形成“都市、城镇、乡村”全空间发展格局，要加快建设以昆明为中心的都市休闲聚集区；加强红河东风韵小镇、大理喜洲古镇、丽江大研古镇、元阳哈尼梯田小镇等为代表的特色旅游小镇主题化建设；推进以傣寨、瑶寨、白寨、彝族村等云南少数民族村寨为亮点的乡村旅游发展。

### （二）提升文旅产品的文化品质

促进云南特色文化与旅游深度融合，提升文旅产品文化品质，是云南文旅产业供给侧结构性改革的重要途径。云南省拥有丰富的民族、乡村、红色、历史、边境等文化资源，要充分发挥区域文化资源优势，打造文旅融合集聚区、文化创意策源地及文化产业高地，做好文化建设促进文化旅游融合发展。

**1. 促进“民族文化＋旅游”深度融合**

在云南的土地上生活着多个少数民族，为促进民族文化与旅游深度融合，一是利用好各少数民族独特的建筑风格，如纳西族、怒江傈僳族的“木楞房”，元江哈尼族的“蘑菇房”，西双版纳傣族、景颇族的竹楼等，大理等地白族、彝族的“三坊一照壁”“四合五天井”及彝族的“一颗印”等，恢复一批民族传统建筑，提高民族聚集地区的旅游观光价值。二是利用好各少数民族传统的民族服饰，如纳西族的“披星戴月”、白族的“风花雪月”帽等，向游客展示各民族服饰的演变，并在“体验”民族服饰上做好文章，如借助虚拟现实技术开发“在线试装”

功能、推出少数民族服饰精品摄影套餐等。三是利用好各少数民族的传承艺术，如纳西古乐、傣族舞蹈、彝族山歌等，积极开办民族文化艺术节，加强《傣秀》等民族文化演艺节目创作。四是利用好各少数民族的传承手工艺，如哈尼族的靛青染衣技艺、苗族的蜡染桃花技艺、纳西族的东巴造纸技艺、壮族的织锦技艺、傣族的慢轮制陶技艺等，依托这些传统手工艺开发文旅体验项目和特色文旅纪念品。五是利用好各少数民族的节庆活动，如彝族的火把节、白族的三月街、傣族的泼水节、纳西族的三朵节、景颇族的目瑙纵歌、傈僳族的刀杆节等，开发民族文化节庆精品旅游产品。

**2. 促进“乡村文化＋旅游”深度融合**

加强乡村文化旅游产品创意开发，将地方文化要素融入乡村旅游核心产品中，增强产品的特色与价值。一是加强乡村旅游场所的景观化打造，如佤族村寨可在路灯、路标、垃圾桶等设施中融入牛头等文化象征元素。二是提高农业旅游产品的观赏和科普价值，运用创意、生物技术、园林造景、规模化种植等方式，打造大地景观，如在乡村地区建设郁金香花海、火龙果灯田、热带水果种植园等。三是深入挖掘乡村民俗文化，将民歌、民间舞蹈、节庆礼仪、民间游戏等，打造具有地域特色的乡村文化娱乐活动，如篝火晚会、乡村春晚、乡村运动会等。

**3. 促进“红色文化＋旅游”深度融合**

进一步整理挖掘云南的重要会议会址、革命旧址、杰出人物故居、革命战争或重大事件的发生地、革命烈士陵园、具有特定时代背景的标志性建筑，新建并提升一批专题性纪念馆、博物馆和展览馆，充分表达这些红色旅游要素所承载的红色歌曲、红色故事、红色军队、红色战役等红色历史、红色文化和红色精神。创新红色文化表现形式，打造红色文化主题舞台剧、戏曲、实景演艺等精品剧目，开发名人人物、标志建筑剪纸、刺绣、绘画等红色文创产品，增强红色旅游产品的艺术性、观赏性、趣味性、体验性。加大红色文化旅游资源整合力度，在红色文化旅游资源密集地区建立革命传统教育基地和爱国主义教育基地，并进一步拓展红色旅游精品线路，形成红色旅游“组合拳”优势。

**4. 促进“历史文化＋旅游”深度融合**

一是促进历史遗迹和文物展示的活态化发展，以现代数字技术让文物以动态化、情景化、互动化的形式展示给游客，如将修复后的沧源崖画以立体投影的形式呈现给游客，并配上生动而有趣的智能语音讲解；借鉴央视节目《国家宝藏》的表演形式，鼓励博物馆或展览馆以情景剧的形式将文物背后的故事传达给游客，以此提高游客的旅游体验。二是加强云南历史剧目的创作，如在昆明古滇王国实景演绎古滇王国从诞生、发展、鼎盛、衰落直至灭亡的历史进程，充分展示古滇王国的历史文化元素等。三是加强非物质文化遗产的传承，建立非物质文化遗产展示区，同时鼓励非物质文化传承人开办非物质文化遗产传习所，在保护非物质文化的同时为游客提供文化旅游体验产品，如西双版纳州傣族象脚鼓舞传习所除展示传承人的表演服装、道具外，还可通过开展短期培训班等形式，让游客参与到象脚鼓舞的学习和表演中来。

**5. 促进“边境文化＋旅游”深度融合**

云南省位于西南边陲，与越南、老挝、缅甸相邻的地理位置造就了云南独特的边境文化，要依托云南怒江、保山、德宏、临沧、普洱、西双版纳、红河、文山 8 个边境州，共 25 个边境县，促进边境文化与旅游融合发展。一是依托边境城市，开发异国风情体验旅游产品。二是依托边民集市和跨境贸易，打造边境商贸文化和购物文化，开发边境商务、购物旅游产品。三是在瑞丽、河口、磨憨等重点口岸城市，建立中缅、中越、中老国际友谊博物馆，分别陈列和展览缅甸、越南、老挝赠送给中国的外交礼品，展示中国与东南亚国家的珍贵友谊。

## （三）探索文旅产业的新兴业态

探索文旅产业新兴业态，是云南省文旅产业供给侧结构性改革的有效方略。云南省要推进文化旅游产业与以健康产业、体育产业、教育产业、会展产业、新媒体产业为代表的产业融合发展，构建“大文旅”产业体系（见图 4-6）。

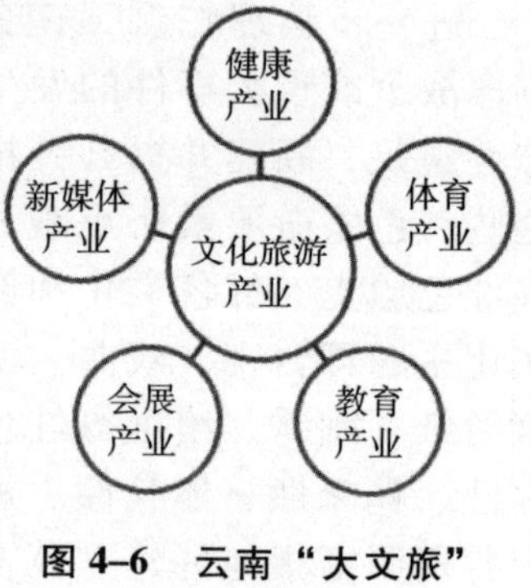


**图 4-6 云南“大文旅”产业体系**

**1. 积极发展健康产业**

主要依托云南中药材种植和医药产业基础，结合气候、环境、生态等优势，打好云南三张牌之“绿色食品”“健康生活目的地”。一是扩大三七、天麻、铁皮石斛、灵芝、玛卡等药用植物规范化种植规模，大力发展高端医养、生物制造、仿制药、生物化工、保健品等生物医药产业，扩大健康产业规模效应。二是大力发展绿色食品产业，支持发展绿色有机生产基地，积极推进乡村旅游发展。三是大力发展康养产业，依托温泉、雨林、山地等自然资源，积极开发“森林瑜伽”“温泉SPA”“雨林太极”“食疗养生”等康养旅游产品。四是积极开发傣、彝、藏、苗等民族医药养生、康复理疗、养老基地等民族医药养生旅游产品。五是大力发展高端医疗产业集群，引进国内外优质医疗资源，开发建设集临床服务、医疗教育、医学科研和成果转化为一体的医疗综合体，使云南成为国际先进的医学中心、诊疗中心、康复中心和医疗旅游目的地、医疗产业集聚地。六是依托普洱茶文化、少数民族文化、宗教文化等文化旅游资源，加快建设一批集医疗、养老、养生、康复、保健、休闲、运动、文化、观光于一体的特色旅游小镇，依托特色小镇建设，将云南的蓝天白云、青山绿水、特色文化转化为发展优势，打造世界一流的健康生活目的地。

**2. 积极发展体育产业**

主要依托雨林景观、山地景观、河流峡谷等自然环境，跳火绳、荡秋千、抛绣球、舞铃铛等民族特色体育项目，开发户外攀岩、峡谷漂流、雨林越野、皮划艇、低空跳伞等户外运动旅游产品，积极举办民族运动会、跨境山地自行车赛、越野摩托车挑战赛、雨林徒步挑战赛、龙舟挑战赛等区域体育赛事，建设一批汽车露营地、帐篷野营地、青少年素质拓展基地等山地户外运动旅游基地。

**3. 积极发展教育产业**

主要依托云南珍稀动植物、民族文化、历史遗迹、非物质文化遗产等自然文化旅游资源，云南大学、云南民族大学、云南师范大学、中国科学院昆明植物研究所等高校和科研机构，创建一批中小学生研学实践教育基地、国际研学旅游营地、农业科普教育基地等科普研学基地和景区，探索“政府＋旅游企业＋教育机构＋科普场所”等教育旅游发展模式，打造产业化、专业化、多样化、体验化、趣味化的教育旅游产业集群。

**4. 积极发展会展产业**

主要依托云南丰富的物产资源、面向南亚东南亚的区位优势，加强会展配套设施和人才建设，进一步做大做优以中国—南亚博览会、南亚东南亚国家商品展、中国国际旅游交易会、中国云南普洱茶国际博览交易会、中国昆明泛亚石博览会暨国际珠宝文化节、地方民族特色节庆会展活动及边境经济贸易交易会为代表的常态化会议和展览活动，积极申办世界博览会、中国国际进口博览会、全国植物生物学大会、中国国际植物展览会等国内、国际知名会议展会，以会展促进文旅产业集群化发展。

**5. 积极发展新媒体产业**

主要依托云南省各大旅游景区，通过与网红、明星等影响力较大的公众人物合作，以抖音小视频、快手直播、微博等自媒体为渠道，加强旅游营销推广，积极打造大理洱海、西双版纳州高庄西双景、虎跳峡、弥勒东风韵、蒙自碧色寨、建水小火车、昆明滇池等网红打卡地，利用《有一个美丽的地方》《彩云之南》《让我听懂你的语言》《三生三世十里桃花》《爸爸去哪儿》等歌曲、影视、综艺塑造云南文化旅游IP。

### （四）加强文旅产业的品牌塑造

加强文旅产业的自主品牌塑造，深入实施云南文旅产业创品牌战略。保护和发展云南白药等“健康+文旅”的中华老字号品牌，保护发展建新园、桂美轩滇式月饼、月中桂等云南美食中华老字号品牌。依据《“云南老字号”评定规范》和《云南老字号动态管理暂行办法》，进一步支持食品、餐饮、医药、茶叶等领域的“云南老字号”发展，深入实施“旅游+”融合发展战略。持续办好中国国际旅游交易会，充分发挥云南举办地的优势，深入体现与展示云南文旅融合发展的新产品、新业态，促进云南旅游交易与形象品牌宣传，突出自主品牌消费品体验，塑造云南旅游产品品牌形象，提高自主品牌知名度和影响力，扩大自主品牌消费。参照国际先进经验，制定完善旅游产品业态、旅游要素设施、旅游公共服务、生产运营管理、市场监督管理等领域的“云南标准”。鼓励支持行业协会、商会、旅游企业、研究机构参与国际、国家标准化研究、制定，推动云南旅游标准上升为行业标准和国家标准，提升“云南标准”的影响力。

## 二、提高治理效能，健全文旅产业体制机制

### （一）健全文旅产业发展体制

加强文化和旅游合并后的部门磨合工作，依靠机构职责、功能的调

整与重塑，减少部门工作重复、责任落实不清等问题，不断打破地域、行业与部门壁垒，提高文旅工作效率。利用部门重组，有效协调文化保护和旅游开发的关系，加强文化和旅游机构的优势互补，如发挥文化在公共服务建设上的优势，促进旅游公共服务体系建设；发挥旅游在资源开发上的优势，促进文化的传承与保护等。同时，文化和旅游部门还要通过体制创新，加强社会参与，协调好文化馆、博物馆等事业单位和旅游企业间的关系，加强文化资源和旅游市场的整合。

### （二）升级旅游市场监管系统

为促进云南省文旅产业供给侧结构性改革，应加快健全市场监管体制机制，继续深入实施《云南省旅游市场秩序整治工作措施》，深化云南旅游革命。

**1. 打造消费自由的旅游购物环境**

（1）构建线下体验 + 线上交易结合的统一旅游购物平台。根据购物店经营的诚信、商品、规模等情况在旅游地设立购物体验实体店，在统一购物电商平台中注册并同步上架旅游商品。游客在购物体验店可线下完成对旅游商品的选择，在云南旅游购物电商平台完成交易。由旅发委主要负责监管线下旅游市场秩序，由工商部门或者设立旅游商品诚信指导价建立中心，对线上旅游商品的价格的监管，必须保持购物店线下、线上旅游商品种类、品质、价格的一致。

（2）完善旅游购物售后服务。首先，设立云南旅游购物退换货监理机构。主要职责首先是在购物环节存在“欺客宰客”的购物店进行监督，畅通无理由退换货诉求渠道，并提高处理时效性。其次，根据游客的购物评价对购物店的信誉进行测评与监管（见图 4–7）。

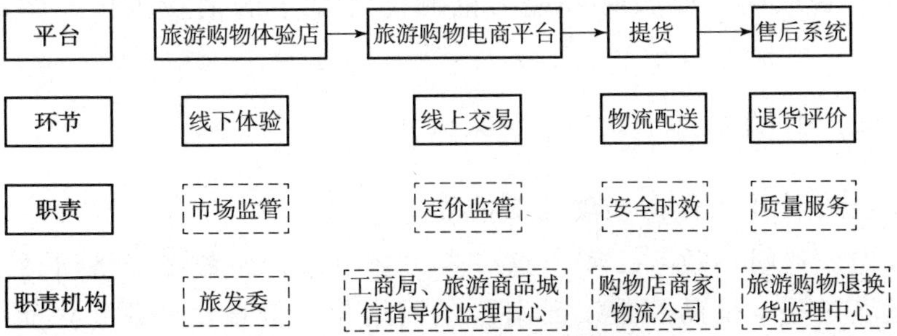


**图 4–7　云南统一旅游购物系统**

**2. 改进导游管理方式**

（1）推进云南导游执业自由化。一是积极推进云南省成为全国导游执业自由化第二批试点，让每一位导游有可能成为小微旅行社，激发旅游产品市场的活力；二是实现导游电子化管理，建立全省统一的导游管理信息平台，将全省所有导游纳入平台进行实时动态监管；三是建立导游评价系统，建立导游职业退出机制。

（2）落实导游薪酬制管理。一是落实导游薪酬制管理，解决导游归属问题，严格监督导游与旅行社劳动合同的签订，实施电子合同线上监管；二是合同签订过程中涉及的薪酬支付和社保缴付等要有保障。

**3. 建立旅游企业引导机制**

一是引导旅游企业进行转型，推进旅游产品品质与服务质量的提升。在严格整治的同时，要“疏”“堵”结合，应顺势扶植散客游和品质游等方面相关企业，给予相应的政策倾斜。二是助力市场主体调整营销模式走出低价恶性竞争，对于暂时运营亏损正在转型的市场主体，给予一定的税收优惠政策，助力其度过转型阵痛期。

**4. 加强游客管理**

（1）加强游客跨区域协同治理。打破“你治他不治”的困局：一是要与贵州、广西、四川省份达成共识，跨区域协同统一综合治理；二是要尽快形成组团社与地接社、线上与线下、旅行社与导游、企业与从业者、客源地与目的地协同治理的态势，结合法律应用、市场化手段、行政管理等路径。

（2）引导游客理性消费。利用需求端促进供给端改变。通过宣传教育，改变消费者“贪小便宜”、易受低价诱惑的市场现状，形成健康、理性的消费取向，使旅游者成为抵制恶性竞争的消费主体，倒逼市场自律。

## （三）推进政府治理能力现代化

**1. 充分应用大数据实现高效治理**

首先，利用“数字云南”这一强力新引擎，使数字经济渗透文旅产业的运营过程，借助“数字云南”的网络化、信息化、数字化能力推动云南省文旅新业态的形成，在进一步提高文旅业服务质量的同时，保证相关部门的治理能力。其次，依托“一部手机游云南”监测云南省旅游企业及游客的体验、安全、信用、投诉等信息，发挥互联网大数据多样化、高价值、大规模等特点，充分应用相关技术帮助文化和旅游部门提高治理效率。此外，文旅部门还可借助“孔雀码”对文旅服务产品做到源头可查、去向可追、责任可究、信息可视，大幅改善市场安全性与客户体验。

**2. 运用政务新媒体实现信息透明**

文旅产业供给侧结构性改革离不开政府的大力推动，文旅部门应充分依托云南省文化和旅游政府微信公众号、微博、部门官网等政务新媒体，及时发布文化旅游市场监管、文化旅游企业“红黑名单”等政务信息，在提高政府服务能力与便捷性的同时，实现政务信息透明化。面对旅游舆情，政府需要在突发事件发生第一时间到达事件现场，在新媒体进行实时信息发布，并及时和受众进行沟通，让群众了解到突发事件进展情况，通过全透明的信息公布方式来提升政务新媒体公信力。

**3. 提升旅游舆情监测及应对能力**

相关部门应落实舆情公关工作，加快建立舆情监测平台，扩大对微博、微信、旅游论坛等网上空间的监测覆盖面，借助各大媒体、社交平台及出行旅游 App 中关于云南省文化和旅游市场的新闻热点和评论反馈，提升旅游舆情监测能力。提高政府危机公关意识，通过专家培训等方式，增强政府应对媒体能力和旅游公关能力。推进各州市加快实行“1 + 3 + N + 1”旅游综合监管模式，继续加强旅游警察队伍、旅游巡回法庭、工商和市场监管局旅游市场执法三支队伍建设，构建矛盾化解和纠纷调处机制，及时就地解决旅游矛盾纠纷，增强政府投诉处理能力。

### （四）强化文旅发展的政策保障

**1. 建立投融资机制，拓宽文旅产业投融资渠道**

云南省各级政府应严格按照预算管理有关法律法规，完善投融资项目支持措施和财政补贴政策，有效控制和降低财政风险，构建由政府监管部门、投资主体、社会公众、专家、媒体等共同参与的民间资本参与风险防范和监管机制，加大金融监管力度，规范投资主体的投融资活动。同时，积极出台一系列有关文化和旅游项目投融资的优惠政策，如贷款贴息，以奖代补等方式，从土地、税收、价格等方面给予投融资记录良好的文化和旅游企业一定的政策倾斜。此外，云南省文化和旅游部门还应积极探索PPP、TOT、BOT等政府与社会资本合作模式，通过独资、合资、合作、联营、租赁等途径，以特许经营、公建民营、民办公助等方式，鼓励社会资本加大对文化、旅游、体育、养老、教育、生态保护等领域的投资力度，降低民间投资市场准入门槛，充分发挥华侨城、融创、海诚等民营经济的活力。

**2. 整合用地政策，加强文旅产业发展用地保障**

坚持节约集约用地，按照土地利用总体规划、城市规划安排旅游用地的规模和布局，严格控制文化旅游设施建设占用耕地、国有林地等。制定出台相关配套政策，开辟文旅产业发展的用地规划、手续办理、项目申报等“绿色通道”，合理引导和满足旅游用地需求，对文化主题景区、文化类旅游小镇、博物馆等重点文旅项目用地优先安排计划、优先报批、优先供地。贯彻落实国家及云南省有关促进文旅产业发展的土地政策，特别是乡村文化旅游用地相关政策的具体落实措施。争取国土部门的增减挂钩土地周转指标，积极争取文旅产业用地计划指标，盘活存量闲置土地，鼓励农民在自愿的情况下直接或间接（土地入股）介入乡村文化旅游经营，获取收益。充分利用低丘缓坡土地开发利用试点政策、乡村宅基地置换、旧城与废弃工矿改造、农村经营性建设用地使用权流转试点等渠道，保障文化旅游项目用地需求。

**3. 完善人才引进和培养机制，建立高素质文化旅游人才队伍**

一是制订文化旅游人才引进计划，针对不同层次的旅游人才实行柔性灵活的用人方式。二是完善人才招聘制度和程序，采取直接调人、长期挂钩联系、人才交换、临时聘用等用人方式，进一步拓宽人才引进渠道。三是制定人才引进优惠政策，针对优秀的文化和旅游人才从住房待遇、生活待遇、政治待遇三个方面给予优惠，并出台旅游人才考核奖励办法，建立稳定长效的奖励机制，对考核结果优秀的人才予以补助和奖励，调动其积极性。四是促进多学科交叉和融合，大力发展旅游职业化教育，开展校企人才联合培养模式，建立高校与博物馆、旅游景区等文化旅游单位或企业的合作关系，以志愿服务、实习等方式提高学生的实操能力。五是形成常态化的培训制度和人才考核制度，对一线导游人员，要强化导游在文化知识方面的培训，保证导游既具备基本的服务技能，同时也具有某专业领域特长或内行的专业文化知识，提高旅游从业人员的文化素养。六是加大对非物质文化遗产传承人的扶持力度，由政府出资开办非物质文化遗产培训班，提高传承人的传承意识，保护和弘扬中华优秀传统文化，对优秀的毕业生给予一定的奖励，激发当地百姓学习云南传统文化的积极性。

## 三、改善服务设施，优化文旅综合服务

### （一）加大交通基础设施建设

提高文旅交通通达能力是促进云南省文旅产业发展的重要保障，需加快形成便捷化、立体化、主题化的旅游交通网络。首先，在原有的交通网络基础上，扎实推进交通基础设施建设。在铁路方面，加快推进北京—昆明、昆明—拉萨、昆明—曼谷等出省出境高速铁路建设，逐步形成“八出省、五出境”铁路骨架网；在公路方面，不断加密高速网络，全面提升改造高速公路服务区，逐步形成“七出省、五出境”高速公路主骨架网，并不断加快城乡美丽公路建设，扎实推进县域高速公路“能通全通”工程；在航空方面，加快推进机场建设，推进昆明长水国际机场、西双版纳嘎洒机场等吞吐量较大的机场扩建升级，尽快落实元阳、勐腊等新机场建设，逐步形成广覆盖的航空网；在水运方面，推进水运航道、港口、泊位等水运基础设施建设，逐步形成“两出省、三出境”的水运通道，最终形成铁路、公路、航空、水运一体化发展的综合交通基础设施网络。其次，利用城市观光交通、旅游专线公交、旅游客运班车等交通方式实现文旅交通的公交化，开通城市通往各旅游景点及各旅游景点间的旅游专线，形成区域内的旅游环线，提高文旅交通的供给能力。再次，将云南省各地区独特的文化元素融入交通基础设施建设中，拓展交通基础设施的文化内涵和旅游服务功能，如围绕昆明陆军讲武堂、西南联大旧址、滇池等红色旅游景区景点开通红色旅游公交专线，并对公交外观进行主题设计等。最后，完善停车场、房车营地等交通配套设施建设，加快城区、景区、游客集中场所停车场改扩建和景观提升步伐，鼓励建设自驾车与房车营地，逐步建立快行漫游的自驾车、自行车、自助游服务体系。

### （二）提升文旅接待设施服务

推进云南省旅游产业发展需加快改善餐饮、住宿、购物等文旅接待

设施建设。在餐饮方面，要加强对餐饮场所的环境卫生监督，为游客提供一个舒适的用餐环境；以连锁加盟等形式，提升老字号餐饮品牌影响力；因地制宜，依托地区特色美食，打造特色文旅餐饮街区；加大对民族餐饮、主题宴席、农家乐餐饮等云南特色餐饮的开发力度；根据市场需求，加大对新菜品的研发力度，丰富滇菜菜谱，逐步形成多类型、多形态的云南省文旅餐饮体系。在住宿方面，吸引万达、锦江、希尔顿、洲际、喜来登等高端酒店入驻昆明、丽江、香格里拉、抚仙湖、泸沽湖等主要旅游城市和度假区，加强云南酒店精品化建设；加大文化主题民宿开发，在民宿设计中植入文化基因、嫁接文化元素，提升地方民宿的文化品位和文化内涵。在购物方面，加强对文旅购物场所的监督和引导，为游客创造一个良好的旅游消费环境；积极打造一批特色文旅购物广场、商业步行街区、文化主题夜市、东南亚商品城等文旅购物中心，扩大文旅购物接待规模；加强文化创意，开发以制陶、织锦、雪花银等云南传统民间工艺和非物质文化遗产为依托的特色旅游工艺品和纪念品。

### （三）扩大公共服务设施建设

文旅公共服务设施建设是云南省推进文旅产业发展的工作重点。第一，要结合省内“厕所革命”的相关要求，加快旅游厕所建设，使旅游厕所覆盖全省主要旅游城市（城镇）、游客聚集公共区域、主要乡村旅游点、旅游小镇、旅游景区景点、旅游度假区、旅游综合体、旅游交通沿线，并通过艺术设计，加强旅游厕所景观化打造。第二，建立旅游集散与旅游咨询公共服务体系，依托主要交通枢纽，加快省、市（州）、县三级旅游集散中心建设，在3A级以上景区、重点旅游村镇及机场、车站等游客集聚区规划建设旅游咨询中心，完善旅游集散换乘、导游导览、自驾服务咨询、自行车服务咨询、自主性探索旅游服务等综合性旅游公共服务。第三，完善旅游标识系统，建立简洁、准确、适用的旅游引导标识系统，加强各大旅游通道及景区内公共信息符号、旅游标志、标牌等规范化建设，对3A级以上景区，需提供英语、日语、老挝语、泰语等多种语言的旅游标识系统和人工或智能讲解服务，提高云南各大景区的国际化服务水平。

### （四）聚力打造文化休闲空间

加强城市文化休闲空间打造：一是加快推进城市公园、文化广场、公共绿地、艺术走廊、城市绿道等公共休闲设施建设；二是加快城市修补，实施背街小巷、老旧小区改造升级，修复城市文化休闲空间；三是加快城市生态环境修复，修复受到破坏的植被、提升水质，统筹建设绿岛网络，推动建设特色鲜明、文景融合的城市游憩带，营造山、江、湖、城交融的城市景观；四是依托现有城市文化休闲空间布局，打造以特色文化书屋、休闲文化咖啡屋、城市文化建筑小品、休闲茶馆、主题酒吧、特色文化主题店等为主题的休闲文化商业街区，提升城市景观体系品质和休闲交往、科普教育、体育健身等城市文化休闲旅游功能。

加强乡村文化休闲空间打造：一是提升乡村生活空间景观，以“修旧如旧”为原则对乡村老旧院落进行景观改造，通过在院落内种植波罗蜜、百香果等果树或栽培丝瓜、黄瓜等蔬菜，在院落内合理位置摆放石碾、石磨、辘轳、耕具等传统农具或铜鼓、三弦、竹筒琴等云南地方乐器等方式展示田园风光和地方特色文化；二是提升乡村道路景观，打造延绵至田间的慢行道，在慢行道两侧过渡地带种植蔬菜或者果树，春天开花、秋天结果，使村落的街道景观更加具有田园风光；三是提升乡村生产空间景观，通过文化创意，打造乡村文化休闲场所，如开在稻田里的甜品店、镶嵌在田园中的餐厅等；四是以突出地方特色文化为重点，推进文化礼堂、文化雕塑小品、健身器械、休憩亭等文化休憩设施建设，打造主客共享的美好生活空间。

## 四、加强营销宣传，提升文旅品牌影响

### （一）加大营销力度

“酒香也怕巷子深”，一方面，云南省要实施品牌营销战略，打造云南地域特色文化旅游品牌，形成品牌竞争优势。既要宣传“磅礴乌蒙·神奇昭通”“云上梯田·梦想红河”“曼妙普洱·养生天堂”“世界佤乡·秘境临沧”“美丽德宏·浪漫之旅”“风花雪月·自在大理”等区域文化旅游品牌，也要化零为整，打响“七彩云南、旅游天堂”云南省文化旅游形象，构建云南文化旅游形象体系。另一方面，云南省要加大文化旅游形象的营销力度，扩大品牌效应。横向深化与国内外地区

的联合营销，加强与川藏、黔桂等周边省区的区域联动，加强与“泛珠三角”区域、长江经济带、京津冀地区主要城市和韩国、俄罗斯、日本等海外国家或地区间开展互为客源地与旅游目的地的文化旅游合作，积极开展各类文化旅游推介会、文化旅游交易会，主动宣传推广云南省文化旅游品牌形象。纵向加强文化旅游部门与旅行社、文化旅游企业、旅游组织协会、新闻媒体的合作，在国内外各大客源市场，开展文化旅游宣传营销和业内交流活动，提高云南省文化旅游城市和目的地的曝光率。

### （二）创新营销方式

云南省提升文旅品牌影响力要创新营销方式，整合资源，加强虚拟技术、视频和内容营销、影视营销、体验营销、全产业链合作，提升人们的旅游体验和营销效率。一是利用 VR、AR 等信息技术，制作新型文化旅游宣传片，多方位展示各景区景点、旅游城市的魅力，提升游客的体验性和真实感，开拓“购买前先体验”的功能。二是利用《庆余年》《向往的生活》等影视综艺打造旅游 IP，经过营销策划宣传，将旅游目的地推向市场。三是利用抖音、快手等短视频平台，创作好玩的短视频，通过“病毒式”传播，借势热点话题和平台，打造网红旅游目的地。四是利用马蜂窝、携程、去哪儿等旅游网站，积极发布旅游图集、达人游记和主题攻略等内容，拓宽云南省文化旅游形象宣传渠道。

### （三）做好舆情公关

随着微信、微博、网络直播平台等为代表的自媒体的强势发展，打破了舆论传播的格局和路径，每个人都可以是舆论的发布者和引导者。在这样的舆论格局下，云南省要进一步做好舆情公关工作，构建云南舆情监测平台监测、抓取、收集、捕捉国内外平面、广播、电视、网络、微博、论坛等所有媒体对云南文化旅游的报道、热议等媒体舆情信息。建立旅游危机处理机制，面对负面舆情，政府有关部门要主动发声，对不真实的负面舆情及时辟谣，对确实发生的旅游危机事件，及时向外界公布事件处理过程和结果，尽量控制旅游舆情危机爆发。

## 五、深化区域合作，扩大文旅市场范围

### （一）深化边境旅游合作

作为我国面向南亚东南亚的重要门户和开放前沿，云南省共有25个边境县分别与缅甸、老挝和越南交界，又有昆曼公路、泛亚铁路、澜沧江—湄公河航道等国际大通道，地理区位和交通区位十分优越。因此，云南省在推进供给侧结构性改革过程中，应充分发挥其区位优势，进一步深化边境旅游合作，通过加强沿边景区（点）建设、培育精品边境旅游线路、放宽边境旅游限制、完善口岸服务功能、与周边国家联合举办文化旅游节等方式，全面提升边境旅游的吸引力。同时，以发展边境旅游为支点，紧紧抓住国家沿边重点地区开发开放、“一带一路”建设等机遇，加快推进澜沧江—湄公河区域中、老、缅、泰四国黄金旅游圈及孟、中、印、缅经济走廊国际旅游合作圈等国际区域旅游合作，扎实推进红河、西双版纳、德宏边境旅游试验区和中越、中老、中缅跨境旅游合作区建设，提高云南文化旅游产业国际化发展水平。

### （二）深化国内旅游合作

深化国内区域旅游合作，通过组织旅游线路、加强文化旅游交流，促进旅游宣传营销等方面的旅游合作，实现各地区产品互补、信息共享、市场联动的目的。加强与四川、西藏、广西、贵州等周边省份的旅游合作，打造香格里拉—西藏盐井—昌都—林芝—墨脱—拉萨、香格里拉—稻城亚丁—色达—康定—成都、弥勒—丘北—广西百色—贵州凯里—毕节等跨省旅游线路，推进区域无障碍旅游，共同提升西南地区的旅游竞争力；强化与澳门、台湾、香港的旅游合作，开拓港澳台地区的旅游市场；深化与上海、浙江、广东等沿海地区的旅游合作，通过签订旅游合作协议，开展互为客源地和旅游目的地的旅游合作，实现内陆地区与沿海地区的优势互补。

### （三）统筹省内文旅合作

统筹云南省内文化旅游合作，优化省内旅游空间布局，加快推进以滇中城市群为中心的国际旅游圈，深化沿边跨境旅游经济带、金沙江沿江旅游经济带、澜沧江沿江经济带、昆玉红文化旅游产业经济带

四大旅游经济带的旅游建设，进一步加强滇西北生态文化旅游区、滇西南澜沧江—湄公河国际旅游区、滇西跨境旅游区、滇东南喀斯特风光跨境旅游区、滇东北高峡平湖旅游区等旅游城市群的区域文化旅游合作，实现省内文化旅游集聚发展。积极打造省内文化旅游线路，进一步提升昆明—大理—丽江—香格里拉、昆明—元阳梯田—西双版纳、昆明—腾冲—瑞丽等经典旅游线路质量，积极拓展昆明—石林—弥勒—丘北、昆明—玉溪—墨江—普洱、文山—红河—普洱—西双版纳等文化旅游新线路。

## 六、借力数字云南，实现文旅智慧发展

### （一）政府监督管理智慧化

借助互联网、大数据、云计算等新一代信息技术，推进政府监督管理工作的高效、透明、智能、长效建设。第一，打造云南省文化和旅游大数据分析平台，整合接入分散在各个部门的出入境、客运、住宿、消费等涉旅数据，推进部门间信息资源共享交换。其次，创新推动“互联网+”智慧市场监管体系建设，加快建立政府智慧监管平台，建立旅行社、导游、行业协会、景区景点、旅游购物场所等涉旅企业、组织、个人信用评价体系，实现市场主体从登记成立、监督检查、服务指导到风险管理、注销退出全过程监管，减少部门重复执法，切实提高政府监督管理工作效率。

### （二）市场经营服务智慧化

促进云南文旅产业供给侧结构性改革，需激发云南省文旅市场活力，改善文旅市场秩序，实现市场经营服务智慧化发展。利用云南省文化和旅游大数据分析平台，精准定位云南省文旅客源市场，围绕游客游前、游中、游后需求，第一时间向游客推动云南省文化旅游产品信息。以“一部手机游云南”为中心，通过“线上+线下”两种渠道，同步提供信息查询、预订支付、电子门票、分享评论、旅游投诉等全功能服务。推进景区景点数字化建设，实现云南省4A级以上旅游景区、文化场馆和各大旅游城市中心5G信号全覆盖，并运用人工智能技术推动旅游咨询中心实现智慧化服务，进一步推动文旅智慧发展。

### （三）游客消费体验智慧化

当前，以 VR/AR 虚拟现实和增强现实等为核心的现代展陈技术大大提升了文化和旅游的服务品质。推进文化和旅游产品的数字化建设，对加强云南省文旅产品的游客消费体验具有重要意义。第一，利用“游云南”App 在线咨询、预订等功能，帮助游客选择体验更佳的出游方式和服务，提高游客消费选择的自由化。第二，借助 3D 打印等数字技术，提升云南民族刺绣、银器、竹编等云南非物质文化遗产创意，并利用互联网和电子商务平台，建立云南在线手工艺平台，实现游客消费方式的多样化。第三，利用 AI 导览技术，促进各大机场、地铁站、高铁站客运站智慧化建设，为游客提供问路、引导、服务咨询等功能，提高旅游出行的便捷化水平。第四，加快推进糯黑彝族文化博物馆、云南马帮文化博物馆、西双版纳民族博物馆、世界恐龙谷等省级、国家级博物馆及石林、玉龙雪山、西双版纳热带植物园等 4A 级以上景区的智慧建设，借助异形投影、触控技术、人工智能等现代展陈技术，从视觉、听觉、触觉等感官角度让文化旅游产品更加可观、可触、可玩。第五，丰富《云南映象》《印象丽江》《傣秀》《丽江千古情》《梦幻腾冲》《希夷之大理》等旅游演艺的表演形式，融入 AR 元素与现场表演交互，以专门针对影院的新 AR 平台和操作系统，加强演出与游客的交互式体验，为游客提供更具有冲击力的视觉体验。

# 附录

## 附录1　关于云南文旅产业供给侧感知的调查问卷

为了进行“云南文旅产业供给侧结构性改革路径研究”课题的相关研究，本团队开展此次问卷调查，期望能够通过问卷数据获取人们关于云南文旅产业供给侧结构性改革的看法，并了解云南文旅产业的发展状况。感谢您在百忙之中抽出时间参与本次问卷调查。

1. 您是否来过云南旅游？[单选题]*

○是　　○否

2. 您是否了解过云南的文旅产业（文化和旅游产业，简称文旅产业）？[单选题]*

○是　　○否（请跳至问卷末尾，提交答卷）

**云南文化旅游产品供需情况**

3. 您希望得到哪种类型文化旅游产品？[多选题]*

□历史文化旅游产品　　□建筑文化旅游产品

□宗教文化旅游产品　　□园林文化旅游产品

□民俗文化旅游产品　　□饮食文化旅游产品

□演艺文化旅游产品　　□科技文化旅游产品

□其他＿＿＿＿＿＿

4. 对历史文化旅游产品的满意程度［单选题］*

○很不满意　　○不满意　　○一般

○满意　　○很满意

5. 对建筑文化旅游产品的满意程度［单选题］*

○很不满意　　○不满意　　○一般　　○满意　　○很满意

6. 对宗教文化旅游产品的满意程度［单选题］*
○很不满意　○不满意　○一般　○满意　○很满意
7. 对园林文化旅游产品的满意程度［单选题］*
○很不满意　○不满意　○一般　○满意　○很满意
8. 对民俗文化旅游产品的满意程度［单选题］*
○很不满意　○不满意　○一般　○满意　○很满意
9. 对饮食文化旅游产品的满意程度［单选题］*
○很不满意　○不满意　○一般　○满意　○很满意
10. 对科技文化旅游产品的满意程度［单选题］*
○很不满意　○不满意　○一般　○满意　○很满意
11. 对演艺文化旅游产品的满意程度［单选题］*
○很不满意　○不满意　○一般　○满意　○很满意

**云南文旅产业要素供给情况**

12. 对文旅资源供给数量的满意程度［单选题］*
○很不满意　○不满意　○一般　○满意　○很满意
13. 对文旅资源供给质量的满意程度［单选题］*
○很不满意　○不满意　○一般　○满意　○很满意
14. 对抵达云南旅游交通便利的满意程度［单选题］*
○很不满意　○不满意　○一般　○满意　○很满意
15. 对云南省内旅游交通便利的满意程度［单选题］*
○很不满意　○不满意　○一般　○满意　○很满意
16. 对餐饮设施供给的满意程度［单选题］*
○很不满意　○不满意　○一般　○满意　○很满意
17. 对餐饮服务态度的满意程度［单选题］*
○很不满意　○不满意　○一般　○满意　○很满意
18. 对住宿设施供给的满意程度［单选题］*
○很不满意　○不满意　○一般　○满意　○很满意
19. 对住宿接待服务态度的满意程度［单选题］*
○很不满意　○不满意　○一般　○满意　○很满意
20. 对购物设施供给的满意程度［单选题］*
○很不满意　○不满意　○一般　○满意　○很满意

21. 对购物服务态度的满意程度 [单选题]*

○很不满意 ○不满意 ○一般 ○满意 ○很满意

22. 对旅游娱乐设施供给的满意程度 [单选题]*

○很不满意 ○不满意 ○一般

○满意 ○很满意

23. 对旅游娱乐服务态度的满意程度 [单选题]*

○很不满意 ○不满意 ○一般 ○满意 ○很满意

**云南文旅产业基础设施情况**

24. 对文旅标识导引的满意程度 [单选题]*

○很不满意 ○不满意 ○一般 ○满意 ○很满意

25. 对省内公共环境的满意程度 [单选题]*

○很不满意 ○不满意 ○一般 ○满意 ○很满意

26. 对网络电讯通畅的满意程度 [单选题]*

○很不满意 ○不满意 ○一般 ○满意 ○很满意

27. 对电子支付覆盖的满意程度 [单选题]*

○很不满意 ○不满意 ○一般 ○满意 ○很满意

**云南文旅产业管理情况**

28. 对云南文旅行业整体的满意程度 [单选题]*

○很不满意 ○不满意 ○一般 ○满意 ○很满意

29. 对云南文旅企业的满意程度 [单选题]*

○很不满意 ○不满意 ○一般 ○满意 ○很满意

30. 对云南市场秩序治理的满意程度 [单选题]*

○很不满意 ○不满意 ○一般 ○满意 ○很满意

31. 对云南文旅市场诚信的满意程度 [单选题]*

○很不满意 ○不满意 ○一般 ○满意 ○很满意

**云南文旅产业形象品牌情况**

32. 对云南文旅形象的满意程度 [单选题]*

○很不满意 ○不满意 ○一般

○满意 ○很满意

33. 游览过云南后，您印象最深刻的是？[多选题]*

□民族文化 □自然风光

□宜人气候　　□智慧旅游

□其他____________*

**个人基本信息**

34. 您的性别［单选题］*

○男　　○女

35. 您的年龄［单选题］*

○18 岁以下　　○18~25 岁

○26~35 岁　　○36~45 岁

○46~60 岁　　○60 岁以上

36. 您的职业［单选题］*

○学生　　○公务员、事业单位员工

○国有企业员工　　○私营企业员工

○个体经营者　　○自由职业者

○退休人员　　○其他____________*

37. 您的教育情况［单选题］*

○初中以下　　○高中或中专

○大专　　○本科

○硕士及以上

38. 您的月收入情况［单选题］*

○2000 元以下　　○2000~3000 元

○3001~5000 元　　○5001~7000 元

○7001~10000 元　　○10000 元以上

# 附录2 文旅供给侧结构性改革：新需求、新问题、新应对

文化是旅游产品的灵魂，旅游是文化实现资本化、产品化、走向大众化的重要载体。“读万卷书，行万里路”式的文化与旅游融合发展并非一个新话题。近年来，随着国家加快推进供给侧结构性改革步伐，尤其文化与旅游部门合并后，如何把握文旅供给侧结构性改革的新需求、新问题，做出新应对，还需要深入思考。

文化产业与旅游产业在本质上都是满足人民群众精神生活、提升幸福指数的产业。二者本质上的天然联系决定了文化旅游产业必定要走深度融合之路，“宜融则融、能融尽融”，以实现资源共享、优势互补。当前，为了缓解人民日益增长的美好生活需要和不平衡不充分的发展之间的矛盾，深化文旅供给侧结构性改革成为必然的要求和任务。

**一、加强文旅供给侧结构性改革是解决中国特色社会主义新时代社会主要矛盾的本质要求**

文旅融合是指文化、旅游产业突破原有的产业边界，整合重组、交叉汇合成新的产业业态、产业体系。旅游彰显文化的价值，赋予文化更大的动能，“宜融则融，能融尽融，以文促旅，以旅彰文”共同构筑文旅产业。文旅产业是主要以旅游业、娱乐业、服务业和文化产业为龙头形成的经济形态和产业系统。

文旅供给侧结构性改革将解决中国特色社会主义新时代社会主要矛盾作为主要任务。习近平总书记在党的十九大报告中指出，满足人民过上美好生活的新期待，必须提供丰富的精神食粮。当前，国家大力推动发展旅游、文化、体育、健康、养老等“幸福产业”。文化与旅游都是有助于实现人民美好生活需要的“幸福产业”，其根本的交集在于民生领域。改善民生不仅仅是让人民过上富足的日子，更重要的是过上幸福生活，既包括人民的个人幸福，也包括人民的社会幸福。其中，文旅产品供给充足、有品质是人民生活水平提高的重要指标；人民广泛享有弘扬优秀文化、传承优秀文化、品读优秀文化的权利就是幸福生活的一种表现。当前，我国的文旅产业还面临着有效供给不足、市场秩序不规

范、体制机制不完善等问题，人民的满足度、满意度不高。从注重增加文旅产品供给转变到注重文旅产品质量提升，从追求物质幸福感到注重追求精神文化幸福感，是推动“幸福产业”发展、满足人民美好生活需要的根本。

以民生为本的文旅产业是推动个体幸福走向社会幸福的钥匙，是将幸福追求转化为幸福现实的关键；追寻人生幸福是文化和旅游活动的本源，体验精神文化幸福是文化和旅游关系变迁的方向，实现社会幸福是文化和旅游产业发展的归宿。旅游业贯彻落实好以人民为中心的发展思想，就是要遵循“游客为本、服务至诚”的旅游行业核心价值观，持续提高人民群众的文化和旅游获得感。以文化为核心发展旅游，有助于发挥出旅游的社会功能，促进社会共同认可的价值观与旅游相结合，增强民众对社会价值观的认同，树立文化自信，形成更持久的社会幸福。与个人幸福相比，社会幸福能够通过转化成社会成员的文化价值得以传承，也能更好地促进个人幸福。文旅供给侧结构性改革的目标即是满足人们对美好生活的需要。

**二、加强文旅供给侧结构性改革要适应新时代的新需求**

文旅供给侧结构性改革是经由人民生活变革而引发的一场消费革命。随着全面建成小康社会持续推进，旅游已经成为人民群众日常生活的重要组成部分，我国旅游业进入大众旅游时代、黄金发展期。我们已步入文旅融合的新时代。

当前，文旅供给侧结构性改革发展环境不断向好，文化旅游消费得到快速释放，文化旅游业作为“幸福产业”受到各级政府的重视；基础设施条件不断改善，“快进”“慢游”交通基础设施网络逐步形成；我国城市化发展进程加快和社会保障体系不断完善，中等收入人群规模不断扩大，旅游消费能力和意愿不断提升，旅游消费习惯逐步优化，老年人、青少年、学生、农民等旅游消费人群快速扩大，文化旅游已成为人们最重要的休闲方式之一。

但是，我们应充分认识到，当前的消费需求趋向个性化，亟须新模式解决供需错配问题。从供给端来看，旅游产业供给端存在供需错配。知名景区人满为患、供不应求，一般景区经营惨淡、资源闲置。与此同时，消费需求向体验化、细分化发展。游客需求逐渐多元并注重个性体验，旅游模式也从“购物游”和“观光游”向“主题游”和“深度游”转变，“海岛游”“医疗游”等旅游项目增长迅速。升级内容、跨界融合为改变当前文旅产业发展现状提供了有效路径，“旅游+”及“全域旅游”等模式应运而生。

文旅产业链整体转型升级、迎接开放共融新阶段，需从供给侧结构性改革着手。文旅产业供给链的上游由景区、交通、住宿、购物、娱乐等资源供应商构成，其中景区处于核心地位。“围景建区、设门收票”的商业模式已遭遇“天花板”，现今要关注主题开发与周边资源整合，培育品牌，寻求文旅产品的迭代创新；释放游客消费潜力并拓宽营收渠道，对周边“食、住、行、购、娱”等全产业链供给要素进行整合，打造品质旅游。

以文化拓展旅游经济发展空间，以旅游提升文化服务效能，持续加强培育文化和旅游市场主体，优化营商环境，是文旅供给侧结构性改革适应新时代的必然要求。

**三、文旅供给侧结构性改革要坚持问题导向**

对于文旅供给侧结构性改革而言，把握文化、旅游二者的含义及其深层关联，更有助于在认知上加强对文旅供给侧结构性改革方向的指导，推动创新。

必须抓住“牛鼻子”。一是要阐释文旅供给侧结构性改革的学理基础，加深对文化与旅游关系的理解，解决文旅供给侧结构性改革“为什么”的问题；二是要厘清其发展现状和问题，摸清“典型模式”的特色、特征、动力机制，解决文旅供给侧结构性改革“有什么”“缺什么”的问题；三是要寻求文化和旅游最大的连接点、最佳的连接点，构建文旅供给侧结构性改革的方案，做到有目标、有思路、有抓手，解决“做什么”的问题；四是要借鉴国内外的做法与经验，提出文旅供给侧结构性改革的策略、路径、对策，解决“怎么做”的问题。

必须“分层次”。一是要总结经验，凝练“典型模式”，加深加快文旅融合，在已有基础上进行提升；二是要遵从“宜融则融、能融尽融”原则，促进形成新领域、新项目、新产品、新支撑等，构建新型文旅产业体系；三是政府要发挥好主导作用，采取有力的政策措施支持文旅融合；四是行业主体要做好政策落地。

必须“有思路”。一是强认知、促行动，厘清文旅供给侧结构性改革的必要性；二是提方案、抓落实，提出文旅供给侧结构性改革的战略目标、任务、领域、内容、对策等，促进文旅转型，促进全域旅游发展；三是提依据、重参考，为文旅供给侧结构性改革提供科学依据和决策参考；四是重总结、抓样板，凝练典型经验或模式，促进推广应用，树立样板和示范形象。当前，一些成功模式为文旅供给侧结构性改革提供了思路。例如，以旅游发展反哺文化遗产保护的机制，以民族文化保护为核心的文旅体系，形成了“丽江模式”、云南红河哈尼梯田世界文化遗产“梯田模式”等。

要抓“重点任务”。深化体制机制改革，优化文旅供给侧结构性改革发展新环境；夯实文旅供给侧结构性改革基础，培育文旅发展新动能；打造文旅产品和项目，建设文旅供给侧结构性改革发展新载体；推动文旅融合，创建文旅产业发展新体系；优化文旅服务管理，推动文旅供给侧结构性改革高质量发展；坚持以需求为导向，发展好、传承好、转化好、融合好文化旅游资源，做到可持续发展等。

**四、文旅供给侧结构性改革必须走创新发展之道**

文旅供给侧结构性改革能从多维度赋能社会文化发展：对传统产业结构转型起推动作用，促进相关产业资源整合利用、效益增值；调节第二、第三产业的关系，带动文旅融合派生出新的消费模式；有利于传统服务产业升级；推动消费市场形成持续不断的消费热点；驱动经济结构变革，促进文化、旅游产业转型升级，促进社会福祉提升，对促进就业有积极作用。要从这些维度出发，推动文旅供给侧结构性改革创新发展。

要坚持高质量融合的方向。一是坚持尊重文化和旅游的发展规律及客观差异，找准文化和旅游融合发展的切入点，因地制宜，注重文旅融合的效果；二是坚持以文促旅、以旅彰文，形成旅游依文化兴盛、文化借旅游繁荣的局面；三是坚持统筹协调、互补共赢，统筹推进文旅融合发展，处理好文化资源保护和旅游发展的关系；四是坚持市场导向、项目带动，以人民对文化和旅游的美好生活需要为导向，积极推进文旅产业市场化进程，培育壮大文旅企业，以项目带动文旅融合，增强市场核心吸引力和竞争力；五是坚持创新推动、特色化发展，挖掘文化内涵，打造特色鲜明的文旅新产品和新业态，创新文旅融合改革机制、产品、业态、模式和路径，以创新推动文旅产业融合改革。

要有“整合”的思路。实现以文促旅、以旅彰文、和合共生等相关理念的整合；实现文化、旅游职能整合；按照文旅产业资本密集型、资源密集型、文化密集型、人力密集型、创意密集型的“五密”特征，实现各类资源的整合；建立一批文化主题鲜明、文化要素完善的特色旅游目的地，支持开发集文化创意、度假休闲、康体养生等主题于一体的文化旅游综合体，推出专题文化旅游线路和项目等，实现文旅产品整合；用好“文化+”“旅游+”“互联网+”等模式，实现开发方式的创新整合；推动市场主体融合、市场监管融合、综合执法队伍整合；统筹公共服务设施管理、公共服务机构功能设置、公共服务资源配置等方面的整合；实现文化设施旅游化、旅游设施文化提升和旅游服务在地化等服务整合。

要有促进改革的“抓手”。抓好顶层设计和发展规划；抓好管理体制改革和工作机制创新，形成科学合理的管理体制、多元化的投入机制、市场化的运作机制及长效协调机制和综合治理机制；抓好支持性政策、法规及相关保障措施；抓好文旅市场主体的发展壮大，激发文旅融合活力；抓好文旅产业发展，提高产业效益和附加值，创新文旅业态发展；抓好文旅品牌体系创建，注重系统打造文旅IP目的地品牌、产品品牌、企业品牌、管理与服务品牌；抓好文旅市场消费引导和营销，提高人民满意度；抓好文化旅游可持续保护与利用；抓好技术融合、功能复合、文旅人才培养等支撑力建设。

新时代的文旅供给侧结构性改革是新角度、多方位、深层次、高质量的改革。一定要以国家需要、民生需求为基本出发点，充分考虑文化旅游的产业性与社会性双重属性，从国计民生、产业经济、公共服务、意识形态等属性来认识和把握文旅供给侧结构性改革发展的新趋势、新特征和新效能，从全局出发，统筹规划，激活理念、资源和资本，全面增强文旅供给侧结构性改革发展新功能，构建文旅发展共建共享新格局，满足人民对美好生活的需要与向往。

# 附录3　“十四五”文旅规划的“六大导向”“八大整合”“十项工作”

**一、“十四五”文化与旅游发展规划建议把握以下“六大导向”**

一是尊重文化和旅游的发展规律及客观差异，找准文化和旅游融合改革发展的切入点，因地制宜地推进文旅融合改革，注重文旅融合的效果。

二是以文化为灵魂丰富旅游内涵促进旅游发展，以旅游为载体彰显文化魅力促进文化繁荣，形成旅游依文化兴盛、文化借旅游繁荣的局面。

三是统筹推进文化事业、文化产业和旅游产业融合改革发展，处理好文化资源保护和旅游发展的关系，坚持合作共赢，推动文化和旅游产业的相互促进、互补协调、共同提升和可持续发展。

四是以人民对文化和旅游的美好生活需求为导向，积极推进文旅产业市场化进程，培育壮大文旅企业，加快文旅项目开发，以项目带动文旅融合，增强市场核心吸引力和竞争力。

五是挖掘文化内涵，突出文旅特色，引导文旅融合改革特色化发展，打造特色鲜明的文旅新产品和新业态。

六是创新文旅融合改革机制、产品、业态、模式和路径，以创新推动文旅产业融合改革，坚持走文旅高质量融合改革发展之路，提升文旅品质、品位和品牌。

**二、“十四五”文化与旅游发展规划应采取“八大整合”**

一是以文促旅、以旅彰文、和合共生等的理念整合。

二是文化、旅游职能整合。

三是按照文旅产业资本密集型、资源密集型、文化密集型、人力密集型、创意密集型“五密”特征进行各类资源的梳理与提炼应用整合。

四是按照建立一批文化主题鲜明、文化要素完善的特色旅游目的地，支持开发集文化创意、度假休闲、康体养生等主题于一体的文化旅游综合体，推出更多研学、寻根、文化遗产等专题文化旅游线路和项目，推出一批具有文化内涵的旅游商品等进行文旅产品整合。

五是用“文化+”“旅游+”“互联网+”等进行开发方式的创新整合。

六是市场主体融合、市场监管融合、综合执法队伍整合。

七是统筹公共服务设施建设管理、公共服务机构功能设置、公共服务资源配置等的整合。

八是文化设施旅游化、旅游设施文化味和旅游服务的在地化、旅游标识的文化感等的服务整合等。

**三、“十四五”文化与旅游发展规划应助力“十项工作”**

一是抓好管理体制改革和工作机制创新以形成科学合理的管理体制、多元化的投入机制和市场化的运作机制及长效协调机制和综合治理机制。

二是抓好统筹兼顾的顶层改革发展设计和规划。

三是激发、壮大文旅市场主体以激发文旅融合活力。

四是抓好提高产业效益和附加值的文旅产业与创新文旅业态发展。

五是抓好文旅IP目的地品牌、产品品牌、企业品牌、管理与服务品牌构成的文旅品牌体系创建。

六是抓好文旅市场消费引导和营销，以推动文旅高质量型发展，提高人民满意度。

七是抓好坚持文化旅游可持续保护利用及文化与旅游公共服务融合利益.

八是抓好市场监督与退出。

九是抓好对文化和旅游改革发展的支持政策与法规的制定、修订、颁布和推行与保障措施。

十是抓好技术融合、功能复合、文旅人才培养等，以提升支撑力。

在新时代、新阶段的“十四五”文化与旅游发展规划是新角度、多方位、深层次、高质量、深刻的改革，一定要站立在国家需要、民生需求的场域中，充分考虑文旅的产业性与社会性属性，从国计民生、产业经济、公共服务和意识形态四种属性来认识文旅供给侧改革发展的新趋势、新特征和新效能，激活理念、激活资源和激活资本，从全局出发，统一规划、整合资源，凝聚文旅供给侧改革发展新合力，全面增强文旅供给侧改革发展新功能，构建文旅发展共建共享新格局，满足人民对美好生活的新需求。

# 附录4　深化文旅供给侧改革的难题与应对策略（咨询报告1）

随着旅游市场整治的不断深入，“一部手机游云南”的完善提升，云南正在进行一场深刻彻底的旅游革命。2019 年 8 月，阮成发省长强调，要以整治乱象、智慧旅游、无理由退货这“三部曲”，推进云南“旅游革命”。云南文旅产业供给侧结构性改革是实现云南文旅产业高质量发展的必由之路，是云南经济产业结构调整的重要一环，是实现“健康生活目的地”的关键所在，是深化旅游革命的具体实际。笔者结合相关课题的调研及研究成果，对深化云南文旅产业供给侧结构性改革面临的旅游产品供给、旅游基础设施短板、旅游市场整治阵痛等问题提出了一些想法与建议。

## 一、面临的难题

目前云南省在推动文旅产业融合发展、促进文旅产业供给能力提升和转型升级领域展开了卓有成效的现实工作，但是推进文旅产业供给侧结构性改革过程中依然面临以下三个方面的问题。

### （一）旅游产品有效供给不足

第一，文旅产品结构不合理。一是从旅游产品体验类型上看，观光旅游产品与休闲度假旅游产品结构不合理。云南观光旅游产品尤其是低层次开发的观光旅游产品占比过多，而深度开发的休闲度假旅游产品相对较少，产品供给上与休闲度假的市场需求规模还有差距。二是从旅游产品开发层次上看，云南中高端与低端旅游产品结构不合理，中高端旅游产品相对较少，低层次的旅游产品过多，精细化品质高的旅游产品十分匮乏，不能支撑优质旅游市场需求。三是从新业态发展上看，云南旅游新业态与传统旅游产品之间的结构不合理，旅游新业态发展相对滞后，不少旅游产品缺乏高端设计，有的创新创意不足，比较依赖传统旅游产品。

第二，旅游产品特色不突出。云南作为民族文化强省，拥有非常丰富的文化资源，民族民俗文化成为云南文化旅游产品中独具特色的优势之一。当前，云南旅游产品尚未充分深入地挖掘文化资源，民族民俗文化融入不够，旅游产品特色不突出，主要表现为民俗节庆文化开放项目雷同重复。如大大小小规模的民族节庆文化旅游产品在策划、打造和宣传上都具有一定的相似性，仍有无差别的商品展销、大排档饮食、无新意文体表演、猎奇式民俗展演等。如何实现这些民族节庆产品展销特色化、民族饮食精细化、文体表演品质化、民族展演独特化的目标，将成为旅游产品具有民族特色的关键。

第三，云南旅游产品供给市场存在逆向供给。随着旅游市场整治的深入，云南旅游市场秩序已经取得了良好的成效，但之前长期的“零负团费”模式，形成了利益链问题，导致了旅行社旅游线路及产品的供给并不以优质服务和高品质旅游产品为目标，而是以最大可能实现“低价团”中的利益链为目标，如旅游产品及线路设计往往包含那些长期形成的购物店、自费项目点等，从而保障其在低价竞争中获利。因此，当下云南旅游市场中形成的“卖方市场”，导致了不以满足旅游需求品质的低质量供给，有效供给不足，旅游产品高质量供给亟待解决。

（二）旅游基础设施短板

基础设施服务是云南旅游供给侧要素中的短板。一是交通基础设施建设短板，尤其是高速公路与铁路基础设施建设滞后，较大程度地影响了游客对交通便捷舒适性的体验感，造成了“慢旅快游”较为疲惫的旅游体验。二是自驾游配套设施严重滞后，房车营地建设、路况信息服务、车辆维修、吃住休息等与自驾游配套的关联产业不完善甚至缺失，与自驾游息息相关的租车行业发展滞后。三是旅游公共服务功能设施相对于市场需求依然存在供给质量不足，虽然 App“游云南”力图提升游客旅行中的信息服务质量，实现“一部手机游云南”，但在 App 推广使用与达到良好预期效果之间还需要一段不断推进的过程。

（三）旅游市场秩序整治阵痛

第一，导游执业面临挑战。取消定点购物，实施“游”“购”分离，表面上切断灰色利益链条。导游原有的购物高“回扣”收入结构打破，现有的销售商品“高压力”与“低收入”结构也对导游执业的积极性、主动性、创造性造成了一定的影响。导游合理的正常收入尚未得到保障，也使旅游市场整治面临导游流失问题。

第二，旅行社经营模式转型面临压力。旅游企业从之前比拼敢赌的胆量转而比拼服务和产品本身的质量。长期以来对低价游的“路径依赖”，导致旅游企业对今后的市场模式准备不足。旧的发展模式难以为继，不少旅游企业运营亏损，甚至面临生存危机。随着价格的回归，旅游企业一方面要面临旅游产品与服务的同步跟进，另一方面还要经历运营动力转换的阵痛。

第三，旅游市场整治产生孤岛效应。旅游市场秩序整治措施实施以来，不合理低价游正在退出云南旅游市场，与周边贵州、广西临近省份相比，云南正在走向旅游市场的价格高地。如果只是云南省治理，就会陷入治理的局部性，客源、导游、旅行社、购物店等就会出现大量流失的现象，使得云南旅游市场秩序整治陷入被动的局面。如何避免“你治他不治”的局面，在治理中保持游客量的存续，是旅游市场秩序整治中需要解决的长远问题。

第四，购物环节需构建多元方式。旅游并不能完全与“购”割裂而存在发展。取消定点购物并不代表排斥购物，甚至否定正常旅游购物。因此，严格实施取消定点购物的同时，要谋虑旅游购物应以何种模式存在，如何规避购物环节可能产生的矛盾问题，或如何提高商品自身的购买度（从特色、质量、功效、性价比等方面着手，全面提升）则是当下旅游市场秩序整治、市场提升的核心问题。

**二、对策建议**

深化云南文旅产业供给侧结构性改革，要以改革的办法来从根本上推动旅游产业的健康发展，要以体制机制改革和创新为动力，以旅游产品结构调整为核心，以解决旅游供需矛盾为目标，以公共产品的大量高质供给为支撑，以相关政策有力落实为保障，以实现人民幸福旅游为目的。

（一）推进旅游管理机制体制改革创新——添动力

第一，规范旅游购物环节，采取“线上＋线下”多元方式。针对旅游购物“高定价、高回扣”等取消旅游定点购物，将所有旅游购物企业纳入社会普通商品零售企业进行统一监管；切断利益链，严禁变相安排和诱导购物，防止购物商店与旅行社和导游人员之间形成新的利益链条；加强购物监管，严厉打击购物商店针对旅游者各类欺诈销售行为。除此之外，要尝试创新旅游购物方式，搭建云南旅游购物电商平台，充分利用“一部手机游云南”推广旅游购物新方式。

第二，创新导游薪酬体制，保障导游合理收入结构。一是要切断旅行社通过购物“返点”获取利润的经营模式，切断导游通过游客购物获得的收入。二是要提高导游正常合理的基本工资待遇，构建导游薪酬机制，明确导游的合理收入。建立正向引导的工资绩效，根据游客对导游的评价等级来核定导游的工资收入等级。三是要积极争取导游执业自由化第二批试点，推进云南导游执业自由化，从而使导游执业不再受旅行社委派的限制，成为小微“旅行社”，不断提高导游服务水平。

第三，创新与完善旅游市场监管体制。积极推进旅游警察、工商局旅游市场监管分局、巡回法庭“1+3+N”的旅游管理体制创新；旅游部门及相关部门根据职能、法律依据、实施主体、执法权限、监督方式制定旅游市场综合监管责任清单；构建统一受理、统一调度、转办分办、限时办结、督办问责的旅游投诉平台；推进旅游综合执法改革；要党政同责，实施TOI（旅游市场秩序综合指数）排名末位问责。

（二）加快调整旅游产品结构——调结构

加快调整旅游产品结构，由观光型旅游产品向休闲度假型旅游产品转变，由低端产品向中高端旅游产品转变、由单一的传统业态向旅游新业态转变，推动云南旅游发展的高端化、国际化、特色化。一是要推进旅游产品转型，转型将过剩的观光旅游产品转为休闲度假旅游产品，要坚持向高端化、特色化、国际化、全域化、智慧化的方向转型。二是要推进旅游产品的不断升级提质。抓科学规划引领旅游发展，一张蓝图绘到底，抓旅游融合发展，打造“旅游+小镇”“旅游+文化”“旅游+生态”“旅游+乡村”“旅游+产业”。三是要积极开发康养旅游、自驾游、智慧旅游、低空旅游等旅游新业态，加快建设和完善旅游新业态的配套设施。

（三）提高旅行社行业准入要求与市场监管——去库存

针对旅行社“小、散、乱”的恶性竞争，要提高旅行社行业准入要求与市场监管。一是要适当提高旅行社准入要求，尤其是在旅游产品质量、旅游服务质量、旅行社诚信方面提高准入标准，选择强劲的市场主体。二是要加大对现有旅行社的监管力度，尤其加大对旅行社不合理低价产品的监管，严格落实新的旅游标准合同，取消旅游合同中的购物附加条款，实行旅游合同电子化管理，建立旅行社“黑名单”制度。通过淘汰一批缺乏竞争力、靠不合理低价产品生存的旅行社，改善旅行社市场竞争环境，激发市场活力，从而让真正有品质的旅游产品淘汰低价劣质的旅游产品。

（四）加快基础设施建设，提升旅游服务环境——补短板

加快基础设施建设，提升旅游整体服务环境。一是要加快以交通为代表的基础设施建设，全面加快五网建设，补基础设施短板。二是要提升景区基础设施建设，同时坚定不移地深入推进旅游厕所革命。通过新建一批、改建一批、提升一批，大力推进城乡“厕所革命”有序开展，从景区内到景区外、从城市到乡村，完善旅游厕所等公共产品服务，提升服务环境。三是要推进云南省全域旅游示范区建设，提升旅游城市形象与人居环境。

（五）“一部手机游云南”有效运行——强智慧

充分利用App“游云南”，解决旅行社“卖方市场”造成的旅游产品逆向供给问题，创新旅游购物方式，推进旅游市场监管服务智慧化。

第一，加快推进App“游云南”的旅游信息专业化、精准化、全覆盖。旅游攻略、旅游咨询的发布要突出旅游服务的专业化，尽快形成“游云南”的旅游服务信息权威平台；全面推进旅游信息全覆盖，加快地方旅游企业信息的精准收集上报，快速形成全覆盖的旅游服务信息网络。

第二，继续推进旅游特色服务升级，尤其是人脸识别、找厕所、找导游等特色功能。在“食”“住”服务方面，健全完善旅游特色餐饮、特色民宿信息，建立旅游品牌美食店、旅游星级民宿评选，为游客提供更充分的“食”“住”“行”选择信息；在“购”方面，加快推进云南特色知名旅游商品上线，丰富旅游商品种类，提升旅游商品售后服务与评价体系。

第三，构建云南省旅游统一信用评价体系。将诚信信息和评价作为景区、企业、导游、游客参与云南旅游的重要诚信参考，并作为企业与游客在“游云南”App平台经营与消费的重要参数。

# 附录 5　关于文旅业积极稳妥复工复产的几点建议（咨询报告 2）

旅游业是战略性支柱产业、窗口产业、形象产业，在这次新冠疫情中其经济效益、社会效益、旅游形象等诸多方面损失大、受创深、影响大。疫情防控措施的得力实施，使得疫情总体上向“拐点”方向发展较快。根据相关要求，各地实行分区分级防控，如云南省出台了《云南省应对新冠肺炎疫情分区分级防控的实施意见》，各地一方面严抓疫情防控，另一方面抓复工复产，积极筹划和推动，防疫、复工复产两不误，省委、省政府“一手抓好疫情防控，一手抓好稳定经济运行，努力完成全年经济社会发展目标”。当前，要由全面防控向精准防控、重点防控转变，既要坚决打赢疫情防控阻击战，又要把疫情对经济社会发展的影响降到最低，推动全面复工复产，决战决胜脱贫攻坚，保持经济社会稳定发展，也给予了文旅业以信心。疫情被有效控制的希望越来越大，街道上车辆和行人越来越多，店铺重新开张，餐厅门口甚至还出现了等位的情况。很多地方的旅游景区、宾馆酒店等也纷纷开门迎宾，标志着文旅业开始复苏，朝着常态化方向发展。现在工业制造业已陆续复工，旅游业由于是人员的流动性和聚集性非常强的产业，对疫情防控带来诸多挑战。如何在抓好防疫工作的同时，推进旅游业循序渐进、平稳有序复工，已成为摆在旅游业管理者和从业者面前的一道难题，要做好防疫与复工两者兼顾，文旅业复工复产应该说这也有一个渐进过程，文旅业的恢复不能慌、不能急，更不能乱，因此有以下几个方面的建议。

**一、因地施策，循序恢复**

各地已经按区域防疫做了较细致的区分，指导各地防疫和复工生产。文旅业应在按疫情防控领导小组指挥部通告中的风险等级划分的规定要求这一基础上，进一步分析文旅业恢复开放的条件：一是需要分析疫情发展背景，谨防因旅游人流、宾馆住宿、集体性活动等导致“疫情”扩散；二是分析与外界的通道条件，避免形成“疫情”通道；三是尽可能分析周边客源市场潜力、人们的需求等。因此，建议结合防疫区划 + 旅游实际做一个可不可以、开发先后等的分地域的指导方案，编发“新冠肺炎防控文旅业有序开放工作指南”。

**二、因类指导，有序开放**

新冠肺炎潜伏期长、传染性强的特点，依然不允许我们掉以轻心，尽量减少人口流动和群体聚集，依然是防控疫情传染的重要手段。而文旅业包含面广、分布广、种类复杂，建议分类处理、有序开放：面积较大、人流不算太集中的自然型、开敞的景区景点，如风景区、自然保护区、森林公园、地质公园、植物园等旅游景区可以考虑逐步开放；而对于主题公园、影剧院、博物馆、图书馆、曲艺馆、体育馆、游泳馆、游乐园等相对封闭、人流易集中场所视情况变化并经审查通过允许后开放。

**三、评估风险，安全复工**

应做疫情期旅游业风险评估，根据风险高低，从低向高依次恢复。同时，对相关主体提出明确的责任；对先期恢复旅游业开放的地区进行落实指南、履行防控疫情措施落实到位情况的检查监督；优先恢复旅游业的，其目标客户要严格限制在低风险区域游客，以近郊游市场和市域间短途游市场为主。以自驾游为主，然后逐步恢复到限制人数的团体游，要求宾馆、饭店等采取单人房、分餐制、错峰就餐等措施，减少人员聚集，并强化旅游设施的卫生消毒工作。同时，要密切关注疫情变化，及时做出相应调整。

**四、评估效益，针对复产**

疫情影响消费者心理，阴影不可能一下子完全消除，还不能实现人口流动带来有效文旅消费转换，如非有效开放文旅业和场所，难免加大地方疫情防控压力。同时，由于没有足够的文旅消费者及消费额，加上为了迎客，要做好测温、消毒、控流、监视等一系列附加的防控工作，增加营业支出，会使企业仍然难以支撑而加重文旅企业的运营成本，加之仍然有可能因游客流动和聚集而加大传染风险，也使文旅企业及从业人员带来防控的心理压力。此外，原本赏心悦目、放松身心的旅游变成了一个人与人之间相互提防、相互疏远，也给游客身心及文旅企业的运营带来“看得见的压力”。因而，建议开展评估，把疫情防控放在首位的基本条件，满足后达到其他开放条件的由属地管理检查后，允许有保障地、有序地、有预约机制地开放；同时，采取预约制，预约时要注意时间间隔、空间距离、节奏急缓等。

**五、预防第一，智能首选**

开放的文旅企业，不仅要做好各种预防措施，并且要落实到位，还要对突发的零星患者做好准备。何况中央政治局疫情防控会议强调，在疫情后重点帮扶“住宿餐饮、文体娱乐、交通运输、旅游等受疫情影响严重的行业”，目前还在疫情中，有待进一步控制和好转、消灭，所以，我们在前期建议当中，强调充分发挥政府作用，引导、鼓励文旅业界和各级政府、部门、公众树立信心；从各方面筹划旅游业恢复振兴“一盘棋”策略；推进数字+体验内容创新，应用新媒体，并创新新媒体+营销、新媒体+市场规范等；积极利用好自媒体，企业自媒体还自带销售和数据库营销的功能，对于积累私域流量和形成企业的战略竞争力大有裨益。通过持续的内容传播，低成本、高效率地传播和营销，极力保持和促进云南旅游智能化发展。智能化开放、宣传、营销、虚拟体验等应放在实地真正开放之前。

**六、多维应对，协同开放**

要予以合理引导，明确政府、企业、行业协会、社会、学界等各自的行动策略。

政府调研并针对性地解决旅游企业发展实际问题，鼓励支持其恢复经营运行；启动并落实相关针对旅游业的支持政策，制定、实施对在恢复振兴中有突出贡献的单位、企业、个人的奖励政策；在“三年旅游高质量发展计划”的基础上，由有关部门研究和针对疫情可能出现的反弹、可能出现的反弹性旅游消费出现的时间节点、进程、规模、趋势、特点及旅游者的需求变化（如健康旅游、亲子游、乡村旅游、民宿、近程游、体育游）、消费特点等制订涉及思路、方向、战略、业态、产品、营销、策略、支持保障等的旅游业恢复振兴行动计划。

积极发挥旅游企业主观能动性，强化主体发展能力。用好政府及有关部门陆续的扶持、激励政策；做好“开源”，适应新变化；节流止损，渡难关延续发展；做好人员各种形式和内容培训；制定优惠奖励策略，促进人流回潮，提前预告一系列旅游策略计划，提前吸引注意力，锁定特定客源。

鼓励行业协会发挥纽带、协同作用。为企业搜集行业动态信息、推广旅游企业典型经验、提供法律司法指导等；进行企业调研、数据搜集、损失评估、趋势预判等，为政府和企业提供智库服务；加强与金融、保险、交通、零售等领域协会商会的沟通；从行业层面对可能出现的合同纠纷、人才流动、兼并收购、游客投诉等加以引导，维护行业平稳发展。

**七、周全考虑，稳妥发展**

党中央、国务院做出的复产复工的重要决策，是在减少规模性人口流动和空间聚集前提下的复产复工。从社会经济恢复角度来讲，当下急需的是劳动者、实际产品生产者。旅游是一种消费行为，是人们的一种以精神消费、体验快乐为主的活动，旅游又是一个以人口流动为主要特征的活动。因而应先沉住气，不宜太急，不宜大规模、全方位地复工复产。建议在适宜工农业复工复产的地区，选择自然景区型、有品牌代表的文旅企业复工复产，如滇西北的玉龙雪山、香格里拉的普达措等，用大型品牌性的作为先导，为疫后全面的恢复振兴当好先行兵。

**八、文明旅游，规范管理**

游客要自觉遵循文明旅游守则、对照《中国旅游景区防疫自律公约》的类似规范，自觉实施网上实名预约和线下扫码非接触式购票；分时段、间隔性进入，建议与他人保持1~2米距离；不开展人员聚集性的相关活动；游客进入开放的区域，应做好自身的防护，按规定佩戴口罩、配合检测体温。先期开放的文旅业区域继续实行预约制等限流，日接待量建议不超过日最大承载量的30%~50%，利用互联网、大数据等手段掌握游客基本信息；预设隔离点，做好应急预案。

旅游业复工复产是一件牵涉面广、挑战性强的事情，目前还在疫情防控关键期之中，应针对文旅业的特征和实际情况，稳妥有序进行。

# 附录6　面对新冠疫情，旅游业多层次应对高质量振兴的建议（咨询报告3）

新冠肺炎疫情对处于高质量转型发展进程中的旅游业造成了巨大冲击，尤其是与传统春节的叠加，加之“休克式疗法”的封闭、阻隔，使旅游业的损失大于其他一般行业，也比2003年“非典”对旅游业的影响更加严重，主要体现在：第一，导致旅游经济受损严重，或许减少4.5亿人次出行、5200亿元的旅游业收入，云南可能减少464万人次、250亿元旅游收入。第二，旅游业各领域全面受损，景区景点全部关闭、旅行社或OTA企业退团退款现象普遍、酒店和民宿等差不多全部进入“冰冻”、文化旅游演艺停业、旅游餐饮和购物等无人问津、旅游交通停运等。第三，旅游企业面临生存危机，甚至破产。很多涉旅企业及其关联产业由于旅游业务无法展开，旅游业绩无法体现，加上处于歇业或停业状态下面临着巨大的财务压力，人工成本、前期经营营销、偿还贷款、先期支付与退款等成本及其他运行维护成本无法回收，资金流有可能出现“断链”，旅游从业人员被迫“失业”，一些微小企业可能因此而破产关门，其他一些企业也可能出现经营困难，甚至有生存危机。第四，旅游形象受损。新冠肺炎公共卫生事件给人们带来了一定的恐慌，在某种意义上让安全旅游目的地罩上了一点“雾霾”。

疫情暴发后，从中央到地方均采取了坚决果断的措施，旅游行业反应尤为迅速。政府层面，在疫情确认不到一个月的时间内，文化和旅游部在1月24日下发紧急通知，要求全国旅行社和OTA暂停经营团队旅游及“机票+酒店”产品。自1月21日起，携程等多家在线OTA平台及多家航司、酒店企业相继推出针对疫情的退改政策，减少游客流动，起到有效的防“疫”效果。

随着抗疫形势发展变化，中央、国务院及各部委和云南省均已明确逐步复工复产，旅游业是云南省的支柱产业，也是云南省的形象和窗口产业，因而有必要重视旅游业高质量恢复、振兴，建议从政府到企业等多层次共同发力，特提出以下主要应对策略。

**一、政府充分发挥主导作用，多方位引导促进**

（1）充分发挥政府主导作用，引导、鼓励文旅业界和各级政府、部门、公众树立信心。尽管旅游业是受这次疫情冲击最直接、最大的行业，但是旅游业的韧性、危机“事件性”影响的暂时性也使其成为恢复和反弹最快、最好的行业，疫后消费势能必然会释放，报复式反弹消费必然会出现。

（2）筹划旅游业恢复振兴“一盘棋”策略。应开始从各方面筹划旅游业恢复振兴，明确政府、企业、行业协会、社会、学界等各自的行动策略。

（3）启动制订旅游业恢复振兴计划。在制订的“三年旅游高质量发展计划”的基础上，由有关部门研究和针对疫情后可能出现的反弹性旅游消费出现的时间节点、进程、规模、趋势、特点及旅游者的需求变化（如健康旅游、亲子游、乡村旅游、民宿、近程游、体育游）、消费特点等制订涉及思路、方向、战略、业态、产品、营销、策略、支持保障等的旅游业恢复振兴行动计划。

（4）启动并落实相关针对旅游业的支持政策，制定、实施对在恢复振兴中有突出贡献的单位、企业、个人的奖励政策。

（5）恢复和进一步树立“安全旅游目的地”形象，打造云南健康生活目的地。

（6）修订、强化旅游营销计划。特别关注“五一”劳动节、暑假、国庆节等节点，使旅游市场尽快修复，争取有反弹式增长。

（7）进一步抓好全域旅游发展。全域旅游示范区的创建已形成较好氛围和取得较好成效，已有2个国家级创建成功，一批省级全域旅游示范区即将公布，充分发挥创建的“党政统筹、创新示范、部门协调、产业融合、社会共建”等功能，协调各力量共克艰难，利用好各种资源，提供更优质供给服务适应游客需求。

（8）进一步下大力气推进文旅融合。组织编制、实施《文旅融合规划》及相应专项规划，尤其是近期行动计划，积极促进“+旅游，旅游+”，促进旅游高质量发展。

（9）以“一机游”等推进旅游智能化发展，推进数字+体验内容创新，创新新媒体+营销、新媒体+市场规范等发展。

（10）调研并针对性地解决旅游企业发展实际问题，鼓励支持其恢复经营运行。

（11）做好应对旅游危机管理规划与应急方案编制。

**二、发挥旅游企业主观能动性，强化主体发展能力**

（1）关注并用好政府及有关部门陆续推出的扶持、激励政策，争取政府及有关部门在疫情中和疫情后的税收减免、银行贷款、企业补贴等鼓励政策和补贴激活“自我生存”能力。

（2）及时谋划行动方案。综合自身基础和优势，客观分析发展形势、机遇与挑战，谋划自救、恢复、振兴的行动预案，聚焦做精，求生存、谋发展。

（3）做好“开源”，适应新变化。做好新计划，与专业人士和公司重新梳理、优化结构；进行项目提升和产品升级，思考新项目投入；开发新业态，推进新业务，多种经营，创新项目；打造个性化的、特色化的、有竞争力的产品，加强网上营销力度。

（4）节流止损，渡难关延续发展。盘点现金流家底，调整预算，压缩开支，减少损耗，低成本运营；各种方法筹措政府补贴、银行借贷、私募、吸引投资等外部资金，力求资金不断链。调整年度目标和经营策略，保留最有效率和价值的业务，减非主流业务、减长线投资、减不带来现金流的业务。

（5）做好人员各种形式和内容培训。学习同行在应对疫情冲击方面的做法，提升业务素质。

（6）充分利用好科技为文旅赋能。探索网络化办公新模式；研发智能化运营、智慧化管理、数字化产品、在线化营销；利用好自媒体，通过持续的内容传播，低成本、高效率地传播和营销。

（7）延长和拓展产业链。构筑企业发展的稳定态。整合企业、政府、行业协会、科研院校、相关企业等构建新的商业网络命运共同体；与其他相关产业衔接，构建产业集群；发挥“旅游+”“+旅游”带动作用，带来更多增值内容和溢出效应，丰富供给，刺激提振消费。

（8）制定优惠奖励策略。促进人流回潮，提前预告一系列旅游策略计划，提前吸引注意力，锁定特定客源。

（9）提前策划。做好暑假、国庆节、周末等各节点的策划。

（10）维护各类关系。做好与政府、银行、投资者、供应商、媒体、上下游客户的协商沟通及老客户的沟通工作，借助共同抗疫扩展新关系。同时和客户沟通、解决问题，并提出解决方案。

**三、发挥行业协会的协同作用**

（1）为企业搜集行业动态信息、推广旅游企业典型经验、提供法律司法指导等。

（2）在企业调研、法律信息、数据搜集、损失评估、趋势预判等方面为政府和企业提供智库服务。

（3）从行业层面对可能出现的合同纠纷、人才流动、兼并收购、游客投诉等加以引导，维护行业平稳发展。

（4）加强与金融、保险、交通、零售等领域协会、商会的沟通。

**四、从长计议，提高应变能力，增强高质量发展能力**

（1）建立危机应急管理规制。成立旅游危机管理机构，建立并完善危机应急管理规章制度，制订旅游应急预案，建立危机预警机制、危机处理机制和危机评估及协调机制。在不同的危机阶段，采取相应的危机管理措施。

（2）优化旅游发展秩序，改革现有劳动休假制度，实施灵活的休假制度。

（3）建立旅游稳企制度。建立和完善旅游业应急保障体系，将相关扶持救助政策制度化，设立“文旅行业紧急救助基金”，增加旅游发展基金，设立突发性公共卫生事件紧急医疗救护点。探索建立适应旅游企业的保险制度，引导设立针对旅游业特殊行情的保险理赔的新险种，提高旅游企业应对风险的免疫力。

（4）统筹协调政府、企业、行业协会、社会、学界各方力量，加强协作共同体建设；企业间组建自救互救协作共同体。

总之，旅游业是一个综合性行业，关涉人民幸福安康，面对疫情，各级政府及相关部门出台扶持产业发展政策等，给予企业支持和帮助，旅游企业积极开展自救和创新恢复振兴路径，旅游行业协会起到沟通、协调、指导作用，共同构筑起多维、全方位、不同阶段的应对疫情的协同合作体系，以期为旅游业有效应对危机事件贡献力量、共克时艰，促进旅游业高质量恢复振兴。

# 附录7　关于深化云南文旅业综合改革及其路径的建议（咨询报告5）

自2015年首次提出供给侧结构性改革之后，习近平总书记在多个场合的重要讲话对供给侧结构性改革是什么、供给侧结构性改革改什么、供给侧结构性改革如何改等关键问题做出系列指示，指出我国经济运行主要矛盾仍然是供给侧结构性的。在云南，深化供给侧结构性改革是改善供给结构、提高经济发展质量和效益的治本之策，文旅供给侧改革是支撑“旅游革命”的重点问题，也是发展高品质旅游、全域旅游等的关键问题；供需矛盾仍然是今后一段时间文旅业面临的主要矛盾。

云南是我国传统文旅大省，为进一步实现“三个定位”、打好“三张王牌”，增强文旅产业有效供给能力，激活文旅产业要素合理流动，促进文旅强省建设，2018年云南省《政府工作报告》提出“坚持以供给侧结构性改革为主线”统筹推进各项工作，并出台《云南省人民政府关于加快推进旅游转型升级的若干意见》《云南省文化厅“十三五”时期文化发展改革实施方案》及“一部手机游云南”等系列改革措施，在2019年云南省文化旅游工作会议又将促进云南省文旅产业融合、推进文旅产业供给侧结构性改革作为工作重点任务。可以说，云南省文旅产业供给侧结构性改革已经进入“深水区”和关键期，云南文旅产业发展不平衡不充分问题、文旅产业有效供给不足问题、文旅供给结构与市场需求结构不匹配问题、文旅管理体制机制改革问题既是云南省文旅产业持续、高质量发展的制约性条件，也是云南省文旅产业供给侧结构性改革的重要现实任务和挑战。

因此，云南文旅产业供给侧结构性改革是实现云南文旅产业高质量发展的必由之路，是云南经济产业结构调整的重要一环，是实现“健康生活目的地”的关键所在，是深化旅游革命的具体实践。

## 一、云南文旅产业供给侧结构性改革的总体思路

### 1. 指导思想

全面贯彻习近平总书记系列重要讲话和考察云南重要讲话精神，紧紧围绕云南省民族团结进步示范区、生态文明建设排头兵、面向南亚东

南亚辐射中心的发展定位，以及开放型、创新型、绿色化、信息化、高端化的产业发展方向，从扩大供给总量、提升供给质量、提高供给效率、优化供给结构、治理能力现代化等目标出发，通过实行分级管理、标准化管理优化资源配置，加强资源环境保护、基础设施供给和信息化建设、人才队伍建设，塑造文旅形象，深化产业融合等方面推动文旅产业由低水平供需平衡向高水平供需平衡转变，推进文旅产业高质量发展。

2. 主要原则

遵循深入改革、创新发展，战略引导、市场导向，整体优化、全域改革，绿色发展、生态优先，科技支撑、开放发展，标准管理、强化法制等原则。

3. 主要目标

以文旅产业的供给侧结构性改革为突破口，以文化旅游消费为引领，以国际化、高端化、特色化发展为方向，在机制、制度、体系、结构等多个层面进行创新和转型。力争实现全省文化旅游总收入在突破“万亿”大关后，仍然维持每年至少15%以上的年均增长率，实现文化旅游产业增加值占全省生产总值的比例提升到20%以上，实现文化旅游产业直接或间接带动就业人数达到1500万以上。努力把云南建设成为“一带一路”的文旅新高地、国家文旅融合发展示范区、我国面向南亚东南亚文旅辐射中心，把文旅产业培育成全省经济社会发展的战略性支柱产业和人民群众更加满意的现代服务业。

4. 主要思路

从文旅产业的生产端入手，在充分发挥云南省文旅产业特色优势的基础上，促进生产要素流动及提高全要素生产率，从理念、制度、体系、资源、生态、设施、人才等多个方面实行改革，使文旅产业提档升级，实现文旅产业供给体系中供给数量、质量及效率等的全面提升和优化：①深化产业融合，提高供给质量；②实行错位供给，优化供给结构；③加强资源整合，提升供给效率；④加强配套供给，推进文旅产业信息化；⑤创新文旅体制，提升管理水平；⑥加强资源环境保护，推进绿色可持续发展；⑦塑造文旅形象，拓展营销渠道；⑧加强人才培育，完善培养机制；⑨创新供给驱动机制，培育发展新动能。

## 二、文旅产业供给侧结构性改革的主要内容与任务

1. 构建高端文旅产业产品体系

以文旅融合理念为引领，以丰富文旅产品有效供给为抓手，坚持以

文旅供给侧结构性改革为主线，着力解决云南省文旅消费市场需求扩大与产品有效供给不足的现实矛盾。针对当前文旅消费市场发展新特点和新趋势，以为游客提供食、住、行、游、购、娱等文旅消费的要素产业为重点，做大做强观光游览业、休闲度假业、健康养生业、特色娱乐业、商务会展业、商品购物业、餐饮住宿业七大主导产业，构建满足高质量发展要求的文旅产业产品体系，全面提升云南省文旅产业发展新动能，满足游客多样化、高端化、品质化的文旅消费需求。

2. 培育优化文旅产业发展载体

积极引进一批国际文化娱乐企业、会展商务知名企业、健康服务公司、赛事经纪公司、养生养老机构等参与开发、项目建设和经营管理。支持文旅企业创新发展，推动跨地区、跨行业、跨所有制兼并和重组，推动资源开发和产业整合进程，形成跨界融合的产业集团和产业联盟，打造具有较强跨界整合能力、综合带动能力和较强市场竞争力的文旅企业和品牌企业，做大做强一批综合型龙头企业，做精做优一批专业型骨干企业，做特做活一批中小型特色企业，增强文旅企业的核心竞争力。

以具有优势资源的市州为依托，以文旅产品为龙头，以主导产业为支撑，以重大重点项目建设为带动，吸引资金、技术、人才、企业及有关产业集聚融合，重点建设一批具有旅游独特化、文化多元化、消费低碳化、服务人性化、管理现代化的文旅产业集群区。积极吸引国内外文旅创意设计企业，引进创作团队或自行开发，创制一批高水平的文化艺术、影视音像、动漫娱乐、歌舞演艺等新产品，开展文旅商品创意创新设计和孵化项目，支持符合条件的相关市州建设和改造一批文旅创意园区；结合旅游型城市综合体建设，推动城市文旅产业与文化建设融合发展，提升一批旅游内容丰富、文化特色鲜明、娱乐参与性强、配套服务完善、生态环境优美、综合带动力大的文旅融合示范区。

在加强历史文化资源保护，加快建设一批主题鲜明、交通便利、服务配套、环境优美的文化旅游名城、文化旅游古镇、文化旅游古村落等。鼓励支持各地加强非物质文化遗产传承保护与合理开发利用，完善各类历史文化博物馆、展览馆、乡土文化展示室的配套设施和旅游服务功能，积极打造知名度高、吸引力强、内容丰富的文化旅游产品，增强非物质文化遗产的旅游吸引力，建设提升一批非物质文化遗产基地、传习中心和传习馆（所）。

3．完善投融资体系

深化旅游领域“放管服”改革；加大投资力度，壮大文旅投资平台；激发社会资本有效投资活力；大力开展文旅招商引资；创新旅游融资方式；改进政府投资利用效率。

4．提升文旅产业公共服务能力

结合全省“五网”建设，加快建设一批连接景区、特色城镇、民族文化旅游特色村的专线公路和环线建设，打通“最后一公里”；加快公路服务区、停车场、旅游交通枢纽节点的建设。推动民用、通用和直升机场建设，完善国内外、省内环飞航线、旅游包机，探索开发低空游览专线，完善公路、铁路、航空、水运一体化、无缝对接、服务优质的旅游交通体系。

以国家推进基本公共服务均等化为契机，新建改建一批游客服务中心，在旅游城市或高级文旅景区建设或提升改造不同规模的游客集散中心，提供游客集散、旅游咨询、停车休息、票务购买、旅游购物、物品租赁、医疗救助等多功能服务。建设提升一批主干公路沿线休息站点，加快建设一批自驾车房车露营地和停车场。

持续推进“厕所革命”，推动改造提升一批城镇、乡村公共厕所。在交通主干线和重点景区连接道路，新建和改造提升一批旅游外部交通标识、景区内部标识、公共服务标识、宣传标识，完善明确、规范的文旅标识系统。

新建和改扩建一批基层文旅公共场所，加快建立图书馆、遗址博物馆、专题博物馆、民族文化展示馆、艺术剧院（场）、体育场、青少年宫、妇女儿童活动中心，乡镇（街道）和村（社区）基层综合性文化服务中心等文化旅游设施和乡村文化公共设施。

加快“文化旅游+互联网”融合，推进云南省交通运输、公安、工商。文旅相关行业、部门涉旅数据信息共享，通过线下游客服务中心与线上旅游综合服务平台的共同建设，重点建设云南国际旅游大厦、旅游大数据中心、面向南亚东南亚网络交易平台和一批文化信息化工程项目。

大力推进以智慧旅游城市、乡村、景区、酒店为重点的智慧旅游试点，在机场、车站、码头、宾馆饭店、景区景点、休闲街区、娱乐场所、购物商店、游客集散中心等主要旅游场所提供个人电脑（PC）、平板、触控屏幕、免费 Wi-Fi 等文化旅游信息互动终端，以及云南文化旅游手机软件（App）、增强现实技术（AR）、虚拟现实技术（VR）等新技术应用，建设文旅安全防控中心、建立信息化紧急救援联动机制。

5. 优化文旅产业人才科技要素支撑体系

积极引进高端文旅人才，建设一批旅游文创名师工作室、智库。鼓励各类创新主体开办在线文旅创新创业、创新平台、创客空间、创新基地等，建立“文化旅游+互联网”创客园区和示范企业、创新创业孵化平台等。加强文旅从业人员培训。加强文旅专业化职业教育。建立健全文化旅游从业人员的职业资格、技术等级制度，加强文旅行业人力资源管理。

6. 深化文旅产业管理能力与治理体系现代化

推进文旅产业治理体系和管理能力现代化，开展文旅管理体制改革，加快文旅标准化体系建设、提升各部门管理能力、强化文旅市场环境治理，促进文旅产业管理服务能力与产业发展市场要求相匹配，实现全方位、全行业的管理体制改革和治理能力现代化。

**三、云南文旅产业供给侧结构性改革的对策建议**

针对云南省文旅产业供给侧结构性改革发展现状与问题、改革目标与战略思路，深化云南文旅产业供给侧结构性改革，以优化要素供给为核心、以强调创新驱动为动力，以改造基础设施为支撑和以推进政策落地为保障的云南文旅产业供给侧结构性改革路径。

1. 丰富文旅产品，提高产品有效供给

树立“全域旅游”理念，全时全域打造文旅产品；鼓励昆明、丽江、景洪等大力发展夜间经济；形成“都市、城镇、乡村”居民与游客共享的全空间发展格局，加快建设都市休闲聚集区；加强特色旅游小镇主题化建设；推进少数民族村寨为亮点的乡村旅游发展。

2. 提升文旅产品的文化品质

促进“民族文化+旅游”深度融合。一是利用好各少数民族独特的建筑风格，恢复一批民族传统建筑；二是利用好各少数民族传统的民族服饰，在“体验”民族服饰上做好文章；三是利用好各少数民族的传承艺术；四是利用好各少数民族的传承手工艺，开发文旅体验项目和特色文旅纪念品；五是利用好各少数民族的节庆活动，开发民族文化节庆精品旅游产品。

促进“乡村文化+旅游”深度融合。一是加强乡村旅游场所的景观化打造；二是提高农业旅游产品的观赏和科普价值；三是深入挖掘乡村民俗文化，将民歌、民间舞蹈、节庆礼仪、民间游戏等，打造具有地域特色的乡村文化娱乐活动等。

促进“红色文化 + 旅游”深度融合。新建并提升一批专题性纪念馆、博物馆和展览馆；创新红色文化表现形式，打造红色文化主题舞台剧、戏曲、实景演艺等精品剧目，开发名人人物、标志建筑剪纸、刺绣、绘画等红色文创产品；加大红色文化旅游资源整合力度，在红色文化旅游资源密集地区建立革命传统教育基地和爱国主义教育基地，并进一步拓展红色旅游精品线路，形成红色旅游“组合拳”优势。

促进“历史文化 + 旅游”深度融合。一是促进历史遗迹和文物展示的活态化发展；二是加强云南历史剧目的创作；三是加强非物质文化遗产的传承，建立非物质文化遗产展示区、传习所、短期培训班等。

促进“边境文化 + 旅游”深度融合。一是开发异国风情体验旅游产品；二是依托边民集市和跨境贸易，打造边境商贸文化和购物文化，开发边境商务、购物旅游产品；三是在瑞丽、河口、磨憨等重点口岸城市，建立中缅、中越、中老国际友谊博物馆，分别陈列和展览缅甸、越南、老挝赠送给中国的外交礼品，展示中国与东南亚国家的珍贵友谊。

3. 探索文旅产业的新兴业态

积极发展健康产业，依托云南中药材种植和医药产业基础，结合气候、环境、生态等优势，打好云南三张牌之“绿色食品”“健康生活目的地”。一是扩大三七、天麻等药用植物规范化种植规模，发展高端医养、生物制造、仿制药、生物化工、保健品等生物医药产业，扩大健康产业规模效应；二是大力发展绿色食品产业，支持发展绿色有机生产基地；三是大力发展康养产业，依托温泉、雨林、山地等自然资源，积极开发“森林瑜伽”“温泉 SPA”“雨林太极”“食疗养生”等康养旅游产品；四是积极开发傣、彝、藏、苗等民族医药养生、康复理疗、养老基地等民族医药养生旅游产品；五是大力发展高端医疗产业集群，使云南成为国际先进的医学中心、诊疗中心、康复中心和医疗旅游目的地、医疗产业集聚地；六是依托普洱茶文化、少数民族文化等资源，加快建设一批集医疗、养老、养生、康复、保健、休闲、运动、文化、观光于一体的特色旅游小镇，打造世界一流的健康生活目的地。

积极发展体育 + 旅游产业，发展民族特色体育项目、户外运动旅游产品，建设一批汽车露营地、帐篷野营地、青少年素质拓展基地等山地户外运动旅游基地。

积极发展研学产业，创建一批中小学生研学实践教育基地、国际研学旅游营地、农业科普教育基地等，探索“政府+旅游企业+教育机构+科普场所”等模式，打造产业化、专业化、多样化、体验化、趣味化的研学旅游产业集群。

积极发展会展产业，做大做优以中国—南亚博览会、南亚东南亚国家商品展、中国国际旅游交易会、中国云南普洱茶国际博览交易会、中国昆明泛亚石博览会暨国际珠宝文化节、地方民族特色节庆会展活动及边境经济贸易交易会为代表的常态化会议和展览活动，积极申办世界博览会、中国国际进口博览会、中国国际植物展览会国内国际知名会议展会，以会展促进文旅产业集群化发展。

4. 加强文旅产业的品牌塑造

保护和发展云南白药等健康+文旅的中华老字号品牌，保护发展建新园、桂美轩滇式月饼、月中桂等云南美食中华老字号品牌。依据《“云南老字号”评定规范》和《云南老字号动态管理暂行办法》，进一步支持食品、餐饮、医药、茶叶等领域的“云南老字号”发展，深入实施“旅游+”融合发展战略。参照国际先进经验，制定完善旅游产品业态、旅游要素设施、旅游公共服务、生产运营管理、市场监督管理等领域的“云南标准”。鼓励支持行业协会、商会、旅游企业、研究机构参与国际、国家标准化研究、制定，推动云南旅游标准上升为行业标准和国家标准，提升“云南标准”的影响力。

5. 改善服务设施，优化文旅综合服务

加大交通基础设施建设：加快推进出省出境高速铁路建设；加密高速网络，全面提升改造高速公路服务区；加快城乡美丽公路建设，扎实推进县域高速公路“能通全通”工程；加快推进机场建设，逐步形成广覆盖的航空网；形成铁路、公路、航空、水运一体化发展的综合交通基础设施网络。利用城市观光交通、旅游专线公交、旅游客运班车等交通方式实现文旅交通的公交化，开通旅游专线。将各地区独特的文化元素融入交通基础设施建设中，拓展交通基础设施的文化内涵和旅游服务功能，完善停车场、房车营地等交通配套设施建设，加快城区、景区、游客集中场所停车场改扩建和景观提升步伐，鼓励建设自驾车与房车营地，逐步建立快行漫游的自驾车、自行车、自助游服务体系。

提升文旅接待设施服务：推进云南省旅游产业发展需加快改善餐饮、住宿、购物等文旅接待设施建设。

扩大公共服务设施建设：加快旅游厕所建设；建立旅游集散与旅游

咨询公共服务体系，完善旅游集散换乘、导游导览、自驾服务咨询、自行车服务咨询、自主性探索旅游服务等综合性旅游公共服务；完善旅游标识系统，提高国际化服务水平。

聚力打造文化休闲空间：一是加快推进城市公园、文化广场、公共绿地、艺术走廊、城市绿道等建设；二是加快城市修补，实施背街小巷、老旧小区改造升级，修复城市文化休闲空间；三是加快城市生态环境修复，推动建设特色鲜明、文景融合的城市游憩带；四是依托城市文化休闲空间布局，打造以特色文化书屋、休闲文化咖啡屋、城市文化建筑小品、休闲茶馆、主题酒吧、特色文化主题店等为主题的休闲文化商业街区，提升城市景观体系品质和休闲交往、科普教育、体育健身等城市文化休闲旅游功能。加强乡村文化休闲空间打造，提升乡村道路景观，提升乡村生产空间景观，推进文化礼堂、文化雕塑小品、健身器械、休憩亭等文化休憩设施建设，打造主客共享的美好生活空间。

6. 加强营销宣传，提升文旅品牌影响

实施品牌营销战略，构建云南文化旅游形象体系。深化与国内外地区的联合营销，加强与川藏、黔桂等周边省区的区域联动，加强与“泛珠三角”区域、长江经济带、京津冀地区主要城市和韩国、俄罗斯、日本等海外国家或地区间开展互为客源地与旅游目的地的文化旅游合作，积极开展各类文化旅游推介会、文化旅游交易会，主动宣传推广云南省文化旅游品牌形象。纵向加强文化旅游部门与旅行社、文化旅游企业、旅游组织协会、新闻媒体的合作，在国内外各大客源市场，开展文化旅游宣传营销和业内交流活动，提高云南省文化旅游城市和目的地的曝光率。

加强应用虚拟技术、视频和内容营销、影视营销、体验营销、全产业链合作。一是利用 VR、AR 等信息技术，制作新型文化旅游宣传片，多方位展示各景区景点、旅游城市的魅力，提升游客的体验性和真实感，开拓“购买前先体验”的功能；二是利用影视综艺打造文旅 IP；三是利用抖音、快手等短视频平台，创作好玩的短视频，通过“病毒式”传播，借势热点话题和平台，打造网红目的地；四是利用马蜂窝、携程、去哪儿等旅游网站，积极发布旅游图集、达人游记和主题攻略等内容，拓宽宣传渠道。

做好舆情公关：构建云南舆情监测平台监测、抓取、收集、捕捉国内外平面、广播、电视、网络、微博、论坛等媒体对云南的报道、热议等媒体舆情信息。建立旅游危机处理机制，面对负面舆情，政府有关部门要主动发声，对不真实的负面舆情及时辟谣，对确实发生的旅游危机事件，及时向外界公布事件处理过程和结果，尽量控制旅游舆情危机爆发。

7. 深化区域合作，扩大文旅市场范围

深化边境合作：加强沿边景区（点）建设、培育精品边境旅游线路、与周边国家联合举办文化旅游节等方式，加快推进中、老、缅、泰四国黄金旅游圈及孟中印缅经济走廊国际旅游合作圈等国际区域旅游合作，推进边境旅游试验区和跨境旅游合作区建设.

深化国内合作：在组织旅游线路、加强文化旅游交流、促进旅游宣传营销等方面加强合作，实现各地区产品互补、信息共享、市场联动的目的。

统筹省内合作：优化省内旅游空间布局，加快推进大滇西环线、六大旅游区、四大旅游带、旅游线路等的合作，实现省内文化旅游集聚发展。

8. 借力数字云南，实现文旅智慧发展

推进政府监督管理工作的高效、透明、智能、长效建设。打造云南文化和旅游大数据分析平台，创新推动“互联网+”智慧市场监管体系建设、信用评价体系；市场经营服务智慧化。

推进市场经营服务智慧化发展。以“一部手机游云南”为中心，通过“线上+线下”两种渠道，同步提供信息查询、预订支付、电子门票、分享评论、旅游投诉等全功能服务。推进景区景点数字化建设，实现云南4A级以上旅游景区、文化场馆和各大旅游城市中心5G信号全覆盖，并运用人工智能技术推动旅游咨询中心实现智慧化服务，进一步推动文旅智慧发展。

推进游客消费体验智慧化。利用“游云南”App在线咨询、预订等功能，提高游客消费选择的自由化。借助3D打印等数字技术，提升云南民族刺绣、银器、竹编等云南非物质文化遗产创意，建立云南在线手工艺平台，实现游客消费方式的多样化。利用AI导览技术，促进各大机场、地铁站、高铁站客运站智慧化建设，为游客提供问路、引导、服务咨询等功能，提高旅游出行的便捷化水平。加快4A级以上景区的智慧建设，丰富《云南映象》等旅游演艺的表演形式，提供更具有冲击力的视觉体验。

9. 提高治理效能，激发文旅市场活力

统筹协调。利用部门重组，有效协调文化保护和旅游开发的关系，加强文化和旅游机构的优势互补，通过体制创新，加强社会参与，协调好文化馆、博物馆等事业单位和旅游企业间的关系，加强文化资源和旅游市场的整合。

加快健全市场监管体制机制，继续深入实施《云南省旅游市场秩序整治工作措施》，深化云南旅游革命，打造消费自由的旅游购物环境，构建线下体验+线上交易结合的统一旅游购物平台，完善旅游购物售后服务。

推进云南导游执业自由化。一是积极推进云南省成为全国导游执业自由化第二批试点；二是实现导游电子化管理；三是建立导游评价系统，建立导游职业退出机制，落实导游薪酬制管理。

建立旅游企业引导机制，加强游客跨区域协同治理。

推进政府治理能力现代化。借助“数字云南”进一步提高服务质量的同时，依托“一部手机游云南”提高治理效率；借助“孔雀码”对产品做到源头可查、去向可追、责任可究、信息可视，大幅改善市场安全性与客户体验。提高政府危机公关意识。推进各州市加快实行“1+3+N+1”旅游综合监管模式。

10. 强化文旅发展的政策保障

建立投融资机制，拓宽文旅产业投融资渠道。构建由政府监管部门、投资主体、社会公众、专家、媒体等共同参与的民间资本参与风险防范和监管机制；出台一系列有关文化和旅游项目投融资的优惠政策；积极探索PPP、TOT、BOT等政府与社会资本合作模式；鼓励社会资本加大对文化、旅游、体育、养老、教育、生态保护等领域的投资力度，降低民间投资市场准入门槛，充分发挥民营经济的活力。

整合用地政策，加强文旅产业发展用地保障：制定出台相关配套政策，开辟文旅产业发展的用地规划、手续办理、项目申报等“绿色通道”，合理引导和满足旅游用地需求，对文化主题景区、文化类旅游小镇、博物馆等重点文旅项目用地优先安排计划、优先报批、优先供地。贯彻落实国家及云南省有关促进文旅产业发展的土地政策，特别是乡村文化旅游用地相关政策的具体落实措施。争取国土部门的增减挂钩土地周转指标，积极争取文旅产业用地计划指标，盘活存量闲置土地，鼓励农民在自愿的情况下直接或间接（土地入股）介入乡村文化旅游经营，获取收益。充分利用土地开发利用试点政策、乡村宅基地置换、旧城与废弃工矿改造、农村经营性建设用地使用权流转试点等渠道，保障文化旅游项目用地需求。

完善人才引进和培养机制，建立高素质文化旅游人才队伍：完善人才招聘制度和程序；制定人才引进优惠政策；促进文旅职业化教育，开展校企人才联合培养模式，以志愿服务、实习等方式提高学生的实操能力；形成常态化的培训制度和人才考核制度。

# 参考文献


[1] 李氲．文化旅游资源开发的初步研究［D］．浙江大学，2008.

[2] 赵燚．云南省旅游业与新型城镇化的耦合协调发展研究［D］．云南师范大学，2018.

[3] 王瑞花．云南山地旅游资源特征及开发保护策略［D］．昆明理工大学，2005.

[4] 陈述云，范德华，等．云南旅游产业发展年度报告(2018—2019)，2019.

[5] 田坤跃．基于 Fuzzy-IPA 的景区游客满意度影响因素的实证研究［J］．旅游学刊，2010，25（5）：61-65.

[6] 葛雪梅，关占阁．河北省文旅融合思考［J］．合作经济与科技，2019（11）：36-37.

[7] 李瑶亭．城市旅游产业发展研究指标体系、发展模式与经济效应［D］．上海：华东师范大学，2013.

[8] 罗浩，冯润．论旅游景区、旅游产品、旅游资源及若干相关概念的经济性质［J］．旅游学刊，2019，34（11）：116-123.

[9] 史晓玲．探析景区产品的市场化问题［J］．旅游学刊，2003，18（6）：60-65.

[10] 贾艳丽，杜强．SPSS 统计分析标准教程［M］．北京：人民邮电出版社，2010：307.

[11] 韩小孩，张耀辉，孙福军，等．基于主成分分析的指标权重确定方法［J］．四川兵工学报，2012，33（10）：124-126.

[12] 杨春周，滕克难，程月波．作战效能评估指标权重的确定［J］．计算机仿真，2008（10）：5-7 + 11.

[13] 王新月，秦华．基于 Fuzzy-IPA 的西南大学校园植物景观满意度测评研究［J］．西南大学学报（自然科学版），2018，40（3）：174-180.

[14] 王燕. 文旅融合视角下历史文化名城的保护与可持续发展——以云南建水古城为例 [J]. 人文天下，2018 (21)：65-71.
[15] 陆保一，明庆忠. 云南省区域旅游经济发展差异的时空格局演变 [J]. 陕西师范大学学报（自然科学版），2018，46 (6)：28-37.
[16] 祝福恩. 推进供给侧结构性改革的理论及实践依据 [N]. 黑龙江日报，2016-02-24 (006).
[17] 李翀. 论供给侧改革的理论依据和政策选择 [C]. 中华外国经济学说研究会. 外国经济学说与中国研究报告（2017），2016：217-221.
[18] 萨伊. 政治经济学概论 [M]. 陈福生，陈振骅，译. 北京：商务印书馆，1982.
[19] 刘元春. 论供给侧结构性改革的理论基础 [N]. 人民日报，2016-02-25 (007).
[20] 赵燕. 供给侧改革的理论与实践 [C]. 中国经济规律研究会. 中国经济规律研究会第二十六届年会论文集，2016：337-342.
[21] 刘元春. 论供给侧结构性改革的理论基础 [J]. 中国领导科学，2016 (5)：49-49.
[22] 宋瑞. 旅游业供给侧改革是机遇也是考验 [N]. 中国旅游报，2016-03-09.
[23] 习近平. 决胜全面建成小康社会 夺取新时代中国特色社会主义伟大胜利——在中国共产党第十九次全国代表大会上的报告 [R]. 北京：人民出版社，2017：30.
[24] 人民日报评论员. 坚持以供给侧结构性改革为主线不动摇——四论贯彻落实中央经济工作会议精神 [N]. 人民日报，2018-12-26 (001).
[25] 汪丽娟，孔群喜，高潇博. 产业升级速度与劳动生产率关联性研究——基于双三角地区协同发展的研究视角 [J]. 兰州商学院学报，2014 (6)：54-63.
[26] 张永恒，王家庭. 高质量发展下中国产业转型升级方向研究——基于中美两国数据的对比 [J]. 科技进步与对策，2019，36 (23)：53-62.
[27] 郑健壮，徐寅杰. 产业转型升级及其路径研究 [J]. 浙江树人大学学报，2012，12 (4)：50-53.

［28］邵琪伟．邵琪伟在2008年全国旅游工作会议上的讲话［EB/OL］. http://www.cnta.gov.cn，2008-06-27.
［29］谢春山，孟文，李琳琳，等．旅游产业转型升级的理论研究［J］．辽宁师范大学学报（社会科学版），2010，33（1）：37-40.
［30］马波，徐福英．中国旅游业转型升级的理论阐述与实质推进——青岛大学博士生导师马波教授访谈［J］．社会科学家，2012（6）：3-7.
［31］姜芹春，马谊妮．产业融合：旅游产业转型与升级的一种系统方法［J］．玉溪师范学院学报，2016，32（6）：56-61.
［32］田里，陈永涛．旅游产业转型升级研究进展［J］．资源开发与市场，2017，33（10）：1265-1270.
［33］萨缪尔森，诺德豪斯．经济学［M］．北京：华夏出版社，1999.
［34］黄小平．论代际外部性与旅游资源产权的代际分配［J］．旅游学刊，2006，21（6）：73-76.
［35］沈满洪，何灵巧．外部性的分类及外部性理论的演化［J］．浙江大学学报（人文社会科学版），2002，32（1）：152-160.
［36］曾博伟，魏小安．旅游供给侧结构性改革［M］．北京：中国旅游出版社，2016.
［37］丛晓波．何以幸福：论幸福感的社会文化性前提［J］．东北师大学报：哲学社会科学版，2014（2）：211-214.
［38］徐金海．文化和旅游关系刍论：幸福的视角［J］．旅游学刊，2019，34（4）：3-5.
［39］王国才，李扬．基于SWOT—PEST模型的云南旅游业发展分析［J］．商业经济，2019（10）：48-51+71.
［40］明庆忠，赵建平．新冠肺炎疫情对旅游业的影响及应对策略［J］．学术探索，2020（3）：139-146.
［41］云南省社科联课题组．“泛珠三角”区域旅游合作背景下的云南旅游资源开发［J］．学术探索，2005（4）：35-39.
［42］张文娟．云南旅游产业转型升级策略研究［D］．云南大学，2015.
［43］罗伯特·麦金托什，夏希肯特·格波特．旅游学：要素·实践·基本原理［M］．蒲红，等，译．上海：上海文化出版社，1985.
［44］邹统钎，张一帆，晨星．国外文旅融合经验值得借鉴［J］．中外文化交流，2018（12）：72-73.
［45］陈缪．日本地方城市培育动漫旅游特色小镇的探索——以鸟取县

北荣町柯南小镇为例［J］. 旅游论坛，2019，12（4）：77-85.
［46］王欣．国外主题公园发展成功经验对我国主题公园发展的启示［D］. 辽宁师范大学，2014.
［47］苏畅．试论奥兰多迪士尼的主题乐园发展战略［J］. 科技资讯，2012（25）：179-180+183.
［48］佚名．格拉斯：世界最香的小镇［J］. 重庆与世界，2017（2）：88.
［49］恩睿，林举兆．形成一种有价值的文化旅游——借鉴巴厘岛经验打造秀英区火山文化旅游品牌［J］. 今日海南，2014（3）：38-39.
［50］宋立中，宋璟．印尼巴厘岛非遗保护与旅游利用的二元结构及其启示［J］. 文化遗产，2019（1）：9-19.
［51］恩睿，林举兆．形成一种有价值的文化旅游——借鉴巴厘岛经验打造秀英区火山文化旅游品牌［J］. 今日海南，2014（3）：38-39.
［52］陆雯婕．江南古镇旅游深度开发中的文化元素研究［D］. 复旦大学，2012.
［53］单霁翔．文旅融合的故宫实践［N］. 中国旅游报，2019-02-11（004）.
［54］范建华，李林江．文旅融合趋势下的旅游产业高质量发展思考——以广西北海涠洲岛为例［J］. 南宁师范大学学报（哲学社会科学版），2020，41（1）：119-125.
［55］易开刚．乡村文旅融合的典型案例与推进策略［N］. 中国旅游报，2019-09-03（003）.
［56］姜文华，朱孟斐，朱孔来．旅游产业供给侧改革存在的问题与对策建议［J］. 山东社会科学，2017（11）：147-152.

**项目策划：**段向民
**责任编辑：**张芸艳
**责任印制：**谢　雨
**封面设计：**武爱昕

**图书在版编目（CIP）数据**

文旅产业供给侧结构性改革路径研究 / 明庆忠等著.
-- 北京 : 中国旅游出版社, 2020.7
（文旅产业与全域发展文库）
ISBN 978-7-5032-6518-1

Ⅰ. ①文… Ⅱ. ①明… Ⅲ. ①地方文化－文化产业－改革－研究－中国②地方旅游业－改革－研究－中国
Ⅳ. ①G127②F592.7

中国版本图书馆CIP数据核字(2020)第121571号

**书　　名：**文旅产业供给侧结构性改革路径研究

**作　　者：**明庆忠等　著
**出版发行：**中国旅游出版社
（北京静安东里6号　邮编：100028）
http://www.cttp.net.cn E-mail: cttp@mct.gov.cn
营销中心电话：010-57377108，010-57377109
读者服务部电话：010-57377151
**排　　版：**北京天韵科技有限公司
**经　　销：**全国各地新华书店
**印　　刷：**北京明恒达印务有限公司
**版　　次：**2020年7月第1版　2020年7月第1次印刷
**开　　本：**720毫米×970毫米　1/16
**印　　张：**13.75
**字　　数：**238千
**定　　价：**49.80元
**ISBN** 978-7-5032-6518-1